AP* FRENCH

Preparing for the Language and Culture Examination

Richard Ladd

PEARSON

Boston, Massachusetts　　　Chandler, Arizona　　　Glenview, Illinois　　　-Upper Saddle River, New Jersey

*AP is a registered trademark of the College Board, which was not involved in the production of, and does not endorse, this product.

PEARSON

ISBN-13:   978-0-13-317537-0
ISBN-10:   0-13-317537-0
4 5 6 7 8 9 10   V031   15 14 13 12 11

Table of Contents

Preface

The writing, compilation, production and marketing of *AP* French: Preparing for the Language and Culture Examination* was a Herculean task taken on by a dedicated team of professionals whose moving deadlines, keen reading, models, continual search for appropriate materials, commenting, copy editing, proofing, re-commenting, and smiling filled a very short space of time.

We did not have actual practice tests to fall back on and model, as have the authors of previous books of this nature. We did have a curriculum framework, the knowledge of past tests, a sense of past practice, and the expertise of James Monk, Director, Curriculum and Content Development, World Languages and Cultures (French), College Board. A good College Board member, Dr. Monk never revealed to us any secrets or materials that were not yet public, but he did lead us in finding the right answers, making our own models, and finding appropriate materials. Without his help, any draft of this text would not have existed.

Julianna Nielsen and the staff at Sloane Intercultural worked diligently to find appropriate authentic readings, to prepare models, to find authentic audio clips, and then, to edit what I had done with them. Their unwavering attention to detail to pull the many disparate pieces together to form a book would rival the labors of Hercules. Julianna was especially dedicated to this project. She was regularly at the other end of my e-mail or phone, day or night, responding to each question or comment, whew! or aaarrggghhhh! Without her able editing and steady blue pen, this book would not have taken form.

I do need to thank my colleagues Susan Killian and Carla Panciera for their assistance with this manuscript as well as a few students who were brave enough to test materials, to run errands or to enter my scribbled notes onto a computer screen: Ian Stewart, Sam Perakis and Thom Josephson. I am humbled by their commitment to this project and even more humbled by their commitment to me.

The team at Pearson pushed and moved this project through, citing deadline after deadline; they had the insight to produce fewer paper texts and put this book online. Most especially, I need to recognize Cathy Wilson, a mainstay of the foreign language publishing world. Cathy towers over others because she knows foreign language teaching methods, she knows student reactions and she knows what teachers want and need: not only in books and materials, but even in individual exercises. Cathy sent *AP* French: Preparing for the Language and Culture Examination* down roads not traveled. And that has made all the difference. (Thanks, Robert Frost!)

It is unfortunate that my students who tested these materials will not use this book because they would readily recognize my sense of humor and my way of framing situations. My students have rolled their eyes, groaned, and snickered. Yet, they admittedly worked harder in AP French than in any other course, for their personal fulfillment. I applaud here their commitment, and it is to my students at Ipswich High School that I dedicate this book.

Richard Ladd
Ipswich High School
Halloween 2010

Introduction

OVERVIEW

AP French: Preparing for the Language and Culture Examination* is a comprehensive test preparation manual to accompany an AP French Language and Culture course based on the College Board's Curriculum Framework. The manual and accompanying audio is available both in print and online.

In these materials, you will find complete preparation for each section of the examination:

> **Section 1: Multiple Choice**
>
> Part A. Interpretive Communication: Print Texts
>
> Part B. Interpretive Communication: Print and Audio Texts (combined)
>
> Part C. Interpretive Communication: Audio Texts
>
> **Section 2: Free Response**
>
> Part A. Interpersonal Writing: E-mail Reply
>
> Part B. Presentational Writing: Persuasive Essay
>
> Part C. Interpersonal Speaking: Conversation
>
> Part D. Presentational Speaking: Cultural Comparison

SECTION 1: Multiple Choice

The **Multiple Choice** portion of the examination divides into two parts. The purpose of the Print Texts portion of the test is to determine how well a student understands written French. The selections come from a wide variety of sources and represent a myriad of written materials: novels, short stories, newspapers, poetry, advertisements, letters, charts, etc. They have been carefully selected to include the themes from the curriculum framework and to echo the diversity of language and cultures in the francophone world.

The second portion of the **Multiple Choice** section includes first a combination of **Print and Audio Texts.** In this section of the examination, students are given a predetermined amount of time to read a selection. They then listen to an audio clip on the same topic. Each pairing is followed by a series of multiple-choice questions on the information in each of the sources, as well as questions that compare and contrast the two passages.

The final part of the **Multiple Choice** section of the examination deals with **Audio Texts** alone. This section presents a variety of listening passages: podcasts, news broadcasts, interviews, advertisements, conversations, guides, announcements and presentations. We have carefully provided a linguistic range of accents and language patterns reflective of the francophone world. Students can expect to hear Parisian speakers as well as Canadian and African voices. As in the reading portion, the audio texts reflect the range of topics in the Curriculum Framework.

SECTION 2:
Free Response

The **Interpersonal Writing** segment of the examination simulates an interpersonal communication via e-mail. Students will find an e-mail prompt that requires specific answers. The student then writes an e-mail reply answering the questions raised in the original note. The prompts included in this book reflect the topics of the Curriculum Framework.

The **Presentational Writing** part of the exam is a persuasive essay. Students are presented with three sources: a written text, an audio clip, and a chart or piece of art, each presenting differing views on a topic worthy of discussion. The student then composes a persuasive essay defending his opinion on this topic, while citing the three sources.

The **Interpersonal Speaking** phase of the examination also reflects the many topics listed in the Curriculum Frameworks. In this section, the test attempts to mimic conditions of a real conversation. Of course, a real conversation would be nearly impossible logistically. Instead, the examination provides a simulated conversation. The student reads the topic and an outline of the conversation. Then, as the recording plays one side of the conversation, the student intersperses comments and questions according to a delineated plan.

The **Presentational Speaking** section of the exam offers the student a chance to speak on a topic of high interest derived from the subject matter in the Curriculum Frameworks. In this section, the student reads a prompt on a cultural topic. The student then has three minutes to read the prompt and to collect his/her thoughts and prepare the talk. The student then records the talk.

Integrating Print and Digital

AP* French: Preparing for the Language and Culture Examination provides unparalleled support for test preparation with the integration of the Digital Course into daily instruction. The Digital Course is located on SuccessNet Plus, Pearson's personalized learning management system. Schools can access the materials through two options:

(1) **Print Student Edition with Digital Course.** Each consumable Student Edition includes a 1-year license to the Digital Course.

(2) **Online Student Edition with Digital Course.** This option includes an online Student Edition (eText) and a 1-year license to the Digital Course.

The Digital Course includes:

- eText with embedded audio links

- Assignable activities and test practice

- Auto-graded listening and reading activities

- Open-ended (teacher-graded) speaking and writing tasks

- Speaking assessments using RealTalk!

- Teacher Digital Center with tools to manage enrollments and instruction, assign activities, customize and add content, and communicate with students

- Student Digital Center with tools to access and complete assignments, record speaking tasks, monitor grades, and communicate with teachers

Teacher Resources

All Teacher Resources are accessed through the Teacher Digital Center. These items include:

- eText with embedded audio files
- Teacher's Resource Book with scripts and answer keys
- Downloadable audio files

Although this book is intended primarily to guide and assist students preparing to sit for the *AP French Language and Culture Examination,* teachers may use it in other advanced courses, since the AP Curriculum Framework subscribes to the National Standards for Foreign Language Learning. The activities and practice material in this book also correspond to those benchmarks.

For Additional Test Preparation

It is recommended that teachers preparing students for the *AP French Language and Culture Examination* use a Pearson text called ***Allons au-delà!: La langue et les cultures du monde francophone.*** This literature anthology provides thorough coverage of the Themes, Recommended Contexts, and Learning Objectives as outlined in the College Board Curriculum Framework. ***Allons au-delà!*** is also available in two formats: print and online. The print Student Edition includes a 7-year license to the Digital Course. The online eText with embedded audio and video links includes either a 1-year or 7-year license to the Digital Course.

SECTION 1
MULTIPLE CHOICE

Part A: Interpretive Communication, Print Texts

 The AP* French: Preparing for the Language and Culture Examination program includes a Digital Student and Teacher Center on SuccessNet Plus, Pearson's personalized learning management system. In the Center, students can complete activities in interactive format, with embedded audio. They can also access the complete eText with audio hyperlinks.

The AP French Language and Culture Examination will begin with a section on reading comprehension.

Each section of this unit consists of a reading passage reflecting one of the many areas listed in the curriculum guidelines. As you read, you are not expected to know every word in the text, but rather to follow the text well enough to grasp the essentials of the selection.

STRATEGIES

1. **As you read, make connections to other subjects.** Although this section of the examination is designed to test your ability to read, we all read with a purpose and make connections to what we already know and frame our understanding in this way. The more background knowledge you have about a topic, the wider your general understanding of the topic and your vocabulary about the subject. As you read, determine the subject of the text and the main ideas. Connect this to knowledge you have from other classes (science, history, art, geography, sociology, psychology). Your general knowledge will help you with your reading.

2. **Practice reading skills.** Look for
   - topic sentences,
   - main ideas,
   - listings of supporting details,
   - the organization of the text,
   - the point of view,
   - the purpose of the text,
   - the intended audience: who would likely read this text?

3. **Rely on what you already know.** Use the introductory information to determine whether you are reading fiction or nonfiction. Determine the source: is it a newspaper or a magazine? a letter? a short story? From what part of the francophone world does the text come? These answers will help you frame your reading and set logical expectations about what you are about to read.

4. **Make comparisons.** As you read, compare the information in the text with perspectives, practices and products in your own life and culture.
   - If the selection demonstrates a viewpoint that has a cultural connection, for example "Why would a Québécois think this way," that is a **perspective** that you can compare to your own or to another area of the vast francophone world.

- If the article talks about a rite of passage, think about how that rite may be different from your own – or how it may compare. This is a cultural **practice**.
- If the article mentions a food, a piece of art or another **product** that you may or may not be familiar with, you can make comparisons between this product and products you know.

5. **Make inferences and draw conclusions.** Many of the questions you will answer will ask you to go from what is printed on the page to drawing your own conclusion about what might happen or what would be done. When you face these questions, read carefully to determine how logic and the practices listed in the reading would cause an event or create a product. Inferences can also mean stating facts based on evidence. For example, if people are dressed in heavy clothing and are throwing snowballs, the inference is that it is winter and the weather is cold.

6. **Follow the reading processes you have learned.** As you work through the readings in this book, use a strategy of **pre-reading, reading and post-reading** to guide your work.
   - **Pre-reading:** Read the information in the *Introduction* highlight. What is the text about? Where does it come from? This will set a schema or framework for you to think about as you read.
   - **Reading:** Begin connecting to what you already know about the topic.
   - **Read the first paragraph** and begin to make predictions about the text. Where do you think this is going? Based on what you know, what do you think the author will talk about next?
   - **Find main ideas.** Underline or make arrows in the margin to show where the main ideas of the text are. Remember that topic sentences are usually the first sentence of a paragraph, though they might come after an introduction at the beginning of a paragraph. They may be the final sentence of a paragraph.
   - **Focus on details.** Number, check off, underline or show in some way the details that support the main ideas.
   - **Visualize the content.** If the text is descriptive, try to visualize what the author is describing.
   - **Use context to find the meanings of words.** As you read for the gist, you will figure out meanings of words and will understand sentences without knowing each word. Make guesses.
   - **Post-reading:** Pull together what you have read.
   - Has the author brought the text to a conclusion? Does the author prove what he or she set out to prove? Are the questions answered? Are there any unanswered questions remaining?
   - What did you learn from the text? Did you come to any new conclusions?

7. **Use common sense.**
   - Look over the questions before reading the text.
   - **You MUST read the text.** Don't try to answer the questions by matching words. Only by reading and understanding the text will you be able to answer the questions.
   - Determine the tense of the verbs in the text. What does this tell you about the text?

Directions: You will read several selections. Each
selection is accompanied by a number of questions.
For each question, choose the response that is best
according to the selection.

Instructions : Vous allez lire plusieurs sélections.
Chaque sélection est accompagnée de plusieurs
questions. Pour chaque question, choisissez la meilleure réponse selon la sélection.

SÉLECTION NUMÉRO 1

Thème du cours : Les défis mondiaux

Introduction

Dans cette sélection, il s'agit des ruines d'un ancien camp de prisonniers de la Seconde Guerre mondiale et ce qui est fait pour les protéger et les classer monument historique. L'article original a été publié le dix août 2010 dans le journal *Le Bien Public*.

Ligne

À Montreuil-Bellay (Maine-et-Loire), une lande
et quelques pierres sont désormais reconnues
Monument historique, pour perpétuer à jamais
le souvenir des familles tsiganes persécutées
(5)   par les autorités françaises pendant la Seconde Guerre mondiale. Sur ce site d'environ
5 000 hectares, de 2 500 à 3 000 Tsiganes ont été
détenus entre 1941 et 1945.

Sur place, il ne reste pas grand-chose : les
(10) traces des poteaux de la double clôture barbelée
et électrifiée, quelques marches d'escalier en
plein champ, les fondations et le sol d'un bâtiment qui servait notamment de cuisines. Et un
cachot en pierre à demi enterré, où subsistent les
(15) graffitis laissés par ceux qui y étaient enfermés.

Au moins une trentaine de Tsiganes, pour la
plupart des nouveau-nés et des personnes âgées,
sont morts au camp de Montreuil-Bellay, selon
Jacques Sigot, ancien instituteur à Montreuil-
(20) Bellay, dont les recherches ont fait resurgir du
passé ce camp oublié de tous.

Lieu de souffrances et d'humiliations
« Aujourd'hui, notre rêve est de remettre une
double rangée de barbelés sur le long de la
(25) route pour matérialiser le camp, protéger les
ruines avec un toit d'ardoise, et mettre des
panneaux imputrescibles pour raconter ce qui
s'est passé », indique Jacques Sigot. À ses côtés,
Jean Richard, un Manouche, se félicite que soit

désormais sanctuarisé ce lieu de souffrances et   (30)
d'humiliations. Le camp « est un symbole de ce
qu'on a toujours vécu, et, même après la guerre,
de cette méfiance » de la population envers les
gens du voyage, explique-t-il.

Les recherches de Jacques Sigot, entamées un   (35)
peu par hasard en 1980, ont largement contribué
à faire sortir de l'oubli les persécutions subies
par les Tsiganes pendant le deuxième conflit
mondial.

1. Quel monument historique trouve-t-on sur ce site ?
   (A) Un monument de la Seconde Guerre mondiale.
   (B) Il n'y a pas de monument, seulement des traces du passé.
   (C) Un monument à la mémoire des familles tsiganes persécutées.
   (D) Une lande et quelques pierres.

2. Qu'est-ce qui reste de ce camp de prisonniers ?
   (A) Quelques pierres.
   (B) Des traces et les fondations des bâtiments.
   (C) Quelques Tsiganes qui ont été détenus.
   (D) La clôture barbelée et électrifiée.

3. Qu'est-ce qui nous révèle les pensées des Tsiganes qui étaient enfermés dans les cachots ?
   (A) Les bâtiments de la cuisine.
   (B) Les recherches des instituteurs.
   (C) Un cachot en pierre à demi enterré.
   (D) Les inscriptions écrites sur les murs par les prisonniers.

4. Quels prisonniers sont décédés dans le camp ?
   (A) Les vieux et les bébés.
   (B) Les Tsiganes qui ont dépassé l'âge de trente ans.
   (C) Ceux qui vantaient leurs croyances.
   (D) Ceux qui ont fait ressurgir ce camp oublié.

5. Dans l'immédiat, quel est le projet le plus urgent sur le site ?
   (A) Redoubler les barbelés pour garder les pierres.
   (B) Raconter le passé.
   (C) Protéger les vestiges.
   (D) Ranger le camp et organiser les bâtiments.

6. Quel mot pourrait-on substituer à « imputrescible » ? (l. 27)
   (A) Inattaquable.
   (B) Indéchiffrable.
   (C) Illisible.
   (D) Inoubliable.

7. Quel titre pourrait-on donner à cet article ?
   (A) Un camp d'internement de Tsiganes sauvé de l'oubli.
   (B) Destruction à Montreuil-Bellay.
   (C) Il ne reste rien de leur souffrance.
   (D) Sous un toit d'ardoise.

> ### Thème du cours : La vie contemporaine
>
> **Introduction**
>
> Dans cette sélection il s'agit des aides disponibles pour les locataires grâce aux services de Paris Logement. Ces informations se trouvent sur le site internet de la ville de Paris.

Aides au logement de la Ville de Paris

Ligne **Vous résidez à Paris : de nombreux dispositifs existent qui vous aident à assumer vos dépenses de logement—et les coûts afférents—ou à améliorer votre habitat.**

(5) *Paris Logement*
Depuis 2001, la Ville de Paris a renforcé ses aides au logement en faveur des Parisiens modestes et des classes moyennes, avec notamment la création de « Paris logement familles mono-
(10) parentales » en 2002 et de « Paris logement familles 2 enfants » en 2005. La municipalité a décidé de compléter ce dispositif pour couvrir les personnes seules et les couples, qu'ils aient ou non un enfant, en aidant ces ménages à
(15) payer leur loyer dans un contexte de récession économique.
Pour qui ? Les ménages résidant à Paris depuis plus de trois ans et qui consacrent plus de 30 % de leurs revenus à leur loyer, avec des ressources
(20) inférieures à 1.100 euros (célibataires et couples) ou 1.600 euros (couples avec un enfant). Cette aide est également accessible aux étudiants boursiers, aux chômeurs ou aux salariés au SMIC. Paris Logement est adossée à l'allocation
(25) logement de la CAF. Cette aide n'est pas accessible aux personnes retraitées (voir les prestations pour les personnes âgées).
Combien ? Paris Logement s'élève au maximum à 80 euros par mois pour les personnes seules,
(30) à 90 euros pour les couples sans enfant et à 110 euros pour les couples avec un enfant.
Quand ? Depuis le 1er octobre 2009.

Comment ? Une brochure a été envoyée à tous les bénéficiaires de l'allocation logement de la CAF remplissant a priori les conditions (35) d'éligibilité à la nouvelle allocation de la Ville de Paris. La brochure est très largement accessible dans les services publics parisiens et téléchargeable sur internet. Les étudiants sont informés par le biais du CROUS et des mutu- (40) elles étudiantes.
Quel coût ? 8,3 millions d'euros par an dans le budget parisien. Les Parisiens qui pensent être concernés par cette nouvelle allocation peuvent s'adresser à la section du centre d'action sociale (45) de leur arrondissement ou télécharger le formulaire de demande.

Deux exemples
- Monsieur PAUL est locataire d'un appartement, où il vit seul, dont le loyer mensuel est (50) de 500 euros. Il perçoit une aide au logement de la CAF de 81 euros. Son salaire est équivalent au SMIC. Monsieur PAUL peut percevoir 80 euros par mois au titre de Paris Logement.
- Monsieur et Madame TRAORE ont un enfant (55) de deux ans. Ils sont locataires d'un logement dont le loyer est de 700 euros. Ils perçoivent une aide au logement de la CAF à hauteur de 107 euros. Leurs revenus mensuels sont de 1 545 euros. Ils peuvent être bénéficiaires (60) de Paris Logement, à hauteur de 110 euros par mois.

1. Quel est le but de Paris Logement ?
   (A) De chercher des appartements dans le bassin parisien.
   (B) De rendre possible l'association entre les appartements et les locataires.
   (C) De subventionner les loyers de certains candidats parisiens.
   (D) De classer par catégories tous les appartements disponibles dans la région parisienne.

2. D'où vient l'argent pour payer ces subventions ?
   (A) De Paris Logement.
   (B) Des chômeurs et des salariés.
   (C) De la municipalité parisienne.
   (D) Des familles et des ménages.

3. Quelles conditions sont requises pour bénéficier de l'aide de Paris Logement ?
   (A) On doit habiter dans la capitale depuis plus de trois ans, consacrer plus de 30 % de ses revenus au foyer et avoir des ressources inférieures à un certain seuil.
   (B) Aucune. Le service est disponible pour tous ceux qui en ont besoin.
   (C) Un salaire inférieur à 1.100 € ou 1.600 €.
   (D) Être adossé à l'allocation logement de la municipalité parisienne.

4. D'après le texte, que doivent être « Paris logement familles monoparentales » et « Paris logement familles 2 enfants » ?
   (A) Deux magazines qui annoncent les appartements à louer.
   (B) Deux nouvelles catégories d'allocations logement.
   (C) Deux nouveaux bureaux de la CAF.
   (D) Deux catégories dans la liste des logements disponibles à Paris.

5. Pourquoi M. Paul reçoit-il 80 € par mois de Paris Logement alors que les Traore reçoivent 110 € ?
   (A) Les Traore ont plus de personnes dans leur foyer.
   (B) M. Paul gagne trop d'argent pour sa catégorie.
   (C) Les Traore reçoivent déjà 107 € par mois.
   (D) Le loyer des Traore coûte 200 € de plus que celui de M. Paul.

6. D'après le texte on peut déduire que la CAF, c'est … ?
   (A) La Caisse d'Allocations Familiales.
   (B) La Confédération Africaine de Football.
   (C) Le Centre d'Aménagement Français.
   (D) Le Comité d'Annuité Féodale.

7. D'après le texte, on peut déduire que le SMIC doit être … ?
   (A) Un salaire minimum.
   (B) Un paiement aux chômeurs.
   (C) Un salaire pour travail modeste.
   (D) Un paiement à ceux qui ne travaillent pas.

8. Quel est le but de ce texte ?
   (A) D'offrir aux lecteurs les services de Paris Logement.
   (B) De se plaindre de la grande somme d'argent que dépense la municipalité sur les loyers.
   (C) De montrer comment on peut trouver un appartement bon marché à Paris.
   (D) D'expliquer les services de Paris Logement.

Thème du cours : L'esthétique

Introduction

Dans cette sélection il s'agit d'une visite sur la rive gauche de la Seine à Paris, à la recherche d'institutions et lieux qui rappellent une présence arabe. Le texte original intitulé « Le Paris arabe historique » a été publié sur le site internet de L'Institut du monde arabe à Paris.

Le Paris arabe historique

Ligne   Les liens entre le monde arabe et la France—
et plus particulièrement, sa capitale—, pour
être très anciens, se sont surtout instaurés à
partir du début du XIXe siècle et concernent,
(5)   plus précisément, la rive gauche de la Seine où
se trouvent sis tant la Mosquée de Paris, que
l'Institut du monde arabe, que d'autres institutions, bâtiments et lieux qui rappellent aux
promeneurs les étapes et les grands moments
(10)   de ces différents échanges. Il a paru intéressant,
dès lors, de proposer au public de l'IMA, une
visite-conférence—entièrement circonscrite
au cinquième arrondissement de Paris—, qui
permette à celui-ci de prendre la mesure de cette
(15)   présence arabe et d'évoquer les destins de ceux
qui ont joué un rôle important dans cette relation privilégiée.

Ce parcours comporte quatre étapes principales qui jalonnent une promenade d'environ
deux heures, riche en découvertes :   (20)
- La première partie, entre le Collège de France
  et la Sorbonne, évoque les premiers enseignements de l'arabe sous François 1er, la curiosité
  française pour l'Orient au XVIIIe siècle et
  sous l'Empire ;   (25)
- La deuxième partie se rapporte aux lieux de
  cultes des chrétiens arabes de France avec
  la visite d'une des plus anciennes églises de
  Paris, Saint-Julien-le-Pauvre ;
- La troisième partie rappelle l'attraction que   (30)
  Paris a exercée sur le monde arabe, ainsi
  que les débats d'idées qui ont agité les réfor-
  mateurs et érudits arabes au XIXe siècle. Le
  quartier a alors abrité les premières imprimeries et les premiers journaux en langue   (35)
  arabe en France. Les nombreuses librairies
  arabes sont l'héritage de cette période ;
- La quatrième partie est consacrée à la visite de
  la Mosquée de Paris.

La promenade s'achève à l'Institut du monde   (40)
arabe, symbole architectural moderne du dialogue entre la culture occidentale et le monde
arabe.

Informations pratiques
- Tarif 15 € • Tarif réduit 13 € • Tarif enfant 7 €   (45)
- Tous les samedis à 15h
- Départ en face du Collège de France (rue des
  Ecoles)
- Durée 2 h 30

1. D'après cet article, depuis quand y a-t-il des liens entre la France et le monde arabe ?
   (A) Depuis le début du dix-neuvième siècle.
   (B) Depuis le Moyen Âge.
   (C) Depuis les Croisades.
   (D) Depuis la construction de la Mosquée de Paris.

2. Quel bâtiment est au centre du « Paris arabe » ?
   (A) La rive gauche de la Seine.
   (B) Des institutions, des bâtiments et des lieux.
   (C) La Mosquée de Paris.
   (D) Le bâtiment du début XIXe.

3. Où est principalement situé le « Paris arabe » ?
   (A) Dans le troisième arrondissement.
   (B) Sur la rive gauche de la Seine.
   (C) En Île de France.
   (D) Dans le bassin parisien.

4. Pourquoi organiser une visite de ces lieux ?
   (A) Pour prendre la mesure de la présence d'un groupe.
   (B) Pour circonscrire l'arrondissement.
   (C) Pour évoquer un sens de nationalisme.
   (D) Pour faire jouer un rôle important.

5. Comment est organisée la visite du Paris arabe ?
   (A) En autobus.
   (B) À pied.
   (C) En quatre périodes historiques.
   (D) Pour les voyageurs de l'étranger.

6. Pourquoi fait-on la visite de Saint-Julien-le-Pauvre ?
   (A) Parce que l'ancienne église est de nos jours une mosquée.
   (B) Parce qu'il y s'agit d'une des plus anciennes églises de Paris.
   (C) Parce que c'est le lieu des premiers enseignements de l'arabe.
   (D) Parce que c'est un lieu de culte pour les chrétiens arabes.

7. Qu'est-ce qu'on a choisi pour évoquer les rénovateurs et les professeurs arabes ?
   (A) L'Institut du monde arabe.
   (B) Les imprimeries et les librairies arabes.
   (C) La Mosquée de Paris.
   (D) Le Collège de France.

8. Quand peut-on faire une visite guidée de ce quartier ?
   (A) Le samedi après-midi.
   (B) À deux heures.
   (C) Du lundi au vendredi.
   (D) Sur rendez-vous arrangé à l'avance.

9. À qui s'adresse cet écrit ?
   (A) À un Parisien.
   (B) À l'étudiant qui voudrait mieux connaître son quartier.
   (C) Uniquement aux Musulmans.
   (D) Aux voyageurs à Paris.

Thème du cours : La science et la technologie

Introduction

Dans cette sélection, il s'agit de la disparition programmée des secrétaires dans les entreprises et de leur remplacement par de la technologie. Cet article a été publié dans *Le Nouvel Observateur*.

Bye-bye la secrétaire, bonjour la technologie

Ligne Sans leur assistante, souvent victime de la chasse aux coûts, certains cadres se retrouvent démunis face à la correspondance, aux rendez-vous, à l'administratif... La solution ? Se réorganiser
(5) et devenir « techno ».

Au secours, je n'ai plus de secrétaire ! Les assistantes sont appelées à d'autres tâches, souvent plus stratégiques. Nouvelles technologies et chasse aux coûts aidant, de plus en plus de
(10) cadres doivent se passer de ces anges gardiens. Pour le salarié, privé de ce précieux soutien, cela suppose un autre regard sur son travail, une nouvelle organisation et, parfois, quelques efforts qui se révéleront payants.

(15) **1 Évoluer avec son temps :** Changement d'entreprise, nouvelle organisation, autre statut ? Se retrouver sans secrétaire du jour au lendemain peut laisser désemparé. (...) Il y a donc risque de souffrir... psychologiquement plus
(20) encore que matériellement. Mieux vaut donc se mettre au goût du jour. Oui, on peut être quelqu'un de très important et ne pas avoir d'assistante ! Non, ce n'est pas une sanction, mais le résultat d'une rationalisation économique. (...)
(25) Silvère Tajan, consultant indépendant en intranet et Internet, comprend à peine la question : *«Une secrétaire ? Je ne vois même pas en quoi cela me serait utile.»* Son secret ? Les nouvelles technologies.

(30) **2 Passer du courrier au courriel :** Pour ceux qui ne le pratiqueraient pas encore, l'outil de type BlackBerry est bien évidemment indispensable. Á la fois téléphone, carnet d'adresses et de rendez-vous, l'appareil reçoit aussi les courriels

en temps réel. (...) « *Le Black Berry, c'est une* (35) *secrétaire en soi* », résume Christian Vial, consultant à Parthenia, directeur financier en temps partagé pour différentes entreprises. Le courrier postal a beaucoup diminué, estime-t-il. Tout se fait de plus en plus par courriels. (...) Le filtrage (40) téléphonique qu'effectuait l'assistante quand Christian Vial était dans un grand groupe ?

« Il suffit d'éteindre son téléphone. » Quant aux nostalgiques qui ne peuvent pas imaginer de se passer de dicter leurs textes à une bien- (45) veillante collaboratrice, qu'ils fassent comme cette avocate du sud de la France : elle recourt à un logiciel de reconnaissance de voix (tel Dragon Naturally Speaking). Simple : la juriste dicte son texte devant son ordinateur, qui le (50) saisit lui-même au fur et à mesure. L'ordinateur peut même travailler en différé. Bien sûr, il faut corriger des fautes parfois étonnantes, car la machine ne comprend pas toujours bien ce qu'elle dit. Mais ce logiciel vendu à partir de (55) 150 euros, avec des versions adaptées à certaines professions (médecins par exemple), *«fournira les qualités d'une dactylo assez compétente pour qui ne peut s'offrir le luxe d'une secrétaire»*, selon le journaliste de PC INpact.com, qui a testé la (60) dernière version.

3 Se former à la bureautique : « *A chaque nouvelle étape technologique, je me suis formé, et je ne l'ai jamais regretté. C'est un investissement indispensable* », explique Eric Pigal, 43 ans, se- (65) nior manager à Accenture et responsable CGC. Il y a huit ans, quand les cadres bénéficiaient de moins en moins des services des assistantes, il a appris la dactylo. « *Je voulais taper avec tous les doigts.* » Lui s'est contenté de mettre une feuille (70) sur ses mains pour ne pas regarder le clavier.

Mais il existe de petits logiciels d'apprentissage très peu coûteux. (...)

4 Réorganiser ses journées : Il faut s'y faire.
(75) Celui qui n'a plus de secrétaire hérite de tâches administratives souvent perçues comme une perte de temps. A IBM, par exemple, les notes de frais étant scannées à Bordeaux, puis traitées à Manille, doivent être rédigées d'une manière
(80) très détaillée. Mieux vaut éviter la fixette (« *c'est pénible* ») ou la procrastination (« *j'aurai le temps demain* »). « *Trouvez les moments où vous êtes moins performants, souvent après le déjeuner, et faites alors ces tâches qui ne demandent pas la*
(85) *même concentration* », suggère Nadine Fleiszman. (...) Attention toutefois à ne pas céder à « *la tentation de les faire pendant le week-end* », dit Nadine Fleiszman. Ce qui est parfois difficile à éviter.

5 Réviser son orthographe : Ne plus avoir (90) d'assistante, pour ceux qui sont brouillés avec les accords de participes passés, peut se révéler dangereux. Que ceux qui se sentent orphelins de leur protectrice se rassurent : d'après Bernard Fripiat, qui organise des stages d'orthographe pour (95) les cadres, on peut améliorer son orthographe à tout âge. Il a édité chez Demos un petit manuel, intitulé *Se réconcilier avec l'orthographe*, « *conçu à partir des difficultés que me disaient rencontrer mes cadres stagiaires, et que j'ai collectées au fil* (100) *des années* ». Pour un entraînement plus régulier, les bons vieux manuels et exercices signés Bled, disponibles dans tous les rayons parascolaires des librairies, ont prouvé depuis longtemps leur efficacité. (105)

1. Quelle est l'idée principale de cet article ?
(A) Que le patron ne devrait pas remplacer sa secrétaire par de la technologie.
(B) Que le cadre peut se tourner vers la technologie quand les secrétaires disparaissent.
(C) Que le patron devrait insister pour que sa secrétaire emploie de la technologie pour mieux effectuer sa tâche.
(D) Que la technologie vaut mieux qu'une secrétaire.

2. Qu'est-ce qui est à l'origine du licenciement des secrétaires ?
(A) L'existence de la technologie.
(B) La pénurie de tâches administratives.
(C) Une nouvelle perspective sur leur travail.
(D) La chasse aux coûts.

3. Qu'est-ce qui remplace le filtrage téléphonique effectué par les secrétaires ?
(A) Le courriel.
(B) Le Blackberry.
(C) L'assistante.
(D) Un logiciel tel que *Dragon Naturally Speaking*.

4. Parmi les aspects positifs de ce changement, un seul n'est pas évoqué ?
(A) Quelques cadres n'en voient même pas le besoin.
(B) Etre plus indépendant.
(C) On a l'air important même sans secrétaire.
(D) L'assistante est un attribut social.

5. Comment l'auteur suggère-t-elle que les cadres s'adaptent ?
(A) En achetant des gadgets plutôt que de la technologie.
(B) Avec des logiciels pour apprendre.
(C) En réorganisant le bureau afin qu'une secrétaire soit inutile.
(D) En organisant la journée afin que l'aide d'une secrétaire ne soit pas nécessaire.

6. Comment l'auteur organise-t-il ce texte ?
(A) En proposant des suggestions pour améliorer la vie au bureau.
(B) En donnant des exemples d'échecs au bureau.
(C) En interviewant d'anciennes assistantes.
(D) En expliquant ce qu'aurait fait une bonne secrétaire.

7. Que suggère l'auteur ?
(A) Que de nombreux cadres sont fâchés avec l'orthographe.
(B) Que la phonétique est difficile pour les cadres.
(C) Qu'il faut absolument apprendre la dactylo.
(D) Qu'on devrait acheter un Blackberry.

SÉLECTION NUMÉRO 5

Thème du cours : La famille et la communauté

Introduction

Dans cette sélection il s'agit d'une explication du rôle du griot dans les cultures africaines. Cet article de Mahaman Garba intitulé « Aspects dynamiques des cultures sonores : transformation du métier de griot au Niger sous l'influence du modernisme » a été publié sur le site web de l'UNESCO.

Ligne

Maître de la parole, fidèle gardien de la tradition orale, conservateur incontesté des mœurs ancestrales, le griot est un personnage qui joue un rôle social très important. Son statut fait de lui le
(5) conseiller le plus éclairé et le plus proche du roi, du prince ou du chef de guerre.

Le griot joue un rôle prépondérant dans la société. Conteur, poète, moraliste, instructeur, le griot est l'animateur principal de la société dans
(10) laquelle il vit. Il est toujours sollicité à prendre part aux grandes cérémonies (mariage, baptême, intronisation, fêtes). Le griot apprend aux jeunes l'histoire de leur société, il leur parle des grands chefs, leurs comportements et leurs règnes. Il
(15) leur dit également tous ceux qui ont fait des œuvres utiles, il leur parle de leurs descendances en leur apprenant les bonnes manières. Dans certaines circonstances le griot est la seule personne habilitée à calmer les tensions sociales.
(20) Certains hommes le consultent avant de prendre épouse parce qu'il est mieux placé pour parler de telle ou telle famille, de tel ou tel parent. Le griot joue également le rôle de communicateur et d'informateur. Déclamateur public, il a pour
(25) devoir de faire oralement les communiqués en se déplaçant de quartier en quartier, de village en village, de ville en ville.

Quand il y a parfois des divergences de vue entre deux ou plusieurs autorités coutu-
(30) mières, le griot est chargé de recueillir tous les renseignements indispensables lui permettant de lever l'équivoque. En pareilles circonstances il est dépêché pour faire la mise au point à tel ou tel chef coutumier. Personnage très écouté, le
(35) griot intervient dans certains foyers pour régler des litiges.

On naît griot, on ne le devient pas. L'art de la parole est un héritage qui se transmet de père en fils, de génération en génération. Le métier
(40) qu'exerce le griot lui permet de faire face à ses obligations. C'est un responsable qui a plusieurs bouches à nourrir. Il vit donc du fruit de son travail. Dans la hiérarchie de la cour, ses prérogatives lui donnent droit à un traitement. Il
(45) a également certains avantages aux différentes cérémonies qu'il anime. Il se déplace souvent pour rendre des visites de courtoisie aux chefs coutumiers qu'il connaît. Ce périple lui rapporte de l'argent, des habits, des vivres, des chevaux,
(50) des moutons, des chèvres, etc.

Dans certains cas, le griot est invité par les chefs eux-mêmes ou par des personnes riches. Contrairement à ce que beaucoup de gens pensent, le griot n'est pas celui qui indispose et
(55) oblige les autres à lui donner. Comme tous ceux qui exercent un métier, le griot vit à la sueur de son front.

Dans l'organigramme de la chefferie coutumière au Niger, le griot occupe une place impor-
(60) tante et ses prérogatives sont nombreuses. Il est à la fois le confident, le secrétaire particulier, le conseiller et l'envoyer spécial du chef coutumier. Aucune décision ne peut être prise sans son consentement et son avis est toujours partagé
(65) par toute la hiérarchie de la cour.

Dépositaire de la tradition historique et culturelle, le griot est en somme le membre le plus influent de la cour parce que mieux renseigné que quiconque sur les valeurs tradition-
(70) nelles, la généalogie des familles qui composent l'ethnie ou le groupe ethnique. Héritier de l'art de la parole, sa maîtrise de la langue lui permet

de provoquer ou d'apaiser la colère du chef. Il enseigne beaucoup de choses au chef, lui dit le (75) comportement de tel ou tel individu. Il sait tout sur les hommes et leurs biens. Il sert de courroie de transmission entre le chef et ses partenaires. Il est en quelque sorte le trait d'union entre le peuple et son histoire.

Autrefois, le griot était l'intouchable envoyé (80) spécial du guerrier à qui il rapportait fidèlement les messages. Il n'était pas homme à abattre ou à capturer en temps de guerre. Il était utile pour tous ceux qui régnaient.

1. Quel est le rôle du griot dans la société ?
   (A) De contester les mœurs ancestrales.
   (B) D'éclairer la parole du roi.
   (C) De maintenir la littérature orale de la tribu.
   (D) De maîtriser la parole.

2. Quelles sont les fonctions du griot ?
   (A) Animateur de dessins et poète.
   (B) Chef et moraliste.
   (C) Historien et régent.
   (D) Animateur de cérémonies et raconteur d'histoires.

3. Parmi les sujets que le griot apprend aux jeunes, on compte …
   (A) les bonnes manières et l'histoire familiale.
   (B) la géographie.
   (C) la tension sociale.
   (D) l'habilité à calmer les personnes.

4. Pourquoi consulte-t-on un griot avant de se marier ?
   (A) Parce qu'il connaît toutes les traditions de la cérémonie.
   (B) Parce qu'il connaît l'histoire de toutes les familles du village.
   (C) Parce qu'il sait qui est bien placé dans la société.
   (D) Parce qu'il communiquera les intentions du mari à une épouse potentielle.

5. Comment le griot remplit-il son rôle d'informateur ?
   (A) En faisant ses devoirs de communicateur.
   (B) En allant dans les différents villages.
   (C) En annonçant les mariages aux parents.
   (D) En racontant des histoires de la famille.

6. D'après le troisième paragraphe, on peut déduire que le griot joue souvent le rôle de …
   (A) bibliothécaire.
   (B) coutumier.
   (C) historien.
   (D) juge.

7. Comment devient-on griot ?
   (A) On en fait l'apprentissage auprès d'un griot plus âgé.
   (B) On devient griot si son père l'est, lui aussi.
   (C) On exerce le métier.
   (D) On est obligé à devenir griot.

8. Comment le griot gagne-t-il son pain ?
   (A) Il accepte des fruits.
   (B) Il est payé un salaire par la hiérarchie de la cour.
   (C) On le récompense en lui donnant n'importe quoi.
   (D) Il fait face à ses obligations.

9. Quelle est l'importance du griot au Niger ?
   (A) Son opinion a une très grande importance.
   (B) On peut consulter plusieurs griots, chacun ayant une importance différente.
   (C) Il est souvent l'un de plusieurs confidents.
   (D) C'est la chefferie particulière du village qui détermine cela.

10. Qu'est-ce qui réside avec le griot ?
    (A) Toute l'histoire et l'ethnologie de la tribu.
    (B) Le chef.
    (C) L'art de la parole.
    (D) Tel ou tel individu.

SÉLECTION NUMÉRO 6

Thème du cours : La vie contemporaine

Introduction

Dans cette sélection, il s'agit d'une lettre que le proviseur d'un lycée a envoyée aux parents d'élèves de son établissement. Dans ce courrier, il les avise d'un problème survenu l'année précédente, problème qu'il ne voudrait pas voir se reproduire.

Ligne   Le Proviseur
       à
       Mesdames et Messieurs
       les Parents d'élèves

(5)   Madame, Monsieur,

En cette semaine de rentrée des classes du Lycée Nelson Mandela, je souhaitais attirer votre attention sur certains aspects des conditions d'accueil de nos élèves et vous demander d'apporter à
(10)   notre administration le concours de parents soucieux de la bonne marche de notre établissement, comme de la sécurité de leurs enfants.

Nous avons eu l'année dernière quelques exemples de difficultés majeures de discipline
(15)   collective, telles que blocage ou irruption de personnes étrangères au Lycée. Si ces exemples regrettables d'entraves à la sérénité des études venaient à se reproduire, ils seraient de nature à perturber durablement notre mission et nos
(20)   engagements vis-à-vis de notre communauté éducative.

En conséquence, je fais appel à vous pour que vous nous aidiez à nous assurer que ce sont bien les élèves régulièrement inscrits dans
(25)   l'établissement qui y ont accès. Les personnels d'éducation, d'administration et de service sont quotidiennement aux portes du Lycée pour en contrôler les entrées et les sorties, mais votre vigilance, exercée de l'extérieur con-
(30)   tribuera à renforcer l'efficacité de notre travail à l'intérieur et à consolider un environnement d'apprentissage efficace et apaisé.

A cet effet, je vous serais très reconnaissant, suivant vos disponibilités, d'envisager d'accompagner vos enfants à l'entrée de l'établissement et de vous (35) assurer qu'ils y pénètrent sans s'attarder à ses abords. Nous vous engageons, dans tous les cas, à aborder ce sujet avec eux lors des conversations que vous entretenez au sein de votre famille.

En vous remerciant de votre attention, je vous (40) prie d'agréer, Madame, Monsieur, l'assurance de mes sentiments les meilleurs.

Le Proviseur

Michel Ploquette

1. À qui s'adresse cette lettre ?
   (A) Aux élèves du lycée.
   (B) Aux personnels d'éducation.
   (C) Aux parents d'élèves.
   (D) Aux intrus.

2. D'où viennent les problèmes disciplinaires ?
   (A) Des élèves qui ne prêtent pas attention à leurs études.
   (B) De ceux qui accompagnent les élèves à l'entrée de l'établissement.
   (C) Des parents soucieux de la bonne marche des études.
   (D) Des personnes étrangères au lycée.

3. Si ces irruptions continuent, quel en sera le résultat ?
   (A) La sérénité des études se rétablira.
   (B) Elles dérangeront la mission éducative du lycée.
   (C) Elles produiront des difficultés majeures de discipline collective.
   (D) La mission de l'école sera de ce fait encore plus durablement établie.

4. Quel est le but de cette lettre ?
   (A) D'informer la communauté d'une situation précaire.
   (B) De déconseiller les intrus de continuer à gêner l'atmosphère de l'école.
   (C) De mettre les élèves en garde contre les agressions de l'extérieur.
   (D) De solliciter l'aide des parents.

5. Quel est le ton de cette lettre ?
   (A) Hautain.
   (B) Véhément.
   (C) Indigné.
   (D) Plein de sollicitude.

6. Pourquoi le proviseur veut-il qu'on contrôle les entrées dans le lycée ?
   (A) Afin de renforcer l'efficacité du travail des professeurs.
   (B) Pour garder les portes fermées.
   (C) Afin d'établir la sécurité des entrées et des sorties.
   (D) Pour régulariser l'inscription dans l'établissement.

7. Quelle réaction cette lettre devrait-elle susciter de la part des parents ?
   (A) Écrire un article à la une dans le journal quotidien.
   (B) Envoyer une lettre au proviseur pour aborder le sujet.
   (C) Téléphoner personnellement au proviseur.
   (D) Accompagner les enfants à l'école et veiller qu'ils entrent dans l'établissement.

8. Comment le proviseur décrit-il l'atmosphère de son école l'année précédente ?
   (A) Il croit que tout allait assez bien.
   (B) Il pense que les parents auraient pu aider à renforcer l'efficacité du travail du personnel d'éducation.
   (C) Il sait que le manque de calme venait principalement de l'extérieur.
   (D) Il croit que les élèves du lycée avaient créé un environnement qui méritait de la discipline.

Thème du cours : L'esthétique

Introduction

Dans cette sélection, l'auteur revoit l'histoire de France à la lumière de cet aliment de base. L'article est tiré de *L'Express*, magazine hebdomadaire français.

L'histoire d'amour de la France et du pain

Ligne « Un Américain à Paris. » Joyeux, aérien, amateur de la France et goûteur de son pain, Steven L. Kaplan ne danse peut-être pas dans Paris sur un air de Gershwin, mais il y marche. C'est par
(5) ce moyen, en piéton de Paris, que notre historien, partagé entre Cornell University à New York et l'Ecole des hautes études, boulevard Raspail, aime à découvrir la capitale, ses habitants, leurs mœurs, leurs parlers, leurs charmes,
(10) leurs petitesses et... leurs boulangeries. Steven L. Kaplan, historien américain de la France moderne et contemporaine, a fait le bon choix. Car, en devenant le spécialiste incontesté de l'histoire du pain, il s'est trouvé au cœur d'une de nos plus
(15) stimulantes idiosyncrasies nationales. En considérant, en effet, le pain, non seulement comme ce qui fut durant des siècles l'aliment de base des Français, mais aussi l'économie du blé dont il procède, l'organisation professionnelle qu'il
(20) induit, et encore, au-delà des nécessités, l'art de vivre qu'il emporte, on ouvre des pistes innombrables à la compréhension de notre histoire tout court.

Il fallait, dans les années 1960, l'ingénuité
(25) et le culot d'un jeune chercheur étranger pour se lancer dans une telle aventure. L'époque, en même temps, s'y prêtait. Certes, l'école des Annales, avec son rejet de l'histoire-bataille, sa détestation de l'« événement », son écono-
(30) misme néo-marxiste, sa "longue durée" et ses vastes fresques braudéliennes, exerçait toujours son empire, pour ne pas dire sa tyrannie. Mais, déjà, pointaient les tentatives d'émancipation et les audaces de la "nouvelle histoire" ou, plus
(35) largement, les curiosités de « l'histoire culturelle ». Dans cette perspective, nul objet historique ne devenait impossible. De grands espaces s'offraient à qui voulait les explorer. On ferait l'histoire des couleurs, de la vitesse, du corps, des sorcières, du diable ou du bon Dieu..., tout
(40) faisait ventre pourvu qu'on ait de l'appétit.

Des questions essentielles pour comprendre la société à la veille de la Révolution

Pour Steven L. Kaplan, ce fut le pain. Et, plus
(45) précisément, le pain français dont il avait découvert les délices sous les espèces d'une baguette croustillante rejetant dans les ténèbres extérieures l'insipide tranche de « white bread » à quoi son américanité l'avait jusqu'alors condamné.
(50) Mais être l'historien du pain français, ou plutôt du pain en France, supposait de s'immerger dans notre culture nationale. Steven L. Kaplan l'entreprit avec une ardeur sans pareille. Pour se faciliter l'apprentissage de la langue, il se marie
(55) avec une Française. Pour acquérir le langage spécialisé de la minoterie, il se fait embaucher aux Grands Moulins de Paris. Pour nourrir ses recherches, il se plonge dans les archives et il entretient avec la communauté historienne fran-
(60) çaise des relations serrées qui n'iront d'ailleurs pas sans tensions et frictions.

Le copieux entretien qu'a recueilli Jean-Philippe de Tonnac a l'avantage d'offrir un exposé synthétique de la vie et de l'œuvre de
(65) l'historien, aussi érudit que jovial et drôle. Nous mesurons ainsi l'ampleur des savoirs accumulés et la diversité des travaux accomplis.

Le principal de l'œuvre est, bien sûr, ancré au tournant des XVIIIe et XIXe siècles. La question

(70) du blé sous l'Ancien Régime est cruciale pour comprendre l'état de la société et elle a, on le sait, plus qu'à voir avec les prodromes de la Révolution. Par l'entrée du blé et du pain, nous explorons avec Steven L. Kaplan les grands débats (75) sur la libération du commerce des grains, nous côtoyons les physiocrates, nous croisons Turgot et Necker, nous n'ignorons plus rien des corporations, de leur empire puis de leur bannissement avec la loi Le Chapelier.

(80) Mais Steven L. Kaplan peut aussi nous transporter dans la France contemporaine en exhumant l'étrange histoire du « pain maudit », cette intoxication par le pain, probablement due à un mélange d'ergot de seigle dans la farine, qui (85) s'abat, en 1951, sur la ville de Pont-Saint-Esprit et provoque comme une terreur médiévale en plein XXe siècle. N'oublions pas le guide précieux sur les cent meilleures boulangeries parisiennes et concluons par le livre qui aurait pu dégoûter définitivement notre Américain (90) de la douce France, celui qu'il consacre aux cérémonies du bicentenaire de la Révolution. Dans *Adieu 89*, Steven L. Kaplan n'avait-il pas eu l'audace de critiquer François Furet, grand prêtre réactionnaire de cette commémoration ? (95) Il s'ensuivit un engrenage d'ostracisme qui ne fit pas honneur à la communauté historienne française. Mais Steven L. Kaplan n'est pas rancunier. Comme W.C. Fields, il n'est pas loin de penser qu'un pays qui fait un si bon pain ne peut pas (100) être vraiment mauvais.

---

1. Quel est le fil conducteur de l'histoire de France selon le journaliste ?
   (A) L'économie.
   (B) La culture nationale.
   (C) La compréhension de la société.
   (D) Le pain.

2. Quel est le travail de Steven Kaplan ?
   (A) Il est boulanger.
   (B) Il est gardien de musée.
   (C) Il est professeur à Cornell University et à l'École des hautes études.
   (D) Il est économiste.

3. Selon l'auteur, quelle est l'une de nos « plus stimulantes idiosyncrasies nationales » ?
   (A) L'histoire
   (B) Les mœurs
   (C) Les organisations professionnelles.
   (D) Le pain.

4. Pourquoi l'auteur parle-t-il de danser sur un air de Gershwin ?
   (A) À cause de la référence à *Un Américain à Paris,* une œuvre musicale du compositeur.
   (B) Parce que Steven Kaplan essaie de danser dans toutes les capitales européennes.
   (C) Parce que Steven Kaplan est tellement heureux.
   (D) Parce que Steven Kaplan danse comme il marche.

5. D'après le texte, on peut conclure que *la loi Le Chapelier* a eu quel effet ?
   (A) De proscrire des organisations ouvrières.
   (B) De fournir de la farine à toutes les boulangeries de Paris.
   (C) D'organiser les entreprises industrielles.
   (D) De libérer le commerce des grains.

6. Pourquoi cite-t-on W.C. Fields à la fin de l'article ?
   (A) Parce que c'est un francophile très connu.
   (B) Parce que la citation confirme l'importance du pain.
   (C) Parce que c'est le comédien favori de Kaplan.
   (D) Parce que Kaplan n'est pas rancunier et parle du pain.

7. Vous écrivez à un ami au sujet de cet article. Quelle phrase serait la plus appropriée ?
   (A) Ce livre traite des causes de la révolution française.
   (B) J'ai trouvé un livre histoire qui te plairait.
   (C) On enseigne l'histoire du pain à Cornell.
   (D) L'histoire de France explique l'amour de la patrie.

Thème du cours : L'esthétique

Introduction

Dans cette sélection, il s'agit des réflexions d'un auteur sur ce qu'est écrire, et la solitude dont il faut s'entourer pour pouvoir écrire. Le texte original intitulé *Écrire* a été publié par l'écrivain français Marguerite Duras en 1993 aux éditions Gallimard.

Écrire

Ligne C'est dans une maison qu'on est seul. Et pas au-dehors d'elle mais au-dedans d'elle. Dans le parc il y a des oiseaux, des chats. Mais aussi une fois, un écureuil, un furet. On n'est pas seul dans un

(5) parc. Mais dans la maison, on est si seul qu'on en est égaré quelquefois. C'est maintenant que je sais y être restée dix ans. Seule. Et pour écrire des livres qui m'ont fait savoir, à moi et aux autres, que j'étais l'écrivain que je suis. Comment est-ce

(10) que ça s'est passé ? Et comment peut-on le dire ? Ce que je peux dire c'est que la sorte de solitude de Neauphle a été faite par moi. Pour moi. Et que c'est seulement dans cette maison que je suis seule. Pour écrire. Pour écrire pas comme je

(15) l'avais fait jusque-là. Mais écrire des livres encore inconnus de moi et jamais encore décidés par moi et jamais décidés par personne. (…)

La solitude de l'écriture c'est une solitude sans quoi l'écrit ne se produit pas, ou il s'émiette ex-

(20) sangue de chercher quoi écrire encore. Perd son sang, il n'est plus reconnu par l'auteur. Et avant tout il faut que jamais il ne soit dicté à quelque secrétaire, si habile soit-elle, et jamais à ce stade donné à lire à un éditeur.

(25) Il faut toujours une séparation d'avec les autres gens autour de la personne qui écrit des livres. C'est une solitude. C'est la solitude de l'auteur, celle de l'écrit. Pour débuter la chose, on se demande ce que c'était ce silence autour

(30) de soi. Et pratiquement à chaque pas que l'on fait dans une maison et à toutes les heures de la journée, dans toutes les lumières, qu'elles soient du dehors ou des lampes allumées sans le jour.

Cette solitude réelle du corps devient celle, in- (35) violable, de l'écrit. Je ne parlais de ça à personne. Dans cette période-là de ma première solitude j'avais déjà découvert que c'était écrire qu'il fallait que je fasse. J'en avais déjà été confirmée par Raymond Queneau. Le seul jugement de Raymond Queneau, cette phrase-là : « Ne faites (40) rien d'autre que ça, écrivez. »

Écrire, c'était ça la seule chose qui peuplait ma vie et qui l'enchantait. Je l'ai fait. L'écriture ne m'a jamais quittée. (…)

On ne trouve pas la solitude, on la fait. La (45) solitude, elle se fait seule. Je l'ai faite. Parce que j'ai décidé que c'était là que je devrais être seule, que je serais seule pour écrire des livres. Ça s'est passée ainsi. J'ai été seule dans cette maison. Je m'y suis enfermée — j'avais peur aussi bien (50) sûr. Et puis je l'ai aimée. Cette maison, elle est devenue celle de l'écriture. Mes livres sortent de cette maison. De cette lumière aussi, du parc. De cette lumière réverbérée de l'étang. Il m'a fallu vingt ans pour écrire ça que je viens de dire là. (55)

1. Quel est le thème principal de ce texte ?
   (A) Qu'il faut être instruit pour écrire.
   (B) Que l'introspection est nécessaire pour être bon écrivain.
   (C) Que la solitude et la tranquillité aident le travail de l'écrivain.
   (D) Que la solitude crée le processus créateur.

2. Quand elle parle des « livres encore inconnus de moi », que veut dire Duras ?
   (A) Qu'elle n'a pas encore choisi de sujet pour son livre.
   (B) Qu'elle ne sait pas encore ce qui viendra à l'esprit.
   (C) Qu'elle met un pseudonyme sur la couverture de son livre.
   (D) Qu'elle ne veut pas y penser pour le moment.

3. Selon l'auteur, qu'est-ce qu'il faut ?
   (A) Une séparation d'avec les autres gens autour de la personne qui écrit.
   (B) Le début des choses.
   (C) Un lieu solitaire et à part de tous les autres gens qu'on connaît.
   (D) Une lampe bien allumée.

4. Quelle est la suite des événements qui ont mené à l'écrit de l'auteur ?
   (A) Elle a recherché la solitude, elle s'est enfermée, ses livres sont sortis.
   (B) Elle a commencé à écrire tout de suite.
   (C) Elle a passé vingt ans devant la lumière réverbérée de l'étang.
   (D) Elle est devenue écrivain.

5. Pourquoi Duras avait-elle peur (l. 50) au début ?
   (A) Parce qu'elle se croyait incapable de terminer son livre.
   (B) Parce qu'elle ne savait pas quoi écrire.
   (C) Parce que la maison était hantée.
   (D) Parce qu'elle restait seule à la maison.

6. Qu'est-ce que l'auteur veut dire avec l'expression « s'émiette exsangue » (l. 19) ?
   (A) Se pulvérise épuisé.
   (B) Se détruit soigneusement.
   (C) S'abat avec une force violente.
   (D) Devient très pâle.

7. Quel est le but de ce texte ?
   (A) Il fait partie d'un manuel pour les auteurs.
   (B) Il explore les différentes formes de la solitude.
   (C) Il raconte les jours que l'auteur a passés à Neauphle.
   (D) Il expose les pensées d'un écrivain.

Thème du cours : La quête de soi

Introduction

Cette sélection décrit une nouvelle exposition qui trace la route qu'ont empruntée des immigrants francophones qui ont décidé de s'installer sur le continent nord-américain. On peut trouver cet article « PARTIR sur la route des francophones » sur le site internet du Musée de l'Amérique française à Québec.

PARTIR sur la route des francophones—Une nouvelle exposition permanente au Musée de l'Amérique française

Ligne Pourquoi quitter sa terre natale avec pour tout bagage sa culture, sa langue et sa foi ? Qu'est-ce qui peut bien pousser quelqu'un à aller au-delà des frontières préétablies ? Une quête de vie

(5) meilleure, un appel de la famille ou celui de l'aventure ? *PARTIR sur la route des francophones*, la toute nouvelle exposition permanente du Musée de l'Amérique française, nous entraîne sur les traces laissées par les francophones qui

(10) ont décidé de s'installer sur le continent nord-américain. (…)

Que ce soit par les routes d'eau, de terre ou de fer, ils se sont approprié de nouveaux lieux pour y faire vivre des communautés à l'image

(15) de leur culture d'origine. Certains par désir de répandre la foi chrétienne, comme la religieuse Esther Parizeau qui aménagea un couvent en Oregon, tandis que les frères Victor et Prudent Beaudry s'installèrent à Los Angeles (Prudent

(20) sera maire de la municipalité en 1875) pour faire fortune. D'autres ont pris la route vers la côte est américaine avec toute leur famille, attirés par le travail dans les usines de textiles. « En dressant un portrait magistral de ces hommes

(25) et ces femmes qui ont rayonné à travers tout le territoire nord-américain, cette exposition nous fait prendre conscience de l'impact qu'ils ont eu sur son développement et que la francophonie en terre américaine ne se limite pas au Québec,

à la vallée du St-Laurent ou à la Louisiane. C'est (30) la mission du Musée de l'Amérique française de faire connaître ces histoires individuelles et collectives dont certaines seraient dignes d'un roman » a souligné la directrice générale par intérim du Musée de la civilisation, madame (35) Danielle Poiré.

Suivez … le ruban rouge, s.v.p. ! La partance et le voyage sont illustrés par un ruban rouge que l'on suit tout au long du parcours. Il débute par une projection holographique qui (40) évoque l'expérience humaine des migrations. Des niches d'objets, associées aux trois foyers de colonisation française en Amérique du Nord (l'Acadie, la vallée du Saint-Laurent et la Louisiane), sont intégrées à cette introduction, ainsi (45) qu'une carte interactive traçant les principaux chemins explorés par Champlain, Desgroseillers et Radisson. En marchant, voici que le ruban se transforme en banquette permettant le visionnement confortable d'un document vidéo, (50) narré par l'anthropologue Serge Bouchard. Il nous explique le contexte des déplacements de l'Ancien au Nouveau Monde, mais surtout cette volonté de continuer à repousser les frontières à l'intérieur même du continent nord-américain. (55) Par la suite, le visiteur se retrouve dans un corridor qui rappelle les quais de départ avec ses valises qui s'empilent et ses murmures incitant à la migration. Cette ambiance le mène vers cinq mises en scène évoquant les différents motifs qui (60) ont incité les francophones à partir. D'abord, au XVIIIe siècle, c'est le commerce de la traite des fourrures et l'établissement de nouveaux noyaux francophones sur le territoire qui animent les individus. Tendez l'oreille pour entendre Jean-Baptiste Trudeau qui, par le biais de son journal, raconte ses difficiles journées à travers la forêt. La mise en scène suivante, c'est la propagation de la foi catholique par l'établissement de lieux de culte et d'enseignement. ... Le troisième espace rappelle le mouvement de colonisation et les activités agricoles par un champ de blé et un magasin général. Haut lieu de rencontres dans la création de nouvelles communautés, (65) (70)

des témoignages surgissent des bocaux sur les étagères. La quatrième zone s'inscrit dans l'ère du progrès et du développement industriel notamment dans les usines de textiles du Maine. Enfin, la dernière scène est l'occasion de découvrir que les communications, qu'étaient les journaux et la correspondance, ont joué un rôle primordial dans les multiples vagues de déplacements. Une installation audiovisuelle où toutes les émotions liées à cette grande odyssée francophone en Amérique du Nord clôt l'exposition. (75) (80) (85)

---

1. Que célèbre la nouvelle exposition au Musée de l'Amérique française ?
   (A) L'immigration mondiale vers le continent nord-américain.
   (B) La route des francophones.
   (C) La culture et la langue francophones.
   (D) L'installation des francophones sur le continent nord-américain.

2. Que veut dire l'auteur quand il parle des « frontières préétablies » ? (l. 4)
   (A) Les frontières entre pays.
   (B) Les limites personnelles.
   (C) Les idées écartées.
   (D) Les traditions familiales.

3. Comment l'auteur illustre-t-il l'installation des francophones sur le continent ?
   (A) Avec des exemples précis.
   (B) Avec une liste de noms.
   (C) Avec des expériences personnelles.
   (D) Avec l'histoire d'une famille en particulier.

4. Qu'est-ce qui a attiré les immigrants sur la côte atlantique américaine ?
   (A) La possibilité de faire fortune.
   (B) L'idée de créer une colonie qui reflète leur culture d'origine.
   (C) La promesse du travail dans l'industrie.
   (D) La foi religieuse.

5. Quelle est la mission du Musée de l'Amérique française ?
   (A) De répandre l'idée que la francophonie américaine n'est pas limitée aux endroits bien connus.
   (B) De collecter assez d'histoires pour en écrire un roman.

   (C) De noter les grandes étapes de la civilisation du continent.
   (D) De collecter les histoires qui font prendre conscience.

6. Qui étaient Champlain, Desgroseillers et Radisson ?
   (A) Des chimistes canadiens.
   (B) Les professeurs qui ont créé les cartes interactives.
   (C) Les cinéastes qui ont filmé le document vidéo.
   (D) Des explorateurs du Canada.

7. Qu'est-ce qui accompagne les visiteurs du Musée tout au long de ce circuit ?
   (A) Les guides bilingues.
   (B) Le document vidéo narré par Serge Bouchard.
   (C) Les corridors qui rappellent les différentes aventures.
   (D) Le ruban rouge.

8. Comment est organisé le musée ?
   (A) Dans un ordre chronologique.
   (B) En motifs qui rappellent les raisons du départ des immigrants.
   (C) Par culture d'origine des immigrants.
   (D) Par zones dont chacune est illustrée par un film.

9. Quel public est-ce que cet écrit vise ?
   (A) Les historiens et les chercheurs.
   (B) Les professeurs de la culture canadienne.
   (C) Les touristes à Los Angeles.
   (D) Les touristes à Québec.

Thème du cours : L'esthétique

Introduction

Dans cette sélection il s'agit d'une rétrospective sur la musique acadienne. Ce récit est tiré d'un article qui a été publié sur le site internet http://www.festivalsacadiens.com/french/history.html.

Ligne

Les Acadiens, ou les Cadiens comme on les appelle asteur (maintenant) en Louisiane, ont été déportés de la Nouvelle-Écosse en 1755. Ils ont emporté avec eux très peu de biens, mais ont
(5) emporté un riche héritage culturel, qui est un mélange d'influences françaises, celtiques, écossaises, irlandaises et amérindiennes. Ce mélange est manifesté dans la riche tradition orale et le répertoire de chansons et de danses. (…) La Première
(10) Guerre mondiale conduisit à la recherche d'une unité nationale, qui sonna le glas des diversités régionales. En 1916, l'anglais est devenu la langue obligatoire de l'éducation dans l'ensemble de la Louisiane et fût imposé dans le sud de
(15) l'état. (…) Plusieurs générations de Cadiens et de Créoles ont été élevés avec l'idée que *le français était la langue de l'analphabétisme culturel*. À la fin des années 1940 le cours des événements changea. Les soldats envoyés en France durant la
(20) Deuxième Guerre mondiale ont réalisé que cette langue et cette culture que l'on leur avait demandé d'oublier les avaient rendus très utiles en tant qu'interprètes et avaient rendu de manière générale leur survie plus facile. Après la guerre,
(25) les GIs retournant au pays se sont immergés dans leur propre culture. Des salles de danse dans l'ensemble du sud de la Louisiane ont de nouveau recommencé à vibrer des sons familiers et réconfortants de la musique faite maison.
(30) Dans les années 1950 et 1960, le sud de la Louisiane comme la balance (le reste) du pays et la majeure partie du monde fut chamboulé par l'émergence du rock and roll. Les fils et les filles de musiciens cadiens suivirent les traces
(35) musicales de Jerry Lee Lewis et d'Antoine "Fats" Domino, eux même Louisianais, pour créer

ce qui fut appelé la musique Swamp Pop. La musique Country et le Swamp Pop devinrent des alternatives tentantes et la musique cadienne fut de nouveau utilisée pour "arroser les racines (40) afin que l'arbre ne meure pas." (…) En 1968, l'État de Louisiane reconnut officiellement la renaissance de la culture cadienne en créant le Conseil pour le Développement du Français en Louisiane (CODOFIL). Sous la présidence de (45) James Domengeaux, le CODOFIL commença par concentrer ses efforts sur un front politique, psychologique et éducationnel afin d'effacer les stigmates qui avaient été pendant très longtemps attachés à la langue française et à la culture (50) locale. En plus de la création de classes en français dans les écoles élémentaires, le CODOFIL organisa en 1974 le premier festival Hommage à la Musique Cadienne. Ce concert de 3 heures était conçu pour attirer et éduquer la nouvelle (55) génération aux valeurs traditionnelles de la culture cadienne.

Festivals Acadiens et Créoles est un ensemble de festivals indépendants qui vît le jour en 1977. Le composant le plus ancien de cet ensemble (60) était le Festival de l'Artisanat Local de Louisiane (appelé par la suite Festival de l'Artisanat Local et Contemporain de Louisiane) qui vît le jour le samedi 28 octobre 1972 dans les locaux du Musée d'Histoire Naturelle de Lafayette, près du (65) Parc Girard. (…)

Depuis lors, les Festivals Acadiens et Créoles n'ont cessé d'évoluer autant d'une manière individuelle que collective, ajoutant à la musique et à l'artisanat surtout un volet cuisine. (70)

1. Quelle est l'idée principale de ce texte ?
   (A) De présenter une courte histoire des Acadiens.
   (B) D'expliquer la fondation du CODOFIL.
   (C) De fournir une base pour la musique Swamp Pop.
   (D) De rappeler l'héritage acadien pour le Festival de Musique Acadienne.

2. Quels sont tous ces mots qui sont suivis de parenthèses ?
   (A) Des mots difficiles à comprendre.
   (B) Des expressions américaines.
   (C) Des termes acadiens.
   (D) Des homonymes.

3. Qu'est-ce qui a changé le cours des événements à la fin des années 40 ?
   (A) Les soldats envoyés en Europe ont compris les avantages de parler la langue française.
   (B) On a oublié la langue et la culture acadiennes.
   (C) Les GIs sont retournés au pays de leur culture originelle.
   (D) Des salles de danse dans le sud de la Louisiane ont recommencé à vibrer de sons familiers.

4. Pourquoi le français était-il considéré par certains comme la langue de l'analphabétisme culturel ?
   (A) Parce qu'on avait mis fin à la toute diversité régionale.
   (B) Parce que l'anglais était devenu la langue obligatoire de l'éducation.
   (C) Parce que les Cadiens et les Créoles étaient élevés dans la région.
   (D) Parce qu'il y avait un mélange d'influences.

5. Quelle est l'intention du festival Hommage à la Musique Cadienne ?
   (A) De concentrer ses efforts sur un front politique, psychologique et éducatif.
   (B) De créer des classes de musique française et cadienne dans les écoles élémentaires.
   (C) De créer le festival le plus ancien.
   (D) D'apprendre à la nouvelle génération les valeurs traditionnelles de la culture cadienne.

6. Quel est le but principal de CODOFIL ?
   (A) D'effacer les stigmates louisianais qui avaient été pendant très longtemps attachés à la langue française et à la culture locale.
   (B) La création de classes en français dans les écoles élémentaires.
   (C) De concentrer ses efforts sur un front politique.
   (D) De reconnaître officiellement la renaissance de la culture cadienne.

7. Que veut dire l'expression « sonna le glas » (l. 11) ?
   (A) A fait vibrer la corde sensible.
   (B) A trouvé un écho.
   (C) A mis fin.
   (D) A introduit.

8. Quel serait le meilleur titre pour cet article ?
   (A) Festival de Musique Acadienne—Une perspective historique.
   (B) La Musique Acadienne.
   (C) Les Travaux de CODOFIL.
   (D) Que sont devenus les Acadiens ?

Thème du cours : La vie contemporaine

Introduction

Dans cette sélection il s'agit d'un sondage sur les réactions des clients des taxis Parisiens effectué par Hotels.com.

Peu souriants, pas aimables : les taxis parisiens n'ont pas la cote

Ligne Loin de faire l'unanimité, les conducteurs de taxis à Paris sont jugés les plus grossiers de la profession dans le monde, selon un sondage réalisé à la demande du site Hotels.com auprès

(5) de 1 900 voyageurs à travers le monde.

L'étude d'Hotels.com, filiale de l'agence de voyage en ligne américaine Expedia, indique que Paris arrive à la dixième position sur la qualité de ses taxis, tandis qu'en 2008, la capitale

(10) occupait la quatrième place du classement.

« La politesse des taxis est à l'image du Parisien »
Si les voitures restent propres et que les trajets se passent bien, les courses parisiennes ne remplissent pas tous les critères de satisfaction. En

(15) cause, notamment, l'amabilité des chauffeurs.

« La politesse des taxis est à l'image du Parisien », tranche Christian Delomel, président de la Chambre syndicale des artisans du taxi.

En février, l'hebdomadaire Courrier interna-
(20) tional faisait sa une sur les raisons de détester les habitants de la capitale. Les conducteurs de taxis seraient ainsi révélateurs du manque d'hospitalité des Français.

Pour Alison Couper, directrice de la commu-
(25) nication d'Hotels.com, ce résultat devrait constituer un sujet de préoccupation : « Les déplacements en taxi des voyageurs devraient toujours être agréables, car s'ils se révèlent être une mauvaise expérience, c'est l'image de la destination qui

(30) en pâtira. Les conducteurs de taxi […] font plus que jamais partie de l'industrie du tourisme. »

Les taxis londoniens plébiscités
De l'aéroport à l'hôtel, le déplacement en taxi est l'une des premières expériences que beaucoup de voyageurs ont à l'arrivée dans une nouvelle (35) ville. Chez les Français, presque deux tiers (55%) des sondés ont indiqué prendre ce moyen de déplacement en arrivant dans une ville étrangère, bien avant les locations de voiture et les transports en commun. (40)

Au confort des taxis parisiens, les voyageurs préfèrent l'accueil londonien. Pour la troisième année consécutive, les « blacks cabs » londoniens ont été plébiscités par 56% des sondés meilleurs taxis du monde en termes de service. (45)

D'après les réponses des internautes, les taxis de la capitale britannique, bien que réputés chers, ont tout pour plaire : propreté, qualité de la conduite, connaissance de la ville, amabilité, sécurité et disponibilité. Suivent dans le top 10, (50) New York et Tokyo. Loin derrière, les Romains sont jugés les pires conducteurs du monde.

« Des moutons noirs qui nuisent à la profession »
Christian Delomel précise qu'il existe des com- (55) portements incorrects chez les taxis parisiens, mais qu'ils sont l'actes « d'une minorité, des moutons noirs qui nuisent à la profession » : « Contrairement à d'autre pays, les clients ont la possibilité de se retourner en cas de pro- (60) blème vers la brigade de contrôle des taxis parisiens. »

Le responsable de la fédération souligne la faiblesse des critères de sélection pour l'obtention du certificat de capacité profesion- (65) nelle de conducteur de taxi.

La publication du sondage intervient dans un contexte tendu : les taxis parisiens manifestaient en juillet contre l'arrêté préfectoral interdisant (70) d'effectuer plus de deux courses par jour à partir de l'aéroport de Roissy.

---

1. Qu'est-ce qui est vrai selon l'étude d'Hotels.com ?
   (A) Que l'image des taxis à Paris est pire qu'elle n'était auparavant.
   (B) Que les taxis occupent une place du classement.
   (C) Que les conducteurs de taxis à Paris sont unanimes à condamner la grossièreté.
   (D) Que 1 900 voyageurs ont porté un jugement sur les taxis de Paris.

2. Qu'est-ce qui n'est PAS un critère de jugement des taxis parisiens ?
   (A) L'amabilité des chauffeurs.
   (B) La propreté des voitures.
   (C) La vitesse et le trajet des taxis.
   (D) La satisfaction des clients pour la course.

3. Selon Alison Couper, quel est le résultat d'une mauvaise expérience en taxi ?
   (A) On arrive à l'hôtel sans orientation de la ville.
   (B) Une désorientation géographique et culturelle.
   (C) L'image de la destination en souffre.
   (D) On arrive à son hôtel préoccupé.

4. Pourquoi est-ce que les sondés aiment les taxis londoniens ?
   (A) À cause de la publicité qu'ils offrent.
   (B) Ils sont pour 56 % les meilleurs taxis en termes de service.
   (C) Parce que le déplacement est l'une des premières expériences des voyageurs.
   (D) Parce qu'ils ont tout pour plaire, ils sont propres et les chauffeurs conduisent bien.

5. Que veut dire Christian Delomel quand il parle des « moutons noirs » ?
   (A) Que tous souffrent à cause des actions de quelques uns.
   (B) Qu'on laisse les animaux manger dans les jardins de Paris.
   (C) Que les chauffeurs de taxi sont soucieux de l'opinion des sondés.
   (D) Que la fédération des conducteurs de taxi a des uniformes noirs.

6. Quel est le but de cet article ?
   (A) De décourager les trajets en taxi au profit du métro et du RER.
   (B) D'encourager un meilleur comportement des taxis parisiens.
   (C) D'obtenir la faveur des syndicats de chauffeurs de taxis.
   (D) D'avertir les voyageurs que les taxis de Paris ne desservent pas bien la ville.

7. À quel public est destiné cet article ?
   (A) Aux voyageurs qui vont à Paris.
   (B) Aux responsables de la municipalité de Paris.
   (C) Aux conducteurs de taxis dans le monde.
   (D) À l'industrie internationale du tourisme.

Thème du cours : La vie contemporaine

Introduction

Dans cette sélection, il s'agit des règles du jeu de la pétanque. Ces instructions viennent d'un site web des amateurs de ce sport.

La pétanque

SE PRATIQUE AVEC
Des boules en acier, une bille en bois appellée BUT, jouées à partir d'un cercle tracé sur le sol

ELLE OPPOSE

3 joueurs à 3 joueurs
TRIPLETTE
2 boules

2 joueurs à 2 joueurs
DOUBLETTE
3 boules

1 joueur à 1 joueur
TÊTE À TÊTE
2 boules

◀ **LE BUT DE JEU**
Est d'approcher ses boules plus près du BUT que celles de son adversaire.

LE LANCER
Un joueur d'une équipe trace le cercle de lancer, envoie le BUT, et lui ou un équipier joue la première boule

Puis un joueur de l'autre équipe joue à son tour en essayant de faire mieux

SOIT IL POINTE
En essayant d'approcher sa boule plus près du BUT que la boule de son adversaire

SOIT IL TIRE
En visant la boule la plus près du BUT pour la chasser

S'IL RÉUSSIT
C'est à un joueur de la première équipe de rejouer

S'IL NE RÉUSSIT PAS
Les joueurs de son équipe jouent leurs boules jusqu'à ce qu'ils reprennent le point ou qu'ils n'aient plus de boules à jouer

Lorsqu'une équipe n'a plus de boules, l'autre équipe joue toutes les siennes

▲
LA FIN DE MÈNE
Une équipe marque autant de points qu'elles a de boules plus proche du BUT que celle de l'adversaire. C'est la fin de la MÈNE. Elle relance le BUT.

LA FIN DE PARTIE
La première équipe qui totalise 13 points après plusieurs MÈNES a gagné la partie.

1. Quel est le but de ce schéma ?
   (A) De rafraîchir les règles de la pétanque pour les Provençaux.
   (B) De présenter les règles de la pétanque à ceux qui ne parlent pas français.
   (C) D'un jeu de poche pour les joueurs de pétanque.
   (D) D'expliquer les règles du jeu tout simplement.

2. Où commence le jeu de pétanque ?
   (A) Près du pied du joueur.
   (B) À partir de la bille en bois.
   (C) À partir d'un cercle tracé.
   (D) Avec les boules en acier.

3. Quel est l'objectif du jeu ?
   (A) De placer les boules en acier plus près de la bille en bois que ne l'a fait l'adversaire.
   (B) De gagner le plus grand nombre de boules en acier.
   (C) De gagner le cercle avec les boules en acier.
   (D) De faire bouger le but aussi loin que possible des boules de l'adversaire.

4. Si l'adversaire place mieux une boule, qu'est-ce qu'on peut faire ?
   (A) Accepter la défaite et se tirer d'affaire.
   (B) Tracer de nouveau le cercle de lancer.
   (C) Essayer de chasser la boule la plus près du but.
   (D) Totaliser les points.

5. Quand est-ce que c'est le tour de l'adversaire ?
   (A) Quand une équipe n'a plus de boules.
   (B) Quand une équipe met une boule près du but.
   (C) Quand c'est la fin de la partie.
   (D) Quand on a chassé la boule du but.

6. Comment gagne-t-on la partie ?
   (A) En amassant les boules de l'adversaire.
   (B) En étant la dernière équipe à avoir des boules.
   (C) En lançant toutes les boules dans le cercle.
   (D) En arrivant à 13 points au score.

7. Comment ce texte est-il organisé ?
   (A) Dans un ordre chronologique qui mène à la fin du jeu.
   (B) En une série de questions et réponses.
   (C) En suivant un match qu'on joue.
   (D) En expliquant le vocabulaire du jeu et les règles.

8. Où joue-t-on à la pétanque ?
   (A) Dans des régions froides où il y a beaucoup de glace.
   (B) À l'intérieur dans un gymnase.
   (C) Surtout dans les villes avec leurs rues pavées.
   (D) Dans des régions tempérées où on peut jouer dehors.

> ## Thème du cours : La vie contemporaine
>
> **Introduction**
>
> Dans cette sélection il s'agit de bracelets à hologramme, qui donneraient une force inattendue aux utilisateurs.

Les « bracelets magiques », une trouvaille marketing ensorcelante

Ligne   C'est un petit bracelet en plastique qui fait un carton. Vendus environ 35 euros sur les marchés, dans les boutiques de surf, mais surtout sur le Net, les bracelets Power Balance ou

(5)   EFX—du nom des deux principaux fabricants importés en France—sont l'accessoire de l'été pour les sportifs professionnels ou amateurs. Vertu supposée : ils amélioreraient "la force, l'équilibre et la flexibilité", grâce à un "holo-

(10)   gramme programmé avec des fréquences qui réagissent positivement avec le champ énergétique du corps", selon le site de Power Balance.

   Le buzz autour du "bracelet magique" est en grande partie lié aux stars du sport qui en ont

(15)   fait, consciemment ou pas, la publicité, telles que Gaël Monfils, Fernando Alonso, Cristiano Ronaldo ou encore le basketteur américain Shaquille O'Neal, star du NBA, devenu effigie de Power Balance. (…) Pour (…) Guillaume

(20)   Barucq, installé au Pays basque, où le bracelet fait fureur, il est facile de les faire porter aux célébrités : "Il y a trois possibilités : soit ils sont superstitieux, soit ils y croient, soit ils ont reçu un chèque…"

(25)   Si, à ce jour, aucune étude scientifique officielle n'a prouvé les effets du bracelet, les fabricants n'ont pas hésité à faire circuler des vidéos de tests, censés prouver l'efficacité de leur "technologie". Des exercices d'équilibre simples

(30)   y sont pratiqués. Et, à chaque fois, le constat est flagrant : avec le bracelet, les cobayes résistent mieux. (…) Pour Guillaume Barucq, le prob-

lème de ces bracelets ne réside pas tant dans leurs effets—réels ou supposés—, mais dans la façon dont ils sont vendus. "Je ne conteste pas   (35) qu'il puisse y avoir un effet", explique-t-il, "mais ce qui me choque, c'est qu'on puisse vendre ce produit en prétendant qu'il a des effets bénéfiques, sans que cela ait été approuvé par le moindre scientifique." (…)   (40)

   Les fabricants se sont pourtant jusqu'à présent appuyés sur une communication ultra-efficace, à la fois discrète et omniprésente, qui évite soigneusement de faire passer le produit pour un médicament, tout en entretenant   (45) l'ambiguïté par le biais de témoignages plus ou moins spontanés. Partout où les bracelets sont évoqués sur le Net, les commentaires (très) enthousiastes fleurissent : "je dors mieux", "je suis moins stressé" ou encore "depuis que je le   (50) porte, ma vie a changé !" (…)

   Pour Guillaume Barucq, quoi qu'il arrive, le buzz est déjà fait : "C'est simple, ils devront sans doute un jour retirer les allégations médicales de leur site, mais cela ne les empêchera pas de   (55) vendre", déplore-t-il. (…)

1. Quel est le thème principal de cet article ?
   (A) La popularité des bracelets en tous genres.
   (B) La popularité des bracelets « magiques ».
   (C) La vente des bracelets.
   (D) La manufacture et la distribution de certains bracelets.

2. Quelle est la qualité prétendue de ces bracelets ?
   (A) Ils guérissent les maladies telles que l'arthrite.
   (B) Ils lient le porteur aux stars du sport.
   (C) Ils concourent à la vigueur et la stabilité du porteur.
   (D) Ils ont un hologramme plein d'énergie.

3. Que veut dire l'auteur quand il dit que certaines stars du sport ont fait « consciemment ou pas » de la publicité ?
   (A) Que certaines stars sont payés tandis que d'autres n'ont pas reçu de chèque.
   (B) Que certaines stars du sport portent le bracelet inconsciemment.
   (C) Que le bracelet fait fureur parmi certaines stars.
   (D) Que certaines stars n'ont pas de contrat établi.

4. Quelle preuve y a-t-il sur les effets du bracelet ?
   (A) Les vidéos des tests invalident les affirmations.
   (B) Aucune.
   (C) On a des études scientifiques officielles.
   (D) Les constatations des stars de sport.

5. D'après cet article, que peut-on dire des vidéos ?
   (A) Elles sont une preuve de l'efficacité des bracelets.
   (B) Elles montrent des personnes qui aiment les bracelets.
   (C) Elles ne font pas la réputation des bracelets.
   (D) Leurs revendications sont fausses.

6. Quelle est l'opinion de Guillaume Barucq sur ces bracelets ?
   (A) Il est sûr que les bracelets ont un effet positif sur ceux qui les porte.
   (B) Il n'accepte pas la stratégie mise en place par le marketing.
   (C) Il n'aime pas qu'ils soient vendus.
   (D) Il prétend qu'ils ont des effets bénéfiques.

7. Selon cet article, que peut-on dire des publicités pour les bracelets ?
   (A) Elles offrent des preuves médicales de la puissance des bracelets.
   (B) Elles offrent des témoins enthousiastes, mais ambigus.
   (C) Elles empêchent la vente des bracelets.
   (D) Elles s'appuient sur internet.

> # Thème du cours : La quête de soi
>
> ## Introduction
>
> Dans cette sélection, il s'agit de la femme : comment l'expliquer ou la définir ? Ce passage est un extrait du roman de la philosophe Simone de Beauvoir *Le Deuxième Sexe,* écrit et publié en 1949.

Le Deuxième Sexe

Ligne
« La femme se perd. Où sont les femmes ? Les femmes d'aujourd'hui ne sont pas des femmes » ; on a vue quel était le sens de ces mystérieux slogans. Aux yeux des hommes—et de la légion de
(5) femmes qui voient par ces yeux—il ne suffit pas d'avoir un corps de femme ni d'assumer comme amante, comme mère, la fonction de femelle pour être une « vraie femme » ; à travers la sexualité et la maternité, le sujet peut revendiquer
(10) son autonomie ; la « vraie femme » est celle qui s'accepte comme Autre. Il y a dans l'attitude des hommes d'aujourd'hui une duplicité qui crée chez la femme un déchirement douloureux ; ils acceptent dans une assez grande mesure que la
(15) femme soit une semblable, une égale ; et cependant ils continuent à exiger qu'elle demeure l'inessentiel ; pour elle, ces deux destins ne sont pas conciliables ; elle hésite entre l'un et l'autre sans être exactement adaptée à aucun et c'est de
(20) là que vient son manque d'équilibre.

Chez l'homme, il n'y a entre vie publique et vie privée aucun hiatus : plus il affirme dans l'action et le travail sa prise sur le monde, plus il apparaît comme viril ; en lui valeurs vitales
(25) sont confondues ; au lieu que les réussites autonomes de la femme sont en contradiction avec sa féminité puisqu'on demande à la « vraie femme » de se faire objet, d'être l'Autre. (…)

En devenant pratique, le costume de la
(30) femme ne l'a pas fait apparaître comme asexuée : au contraire, les jupes courtes ont mis en valeur beaucoup plus que naguère jambes et cuisses. On ne voit pas pourquoi le travail la priverait de son attrait érotique (…)

Ce qui est certain, c'est qu'aujourd'hui il est
(35) très difficile aux femmes d'assumer à la fois leur condition d'individu autonome et leur destin féminin ; c'est à la source de ces maladresses, de ces malaises qui les font parfois considérer comme « un sexe perdu ». Et sans doute il est
(40) plus confortable de subir un aveugle esclavage que de travailler à s'affranchir : les morts aussi sont mieux adaptés à la terre que les vivants. De toute façon un retour au passé n'est pas plus possible qu'il n'est souhaitable. Ce qu'il faut espérer,
(45) c'est que de leur côté les hommes assument sans réserve la situation qui est en train de se créer ; alors seulement la femme pourra la vivre sans déchirement. Alors pourra être exaucé le vœu de Laforgue : « Ô jeunes filles, quand serez-vous
(50) nos frères, nos frères intimes sans arrière-pensée d'exploitation ? Quand nous donnerons-nous la vraie poignée de main ? » Alors « Mélusine non plus sous le poids de la fatalité déchaînée sur elle par l'homme seul, Mélusine délivrée … »
(55) retrouvera « son assiette humaine ». Alors elle sera pleinement un être humain, « quand sera brisé l'infini servage de la femme, quand elle vivra pour elle et par elle, l'homme—jusqu'ici abominable—lui ayant donné son renvoi ».
(60)

1. Quelle est « la vraie femme » ?
   (A) Celle qui s'accepte comme Autre.
   (B) Celle qui s'offre comme amante.
   (C) Celle qui est une mère.
   (D) Celle dont la fonction est de revendiquer son autonomie.

2. Que veut dire l'auteur avec la phrase « la légion de femmes qui voient par ces yeux » ?
   (A) Que plusieurs femmes sont plus militantes qu'avant.
   (B) Qu'il y a beaucoup de femmes qui voient le monde à travers le point de vue de l'homme.
   (C) Qu'une femme assume plusieurs rôles dans la société.
   (D) Qu'il y a des femmes qui luttent avec les hommes afin d'assumer leur destin.

3. Quelle est la dichotomie à travers laquelle l'homme voit la femme ?
   (A) Il la considère semblable mais conciliable.
   (B) Il la voit égale mais pas indispensable.
   (C) Il la juge pareille mais pas essentielle.
   (D) Il la voit dans une grande mesure inessentielle, mais adaptée.

4. Selon le texte, pourquoi la femme d'aujourd'hui manque-t-elle de stabilité ?
   (A) Parce qu'elle hésite entre les deux auto-images.
   (B) Parce qu'elle n'a ni vie publique ni vie privée.
   (C) Parce qu'elle n'a jamais adapté sa vie à une vie avec l'homme.
   (D) Parce qu'elle hésite entre les deux images que l'homme se fait d'elle et qui sont contradictoires et inconciliables.

5. En ce qui concerne la difficulté d'être une femme, que suggère le texte ?
   (A) Que la femme est en conflit avec elle-même.
   (B) Que peu de femmes assument leur destin de femme.
   (C) Le conflit de la femme la rend maladroite et la fait apparaître comme un « sexe perdu ».
   (D) Que peu de femmes sont capables d'être une personne.

6. D'après les idées exprimées par l'auteur, laquelle des phrases suivantes est vraie ?
   (A) Qu'il vaudrait mieux retourner au passé pour refaire le destin de la femme.
   (B) Que c'est la femme qui crée ce déchirement qui l'empêche de se mettre à égalité avec l'homme.
   (C) Que la femme se trouve dans une situation pire que l'esclavage.
   (D) Que c'est la femme elle-même qui doit s'intéresser à cette situation.

7. À qui est destiné ce livre ?
   (A) Aux hommes qui exploitent les femmes.
   (B) Aux femmes en général.
   (C) Aux femmes-soldats.
   (D) Aux femmes-esclaves.

> ## Thème du cours : La vie contemporaine
>
> ### Introduction
>
> Dans cette sélection il s'agit d'une recette d'« accras de morue des Caraïbes ». Cette variante a été trouvée sur le site www.750g.com/fiche_de_cuisine.

Accras de morue : La vraie recette des accras de morue des Caraïbes

Ligne INGRÉDIENTS

Pour 6 personnes

300 g de farine, ~flour~

200 g de morue, ~cod~

(5) 3 œufs,

2 oignons,

2 gousses d'ail, ~clove of garlic~

100 g d'eau,

1 piment,

sel, poivre, (10)

1 càc de vinaigre,

persil, ~parsley~

une pincée de bicarbonate de soude

Préparation

~desalt cod   cold water~

1. Faire dessaler la morue dans de l'eau froide pendant 4 heures. Égoutter.

    La mettre dans une casserole avec suffisamment d'eau et faire bouillir pendant 1/2 heure.

    Pendant ce temps, battre la farine en ajoutant petit à petit 1 à 2 verres d'eau pour éliminer toute formation de grumeau.

    ~refreeze   peel   bones~

2. Laisser refroidir la morue. La peler, enlever les arêtes et la mettre dans le bol du mixeur avec le piment, le persil, l'ail et les oignons.

    ~chop up~ Hacher finement et incorporer à la pâte. Saler et poivrer.

    Séparer les jaunes et les blancs d'œufs. Ajouter à la pâte les jaunes avec un peu de vinaigre et laisser reposer.

    ~cooking~

3. Juste avant la cuisson, (surtout si vous préparez la pâte à l'avance), ajouter une pincée de bicarbonate et les blancs battus en neige.

    Déposer délicatement la pâte dans de l'huile très chaude par cuillerée à café. Laisser cuire les accras environ 5 minutes.

1. D'après les ingrédients de la liste, de quel genre de recette s'agit-il ?
   (A) Un ragoût de viande.
   (B) Un mélange de légumes printaniers.
   (C) Une confiture campagnarde.
   (D) Un plat de poisson.

2. Dans cette recette, quelle est la forme des verbes ?
   (A) L'impératif.
   (B) L'infinitif.
   (C) Le futur.
   (D) La deuxième personne du pluriel dite « vous ».

3. Quel est le but des premiers temps de la recette ?
   (A) Ils donnent un goût plus épicé à la morue.
   (B) Ils empêchent que la morue soit fade.
   (C) Ils enlèvent le goût de sel.
   (D) Ils réchauffent la morue à une température idéale pour la frire.

4. D'après le contexte, que représentent les « arêtes » (paragraphe 2) ?
   (A) Os.
   (B) Poumons.
   (C) Ailerons.
   (D) Écailles.

5. D'après la recette, on peut conclure que les accras sont servie de quelle manière ?
   (A) Entre deux tranches de pain.
   (B) À emporter avec une feuille de papier ciré.
   (C) Comme des boulettes au-dessus d'une chaudrée de poisson.
   (D) Comme plat principal.

6. Pourquoi faut-il « éliminer toute formation de grumeau » ? (paragraphe 1)
   (A) Parce qu'elle est toxique.
   (B) Parce qu'elle enlève la qualité lisse de la préparation.
   (C) Parce qu'elle aura un mauvais goût.
   (D) Parce qu'elle ne se mélangera pas bien avec la préparation.

7. À qui cet écrit est-il destiné ?
   (A) Aux étudiants universitaires.
   (B) Aux femmes de ménage.
   (C) Aux chefs du cordon bleu.
   (D) Aux cuisiniers.

Thème du cours : La vie contemporaine

Introduction

Dans cette sélection, il s'agit du taux de fréquence des accidents du travail. Ces chiffres et des centaines d'autres études chiffrées peuvent être consultés sur le site de l'INSEE (Institut national de la statistique et des études économiques).

● **Taux de fréquence des accidents du travail**

en nombre d'accidents par million d'heures salariées

			2007
	Hommes	Femmes	Total
Catégories socioprofessionnelles			
Cadres et chefs d'entreprise	2,7	4,3	3,2
Professions intermédiaires	6,8	6,1	6,5
Employés	30,0	17,0	20,6
Ouvriers	49,6	41,6	48,2
Âges			
15 à 19 ans	63,7	28,5	52,1
20 à 29 ans	40,6	18,8	31,3
30 à 39 ans	29,4	15,1	23,7
40 à 49 ans	25,0	15,7	21,2
50 à 59 ans	20,5	14,9	18,2
60 ans ou plus	13,7	11,7	12,9
Ensemble	**29,7**	**16,3**	**24,3**

Lecture : pour un million d'heures de travail, les femmes ouvrières ont connu en moyenne 41,6 accidents de travail en 2007.

Champ : France, salariés du régime général présents dans les DADS-Insee.

Source : *Dares.*

Commentaire

Ligne

Accident du travail : accident survenu par le fait ou à l'occasion du travail à toute personne salariée ou travaillant, à quelque titre ou en quelque lieu que ce soit, pour un ou plusieurs emplo-
(5) yeurs ou chefs d'entreprise.

En France, en 2007, 720 000 accidents du travail ayant occasionné au moins une journée d'arrêt de travail (AT) ont été reconnus par la Caisse nationale d'assurance maladie des
(10) travailleurs salariés (CNAMTS), l'organisme d'assurance du régime général de sécurité sociale. En 2007, pour un million d'heures de travail, les salariés ont subi un peu plus de vingt-quatre AT reconnus.

À durée égale d'exposition, les hommes subis- (15)
sent près de deux fois plus d'AT que les femmes. Cet écart ne s'explique pas seulement pas le fait qu'ils occupent plus fréquemment des postes d'ouvriers. À l'exception des cadres et chefs d'entreprise, la fréquence des AT des hommes (20) reste supérieure à celle des femmes au sein d'une même catégorie socioprofessionnelle. C'est particulièrement le cas parmi les employés.

À durée d'exposition égale, les salariés de moins de 20 ans ont trois fois plus d'AT que ceux (25) de 50 à 59 ans, et ceux de 20 à 29 ans deux fois plus. Les jeunes sont vraisemblablement plus vulnérables de par leur manque d'expérience ou de maturité, ou leur affectation aux postes les plus risqués. En revanche, à durée égale (30) d'exposition, les salariés plus âgés subissent des incapacités permanentes en moyenne plus élevées. Les accidents qu'ils connaissent entraînent en particulier beaucoup plus fréquemment

(35) des séquelles. Au-delà de possibles différences dans les postes occupés, il est vraisemblable que l'âge réduise les capacités de résistance et de récupération des individus suite à un accident. Les femmes ont en moyenne un risque d'AT moindre que les hommes, mais l'écart s'estompe (40) continûment avec l'âge.

1. Dans quel groupe trouve-t-on le taux le plus élevé des accidents du travail ?
   (A) Les femmes de 15 à 19 ans.
   (B) Les hommes de 15 à 19 ans.
   (C) Les hommes de 20 à 29 ans.
   (D) Les femmes de 20 à 29 ans.

2. Après les adolescents, quel groupe subit le plus d'accidents du travail ?
   (A) Les travailleurs âgés de 60 ans ou plus.
   (B) Les travailleurs âgés de 40 à 49 ans.
   (C) Les travailleurs âgés de 30 à 39 ans.
   (D) Les travailleurs âgés de 20 à 29 ans.

3. Quels accidents figurent sur la liste ?
   (A) Les accidents qui surviennent pendant le travail d'une personne salariée.
   (B) Tout accident que subit un travailleur et qui lui fait manquer au moins une journée de travail.
   (C) Les accidents de la route d'un travailleur salarié qui effectue son travail au moment de l'accident.
   (D) Les accidents qui effectuent le paiement des assurances au travailleur.

4. Quel est le taux d'arrêt de travail dû aux accidents ?
   (A) Deux fois plus d'AT pour les femmes.
   (B) 720.000 accidents par journée d'arrêt de travail.
   (C) 24 AT pour un million d'heures de travail.
   (D) 720.000 accidents du travail.

5. À qui s'adressent ces informations ?
   (A) Les chirurgiens.
   (B) Les patrons des petites entreprises qui cherchent à embaucher de nouveaux employés.
   (C) Les sociétés qui assurent les travailleurs.
   (D) Les technophiles salariés.

6. Pourquoi y a-t-il plus d'accidents parmi les ouvriers que parmi les cadres ?
   (A) Parce que ces professions-là exigent plus de travail manuel.
   (B) Parce que les ouvriers sont moins bien payés.
   (C) Parce que les cadres font plus d'attention à ce qu'ils font.
   (D) Parce que les cadres ont un plus grand accès aux ordinateurs.

7. Qu'est-ce qui explique un plus grand taux d'accidents parmi les jeunes ?
   (A) Leur impatience.
   (B) Leur maturité.
   (C) Leur vulnérabilité.
   (D) Leur manque d'expérience.

8. Si on fait la somme de tous les chiffres d'une catégorie, elle n'arrive pas à cent. Pourquoi ?
   (A) Il y a moins de cent accidents par jour.
   (B) Les chiffres ne sont pas tout à fait exacts, il y a une marge d'erreurs.
   (C) Les chiffres ne sont pas des pourcentages, mais le nombre d'accidents pour un million d'heures de travail.
   (D) Il faudra ajouter les accidents par sexe aussi bien que par niveau de travail.

Thème du cours : La famille et la communauté

Introduction

Dans cette sélection il s'agit de déchiffrer le symbolisme des contes de fées et de montrer aux lecteurs ce que pensent les enfants quand ils entendent ces histoires. Cet extrait est tiré du livre de Bruno Bettelheim intitulé *Psychanalyse des contes de fées*.

Psychanalyse des contes de fées

Ligne Les contes de fées ont pour caractéristique de poser des problèmes existentiels en termes brefs et précis. L'enfant peut ainsi affronter ces problèmes dans leur forme essentielle, alors qu'une intrigue
(5) plus élaborée lui compliquerait les choses. Le conte de fées simplifie toutes les situations. Ses personnages sont nettement dessinés ; et les détails, à moins qu'ils ne soient très importants sont laissés de côté. Tous les personnages corre-
(10) spondent à un type ; ils n'ont rien d'unique.

Contrairement à ce qui se passe dans la plupart des histoires modernes pour enfants, le mal, dans les contes de fées, est aussi répandu que la vertu. Dans pratiquement tous les contes
(15) de fées, le bien et le mal sont matérialisés par des personnages et par leurs actions, de même que le bien et le mal sont omniprésents dans la vie et que chaque homme a des penchants pour les deux. C'est ce dualisme qui pose le problème
(20) moral ; l'homme doit lutter pour le résoudre.

Le mal est présenté avec tous ses attraits—symbolisés dans les contes par le géant tout-puissant ou par le dragon, par les pouvoirs de la sorcière, la reine rusée de Blanche-Neige—et,
(25) souvent, il triomphe momentanément. De nombreux contes nous disent que l'usurpateur réussit pendant quelque temps à se tenir à la place qui appartient de droit au héros (comme les méchantes sœurs de Cendrillon). Ce n'est pas
(30) seulement parce que le méchant est puni à la fin de l'histoire que les contes ont une portée morale ; dans les contes de fées, comme dans la vie, le châti-ment, ou la peur qu'il inspire, n'a qu'un faible effet

préventif contre le crime ; la conviction que le crime ne paie pas est beaucoup plus efficace, et (35) c'est pourquoi les méchants des contes finissent toujours par perdre. Ce n'est pas le triomphe final de la vertu qui assure la moralité du conte mais le fait que l'enfant, séduit par le héros s'identifie avec lui à travers toutes ses épreuves. À cause de (40) cette identification, l'enfant imagine qu'il partage toutes les souffrances du héros au cours de ses tribulations et qu'il triomphe avec lui au moment où la vertu l'emporte sur le mal. L'enfant accomplit tout seul cette identification, et les luttes inté- (45) rieures et extérieures du héros impriment en lui le sens moral.

Les personnages des contes de fées ne sont pas ambivalents ; ils ne sont pas à la fois bons et méchants, comme nous le sommes tous dans (50) la réalité. De même qu'une polarisation domine l'esprit de l'enfant, elle domine le conte de fées. Chaque personnage est tout bon ou tout méchant. Un frère est idiot, l'autre intelligent. Une sœur est vertueuse et active, les autres (55) infâmes et indolentes. L'une est belle, les autres sont laides. L'un des parents est tout bon, l'autre tout méchant. La juxtaposition de ces person-nages opposés n'a pas pour but de souligner le comportement le plus louable, comme ce serait (60) vrai pour les contes de mise en garde. (…) Ce contraste des personnages permet à l'enfant de comprendre facilement leurs différences, ce qu'il serait incapable de faire aussi facilement si les protagonistes, comme dans la vie réelle, se (65) présentaient avec toute leur complexité. Pour comprendre les ambiguïtés, l'enfant doit attendre d'avoir solidement établi sa propre personnalité sur la base d'identifications positives.

1. Qu'est-ce qui est symptomatique des contes de fées ?
   (A) Ils posent les problèmes généraux de l'existence humaine.
   (B) Ils compliquent les choses.
   (C) Ils emploient des termes brefs.
   (D) Ils sont essentiels.

2. Selon l'article, comment sont décrites les situations de la vie quotidienne dans les contes de fées ?
   (A) Compliquées.
   (B) Clairement dessinées.
   (C) Détaillées.
   (D) Plus élémentaires.

3. Selon l'article, que peut-on dire des personnages des contes de fées ?
   (A) Qu'ils représentent un certain genre de personne.
   (B) Qu'ils sont uniques.
   (C) Qu'ils correspondent à d'autres personnes.
   (D) Qu'ils n'ont pas d'importance.

4. Que dit l'auteur au sujet du mal ?
   (A) Qu'il est aussi une vertu.
   (B) Qu'il est tout autant représenté que le bien.
   (C) Qu'il n'est pas aussi omniprésent que le bien.
   (D) Qu'il est présent dans la plupart des histoires modernes.

5. Qu'est-ce que la présence du mal dans les histoires va enseigner aux enfants ?
   (A) Que chaque homme a un penchant pour ce mal.
   (B) Que c'est plutôt un problème moral.
   (C) Que le mal est omniprésent dans la vie.
   (D) Qu'il faut batailler pour le triompher.

6. Lequel des personnages suivants n'est PAS mentionné comme un symbole du mal ?
   (A) Le dragon.
   (B) Le géant.
   (C) La sorcière.
   (D) La belle reine.

7. Selon l'interprétation des contes de fées, qu'est-ce qui est plus important que la punition du mal ?
   (A) Le droit du héros.
   (B) L'idée que le crime ne paie pas.
   (C) Le fait que les méchants gagnent souvent à la fin.
   (D) La portée morale.

8. Dans les contes de fées, pourquoi les personnages sont-ils représentés comme des types ?
   (A) Afin de souligner le comportement voulu.
   (B) Pour mieux juxtaposer ces positions.
   (C) Pour représenter le bien et le mal.
   (D) Parce que cela fait réfléchir l'enfant.

SÉLECTION NUMÉRO 18

Thème du cours : La famille et la communauté

Introduction

Dans cette sélection il s'agit des idées d'un philosophe qui fait la distinction entre l'amitié et l'amour. On peut lire cet article de François Housset intitulé « L'amitié et l'amour » sur le site www.philovive.fr.

L'amitié et l'amour

Ligne

L'amitié n'a rien d'une passion déboussolante. On n'a pas de coup de foudre pour un ami : on se lie délibérément, lentement, par consensus. Avec l'ami on partage, on conjugue deux esprits.

(5) À cela les amoureux ajoutent quelques désirs moins spirituels. (…) Soudain la fièvre agite la conscience, et l'on ne peut plus parler seulement de simple complicité (même intime) avec son (ou sa) voisin(e) d'emphase. (…) La conscience

(10) est troublée. On ne s'appartient plus vraiment quand on tombe amoureux, et déjà cette fièvre distingue l'amour de l'amitié : l'ami n'est plus ami s'il est objet de désir. (…)

(…) La raison n'est plus gouvernante :

(15) l'émotion incontrôlée peut rendre fou, prendre la conscience malgré elle : on l'évoque comme une bonne excuse en cas de crime passionnel. Car l'amour ainsi envisagé n'a rien d'une relation délibérément choisie et accomplie.

(20) (…) L'amour est une rencontre, pas un choix délibéré et rationnel. L'amour prend sans être voulu. Un point de plus pour l'amitié : on devient délibérément amis. Il n'y a qu'en amitié que la lucidité reste de mise.

(25) Par amitié il ne faut pas entendre un simple rapport de personnes pouvant se témoigner quelque estime : les simples affections de confrères, compères et complices ne valent pas l'Amitié entière. Il s'agit de conjuguer deux

(30) âmes, de s'apprivoiser au point de former une symbiose : ce peut être un rapport d'égal à égal (la condescendance devant celui qu'on estime peu, et la dévotion face à quelque modèle charismatique n'ont rien à voir avec l'amitié) :

deux amis sont liés par leur respect réciproque et (35) égal. En ce sens, l'amitié est une sorte d'amour. (…)

Reste un amour qui se distingue (…) par sa générosité : l'amour du prochain. Un amour sans attente de réciprocité, qui ne lie pas par un rapport d'égal à égal : on aime l'humanité comme (40) on aime un dieu, la vie, ou la nature. Cet amour est moral, il est inspiré par la négation de soi et le dévouement à l'autre ; il nous invite à aimer tout Homme simplement parce qu'il est Homme, à faire ce que nous voudrions qu'il fît, sans (45) chercher plus loin quel intérêt nous satisferions en servant l'Humanité même. (…)

Nous ne sommes plus au temps des Grecs de Platon, qui s'aimaient délibérément, ne connaissaient pas l'amour chrétien et ne se témoignaient (50) pas d'estime par principe. Et nous avons peut-être perdu la possibilité de nous aimer d'amitié comme les Grecs le pouvaient en se fréquentant quotidiennement, en faisant appel très fréquemment aux jugements des uns et des autres « en (55) leur âme et conscience » … Où est cette « âme », dans cette « conscience », quand l'exploitation de l'homme par l'homme le transforme en moyen et rend les relations utilitaires? (…) Quand le travail aliène, quand les rencontres sont fugitives, (60) quand les relations longues instaurées par toute une suite de retrouvailles régulières sont empê-chées, on ne peut plus prendre le temps d'aimer, mais seulement d'entretenir quelques agréables relations … bref de se trouver des camarades avec (65) lesquels on collaborera. Notre cœur n'est-il pas aujourd'hui dévoré comme un bien de consom-mation, et dévorant comme un consommateur ?

Le carcan social n'apprend pas à aimer, mais comment aimer ; la sagesse de l'amour (70) est technicienne. L'Autre est seulement *intéressant* : considéré comme un objet dont on attend quelque profit. On mise sur lui plutôt que de l'aimer : la générosité ne va plus de soi. (…)

(75) L'amour comme l'amitié se résument dès lors à une relation d'équipe : des rapports bien « huilés » de gens qui se disent « confrères mais néanmoins amis », qui restent étrangers, ne parviennent pas à une relation profonde, mais se traitent avec courtoisie et tachent de s'apporter (80) un mutuel réconfort. (…)

---

1. Quelle est la comparaison que fait l'auteur ?
   (A) Entre l'amitié et l'amour.
   (B) Entre la passion et l'amour.
   (C) Entre l'amour coup de foudre et d'autres expressions de l'amour.
   (D) Entre les différent types d'amitiés.

2. Quel mot pourrait-on substituer à « déboussolante » ? (l. 1)
   (A) Déprimante.
   (B) Déstabilisante.
   (C) Inconsciente.
   (D) Lisse.

3. Selon l'auteur, comment entre-t-on dans une amitié ?
   (A) Avec méfiance.
   (B) En partageant quelque chose de spirituel.
   (C) Soudainement.
   (D) Volontairement.

4. D'après l'auteur, qu'est-ce qui distingue l'amitié de l'amour ?
   (A) On ne s'y appartient plus.
   (B) La complicité.
   (C) Le corps a ses raisons.
   (D) L'amour connaît un objet de désir.

5. Pourquoi peut-on accepter l'excuse de l'émotion en cas de crime passionnel ?
   (A) L'amour n'envisage rien de criminel.
   (B) L'amour peut prendre la conscience malgré elle.
   (C) L'amour est une relation délibérément choisie et accomplie.
   (D) L'amour est difficile.

6. Comment peut-on caractériser l'amitié ?
   (A) C'est un rapport entre deux personnes qui partagent un même but.
   (B) C'est un lien entre deux âmes en symbiose.
   (C) Il n'y a rien qui se compare à l'amitié.
   (D) Il s'agit tout simplement d'un sentiment entre égaux.

7. Tout compte fait, que peut-on dire de l'amitié ?
   (A) C'est une sorte d'amour.
   (B) Ce n'est que de la condescendance.
   (C) C'est de la dévotion pour quelqu'un de charismatique.
   (D) Ce n'est que du respect réciproque.

8. Quelle est la différence entre l'amitié des anciens et l'amitié de nos jours ?
   (A) L'amitié des Grecs était basée sur les principes de Platon.
   (B) Nous avons perdu la possibilité d'aimer d'amitié.
   (C) Nous ne mettons pas autant d'emphase sur le jugement des autres que l'ont fait les anciens.
   (D) Les anciens se fréquentaient trop.

9. D'après le ton général du texte, laquelle de ces phrases récapitule les idées de l'auteur ?
   (A) Il préfère l'amitié parce qu'avec l'amitié, il a un choix.
   (B) Il préférerait le coup de foudre de l'amour.
   (C) Il analyse bien les deux côtés de la question.
   (D) Il ne fait que synthétiser les idées des philosophes classiques.

Thème du cours : Les défis mondiaux

Introduction

Dans cette sélection, il s'agit d'une savonnerie à Bouctouche au Nouveau-Brunswick. Ce texte est tiré d'un site web *Si vous visitez Bouctouche au Nouveau-Brunswick, ne manquez pas, entre autres …*

La savonnerie Olivier

Ligne C'est un musée, une bibliothèque, une galerie d'art, une boutique et un show divertissant …

Dès que vous entrez dans la Savonnerie Olivier, vous savez que vous êtes dans un en-
(5) droit spécial. Nous sommes le seul Économusée du savon au Canada, dédié à la fabrication du savon artisanal, mais qui n'a rien à voir avec les musées traditionnels.

C'est un délice pour tous vos sens, qui pétille
(10) de vie et d'humour. Vous rencontrerez des artisans aux doigts de fée; des connaisseurs qui utilisent des techniques traditionnelles pour façonner nos divins savons qui sont versés, coupés et même emballés à la main. Vous serez
(15) entourés de douces odeurs d'huiles essentielles et d'étalages à votre portée.

Un spectacle animé et divertissant vous fera voyager à travers l'histoire, la science et l'art de la fabrication du savon. Le tout, livré avec un humour et un flair purement acadiens. Divertis- (20)
sant pour toute la famille.

Visitez ensuite la boutique Olivier, possible-
ment la plus charmante que vous trouverez! On se sent mieux … juste à s'y promener. Plus de
140 produits écologiques, entièrement naturels (25)
et recommandés par les dermatologues vous y sont offerts.

Renseignements :
831, route 505, Ste-Anne-de-Kent, NB CANADA E4S 1J9
Téléphone : 1-888-775-5550 (30)
Télécopieur : (506) 743-2904
Courriel : info@oliviersoaps.com
Site web : http://www.oliviersoaps.com

1. Quel est le but principal de ce texte ?
   (A) D'annoncer l'ouverture d'une nouvelle boutique.
   (B) De comparer plusieurs petits musées.
   (C) De louer les effets dermatologiques des savons.
   (D) D'informer sur l'existence d'une attraction touristique.

2. Quel semble être l'atmosphère de la savonnerie Olivier ?
   (A) Divertissante.
   (B) Appliquée.
   (C) Laborieuse.
   (D) Traditionnelle.

3. Qu'y a-t-il dans la boutique de la savonnerie ?
   (A) Des choses à manger.
   (B) Des articles pour le bain.
   (C) Des produits écologiques naturels.
   (D) Des jeux et divertissements.

4. Quel est le rôle de l'artisanat, de l'histoire, et de la science ?
   (A) Ils se combinent pour rendre plus attrayante la fabrication du savon.
   (B) Ils sont partout présents dans le musée.
   (C) Chacun détermine la fabrication d'un savon particulier.
   (D) Ils inspirent les fabricants de savon depuis des années.

5. Vous écrivez une carte postale à un ami pour lui parler de votre visite à la savonnerie. Quelle phrase sera la plus appropriée ?
   (A) Le spectacle était divertissant avec les danseurs et le chœur.
   (B) Je n'aurais jamais cru que la fabrication du savon soit aussi attrayante.
   (C) Quoique le musée soit intéressant, on y trouve très peu de savons spéciaux.
   (D) Bof ! C'est un musée comme les autres.

6. Où trouverait-on un article tel que celui-ci ?
   (A) À la une d'un journal.
   (B) Sur une affiche devant la savonnerie elle-même.
   (C) Dans un annuaire téléphonique.
   (D) Dans un dépliant sur la région.

Thème du cours : La famille et la communauté

Introduction

Dans cette sélection il s'agit de dix-neuf nouveaux Canadiens qui prêtent serment pour l'obtention de leur citoyenneté le même jour que la célébration de la fête nationale. Cet article d'Ariane Lacoursière et de Louise Leduc a été publié dans *La Presse*.

Une fête nationale aux airs d'automne

Ligne *Il fallait avoir une petite laine, un parapluie et rester zen entre deux averses pour bien célébrer la fête du Canada, hier, à Montréal.*

(5) Il y avait des airs d'automne et quelques airs d'économie. Dans le Vieux-Port, la fête était modeste. Oubliez les hot-dogs gratuits ou les chanteurs connus : l'heure était plutôt à la frugalité.

(10) « On dirait que c'est un festival comme un autre. À part les petits drapeaux, ça ne fait pas trop fête du Canada et il n'a pas été facile de se mettre au courant des activités du jour », a fait remarquer Richard, de Toronto.

(15) « À Toronto, a enchaîné sa conjointe, Myra, il y aurait un gâteau géant, le maire serait là pour faire un petit discours … »

« Cela dit, on s'amuse quand même! » a conclu Richard.

(20) De fait, partout au Canada, le gouvernement Harper a imposé un régime minceur aux fêtes, si bien que certaines municipalités avaient même menacé de ne rien faire, carrément.

Mais qu'importe! Barbara Byrnes, elle, s'amusait ferme.

(25) « Moi, je fête la Saint-Patrick, la Saint-Jean, la fête du Canada … Plus tôt cet après-midi, j'avais des amis dans le défilé qui m'ont dit de me lever de ma chaise et de venir défiler avec eux! C'était bien sympathique de devenir actrice de la fête. »

(30) Les festivités étaient éparses et diversifiées : un défilé au centre-ville, des jeux pneumatiques et des démonstrations de sport extrême dans le Vieux-Port, quelques cornemuses. Pour le reste, la fête, en toute simplicité : une petite balade (35) rue Saint-Paul, une crème glacée, les amuseurs publics … .

De nouveaux Canadiens

Pour plusieurs immigrés, ce 1er juillet était autrement plus solennel. Dans le Vieux-Port de Montréal, notamment, dix-neuf nouveaux (40) Canadiens venus de huit pays ont prêté serment.

Accompagnée de ses deux enfants, Wislaile Castin, native d'Haïti, se montrait très heureuse :

« Ça fait cinq ans qu'on est ici. On a enfin notre citoyenneté. Je suis fière », a dit cette dame (45) qui étudie actuellement pour devenir infirmière auxiliaire.

Mme Castin a perdu plusieurs membres de sa famille lors du séisme de janvier dernier en Haïti. « Je suis soulagée d'habiter ici, dans un pays sécu- (50) ritaire, avec mes enfants », a-t-elle conclu.

Arrivée au Canada depuis maintenant dix ans avec ses deux enfants et son mari, la Malienne Sylla Assitan était radieuse : « J'aime le Canada. C'est un pays où, peu importe ta couleur, (55) tu peux réussir », a dit la dame, titulaire de diplômes en coiffure et en informatique.

La juge de citoyenneté Renée Giroux a remis un certificat de citoyenneté à chacun des 19 nouveaux Canadiens. « Je vous encourage à (60) participer pleinement à la société afin de faciliter votre intégration », a dit la juge.

Prenant la parole devant la foule, la jeune Sara Alexia Barbu, âgée de 7 ans, a déclaré : « Le
(65) Canada, c'est un beau pays. Aujourd'hui, c'est une grande journée pour moi. Je suis contente d'être canadienne. » Puis elle a entonné l'hymne national en chœur avec ses nouveaux concitoyens.

---

1. Autre que la fête nationale, que célèbre-t-on ?
   (A) La Saint-Jean.
   (B) La Saint-Patrick.
   (C) La remise de certificats.
   (D) La citoyenneté de 19 nouveaux Canadiens.

2. Où est-ce que cette cérémonie s'est déroulée ?
   (A) À Toronto.
   (B) Dans le Vieux-Port de Montréal.
   (C) Partout au Canada.
   (D) Dans certaines municipalités du Canada.

3. Pourquoi Myra n'est-elle pas très contente ?
   (A) Parce que cette fête n'a pas eu lieu à Toronto.
   (B) Parce que le maire a fait un discours.
   (C) Parce qu'on n'a pas assez fait pour fêter l'évènement.
   (D) Parce que le gouvernement Harper a imposé des restrictions.

4. D'après le texte, que peut-on dire de Barbara Byrnes ?
   (A) Elle est irlandaise.
   (B) Elle aime la fête.
   (C) C'est une actrice.
   (D) Elle habitait une ferme.

5. Qu'est-ce qui ne fait pas partie de la fête à Montréal ?
   (A) Les petits drapeaux.
   (B) les marchands de crême glacée.
   (C) Le sport extrême.
   (D) Les feux d'artifice.

6. Quelle est le message du juge pour les nouveaux citoyens ?
   (A) Le certificat de citoyenneté.
   (B) L'exhortation à s'incorporer dans la société.
   (C) De faciliter l'intégration.
   (D) De rendre la nation fière de leur participation.

7. Pourquoi les nouveaux citoyens aiment-ils le Canada ?
   (A) On trouve qu'au Canada, peu importe la couleur de la peau.
   (B) On doit étudier et obtenir des diplômes.
   (C) On peut s'y relaxer.
   (D) Il y a de jolis paysages.

8. À qui est destiné cet écrit ?
   (A) Au grand public.
   (B) À ceux qui contemplent la citoyenneté canadienne.
   (C) Aux organisateurs de la fête nationale.
   (D) Aux nouveaux citoyens du Canada.

> ## Thème du cours : La vie contemporaine
>
> **Introduction**
>
> Dans cette sélection il s'agit de la célébration de Ramadan à Agadir au Maroc. Cet article intitulé « Le mois de Ramadan à Agadir » de M'bark Chbani a été publié le 13 août 2010 dans le journal *Libération* du Maroc.

Le mois de Ramadan à Agadir

Ligne

À l'instar de toutes les villes du Royaume, Agadir vit actuellement à l'heure du mois sacré du Ramadan.

(5) Mais cette année, celui-ci tombe en pleine période des vacances. Alors, si certains ont choisi de prendre leur congé annuel en juillet en prévision du mois de jeûne, d'autres, au contraire, ont fait avec et ont donc pris le leur au mois d'août, le mois des congés pour la grande (10) majorité des employés et notamment dans la Fonction publique. (…)

Donc, malgré le Ramadan, c'est encore les vacances. Et pour notre communauté résidant à l'étranger où les conditions du jeûne ne sont pas (15) pareilles qu'au « bled » comme le disent souvent ses membres, beaucoup d'entre eux ont saisi l'occasion et sont venus en vacances en cette période pour pouvoir passer ce mois sacré en famille et se ressourcer au pays. (…)

(20) La plupart des gens étant partis en vacances depuis le mois de juillet, cette année, il n'y a pas de frénésie des préparatifs. Il faut reconnaître aussi que les dispositions nécessaires ont été prises pour que tous les marchés soient régu- (25) lièrement approvisionnés. D'ailleurs, un petit tour au souk El Had nous a permis de le véri- fier sur place. Les gens font leurs achats dans le calme et la sérénité parce que tout ce dont on a besoin est disponible.

(30) Les denrées les plus demandées en ce mois sacré sont disponibles en grandes quantités et leurs prix sont abordables. A titre d'exemple, la tomate mûre coûte entre 1,80 et 2 DH le kg,

les dattes entre 20 et 35 DH le kg. Cette année la récolte sera bonne et les dattes de Zagora (35) notamment commencent déjà à arriver sur les marchés, sans oublier celles de l'année dernière sorties des frigos. Et il y a aussi les dattes impor- tées de pays frères comme la Tunisie dont les produits se taillent une bonne part du marché (40) en raison du retard que nous accusons dans ce domaine. (…) Quant aux légumineuses (fèves, pois-chiches et lentilles) utilisées dans la soupe, la fameuse « Harira » du Ramadan, leurs prix varient entre 10 et 13 DH le kg. Le coriandre (45) vert est actuellement proposé à 0, 75 DH la botte et le céleri 1 DH.

Les fruits de saison sont disponibles en grandes quantités : figues, pêches, raisins de table blancs et noirs, prunes, brugnons, bananes, (50) pommes, poires, pastèques, melons, sans oublier les fruits exotiques comme le kiwi et l'ananas. Là, les prix varient selon qu'il s'agit de fruits importés ou du pays.

Les produits laitiers, les œufs, les volailles, les (55) viandes rouges (veau, mouton, chevreau) sont également disponibles sur le marché local même si leur consommation en ce mois sacré connaît une augmentation. Très demandé aussi pendant le Ramadan, le poisson frais est disponible. (60)

(…) Si pendant la journée, les gens jeûnent, les nuits du Ramadan à Agadir diffèrent de ce qu'on a l'habitude de voir dans les médinas de Fès, Marrakech, Meknès. (…) Mais quoi qu'il en soit, après la rupture du jeûne, les gens vont (65) à la mosquée pour la prière « d'Al Ichaa » et « Attarawih ».

Après cela, les uns rentrent directement chez eux tandis que d'autres vont sur la côte, (70) le lieu le plus prisé, surtout cette année après l'achèvement des travaux de la promenade aujourd'hui très bien éclairée la nuit. Les cafés de la côte connaissent en général une grande affluence pendant les nuits du Ramadan. (…)

(75) Pendant le mois de Ramadan, on assiste également aux concours annuels de déclamation du Coran et aux soirées « d'Al Amdah Anna-baouiya » et de « Samaâ » organisées par des associations culturelles. (…)

Par-delà l'abstinence, le Ramadan est un mois (80) de piété et de recueillement marqué par cette grande ferveur religieuse qui caractérise tout musulman.

----

1. À quoi fait référence l'expression « le mois de jeûne » ? (l. 7)
   (A) L'époque où les adolescents descendent sur les plages d'Agadir.
   (B) La fête du Ramadan.
   (C) Le mois d'avant où les femmes suivent un régime avant d'aller à la plage.
   (D) La saison d'été.

2. Qu'est-ce qui rend la célébration du Ramadan plus facile à Agadir ?
   (A) Il y a la plage pour se baigner le soir.
   (B) La plupart des gens sont partis en vacances depuis le mois de juillet.
   (C) Agadir se trouve dans un pays musulman.
   (D) Les aliments les plus recherchés se trouvent en abondance sur les marchés.

3. Dans les souks on trouve les dattes sous toutes leurs formes, SAUF laquelle ?
   (A) Les dattes en boîte.
   (B) Les dattes fraîches.
   (C) Les dattes importées des pays voisins.
   (D) Les dattes sorties des frigos.

4. De tous les aliments mentionnés, lequel semble être le plus important pendant ce mois de jeûne ?
   (A) Le poisson frais.
   (B) Les produits laitiers, les œufs et les volailles.
   (C) Les fruits de saison.
   (D) Les légumineuses utilisées dans la soupe.

5. Qu'est-ce qui caractérise le mois du Ramadan ?
   (A) La diète et les leçons d'arabe.
   (B) L'abondance des aliments et les prières.
   (C) L'éloquence du Coran et la richesse de la cuisine.
   (D) Le jeûne et la dévotion.

6. À quel public est destiné cet article ?
   (A) Aux musulmans qui vont en vacances.
   (B) Aux épiciers et aux marchands de fruits à Agadir.
   (C) Aux vacanciers au Maroc.
   (D) Au grand public.

> ## Thème du cours : La quête de soi
>
> ### Introduction
>
> Dans cette sélection, il s'agit de sondages qui révèlent que le patriotisme aux États-Unis reste à un niveau élevé. Cet article écrit par Laure Mandeville et intitulé « Les Américains cultivent leur patriotisme », a paru dans *le Figaro* le cinq juillet 2010.

Les Américains cultivent leur patriotisme

Ligne   Il y a trois jours, dans le quartier ouest de Bethesda, dans le Maryland, une camionnette a fait le tour du pâté de maisons pour déposer gratuitement devant chaque porte un drapeau
(5)   américain. Il était indispensable, de l'avis de l'association qui a sponsorisé l'initiative, que chaque jardin soit pavoisé à l'occasion de la fête nationale du 4 juillet, qui célébrait ce dimanche la naissance de l'Amérique indépendante,
(10)   « jeune Dame » de 234 ans. Un poème chantant la bannière étoilée avait aussi été glissé dans les boîtes à lettres.

    Le culte du drapeau reste important aux États-Unis, où il apparaît comme un élément majeur
(15)   de l'expression du patriotisme. Dans les écoles et les administrations, le lever de drapeau est fréquent. Quelque 58 % des Américains continuent d'exhiber régulièrement le leur, selon un sondage du Pew Institute datant de mars dernier.

(20)   Les Américains sont toujours aussi patriotes, confirme une étude de l'American Enterprise Institute réalisée par les chercheurs Karlyn Bowman et Andrew Rugg. (…) En 1987, ils étaient 87 % à se dire « extrêmement fiers » ou « très fiers »
(25)   d'être américains, selon un sondage Gallup.

    En 2009, 86 % ont répondu de manière identique au Pew Institute. Dans la foulée du 11 septembre 2001, cette ferveur patriotique fut plus intense encore, le nombre de recrutements
(30)   dans l'armée, la police et les services secrets croissant de manière sensible. « Les Américains sont plus enclins à exprimer publiquement leur patriotisme que d'autres nations, constate Karlyn Bowman, même s'ils gardent un œil critique sur les défauts et imperfections de leur pays. »   (35)

    Ce patriotisme transcende les générations. Dans un sondage réalisé après le 11 septembre, 92 % des jeunes lycéens se disaient « très patriotes » (48 %) ou « assez patriotes » (44 %). En 2004, les chiffres étaient respectivement de   (40) 39 % et 44 %, soit un total de 83 %. Des résultats impressionnants, vu la diversité croissante des origines ethniques et religieuses au sein de la nation américaine. Ils semblent confirmer, selon la formule employée ce week-end par le   (45) vice-président, Joseph Biden, que le patriotisme américain reste « une idée et un idéal », et ne s'attache pas à « une couleur ou une race ». (…)

    Le patriotisme américain s'exprime dans le respect de la nation pour l'institution militaire,   (50) plébiscitée, selon Gallup, par 82 % des personnes interrogées. L'idée que servir sous les drapeaux est la forme suprême de patriotisme est très présente dans la geste nationale. Lors d'une cérémonie de naturalisation de soldats   (55) non-américains engagés en Irak, Joe Biden a loué la démarche de ces jeunes immigrés prêts à verser leur sang pour défendre les valeurs de l'Amérique (même si beaucoup le font pour des raisons économiques ou pour obtenir leurs   (60) papiers).

    (…) « Vos histoires sont toutes différentes, a dit Joe Biden. Mais, aujourd'hui, vous écrivez un chapitre commun de l'histoire américaine. Sans vous, nous ne pourrions survivre. Sans ce sang   (65) nouveau, nous ne pourrions gagner. »

1. Quelle est l'idée principale de ce texte ?
   (A) Qu'on déploie le drapeau beaucoup trop souvent aux États-Unis.
   (B) Que depuis longtemps le patriotisme reste à un niveau élevé aux États-Unis.
   (C) Qu'il y a des soldats qui n'ont pas encore la nationalité américaine et qui servent dans l'armée.
   (D) Que ce sont les sondages qui racontent l'histoire de l'Amérique post 2001.

2. Qu'est-ce qu'on a distribué devant les maisons de Bethesda ?
   (A) Du pâté.
   (B) Des drapeaux avec un poème.
   (C) Des drapeaux avec les paroles de l'hymne national.
   (D) Des camionnettes vendant du pâté.

3. Quel a été le résultat de la montée du patriotisme après 2001 ?
   (A) Un accroissement des recrues dans l'armée, la police et les services secrets.
   (B) Plus de 58 % des maisons arborent un drapeau.
   (C) Un plus grand nombre d'Américains se disent patriotes.
   (D) Un plus grand nombre d'Américains expriment publiquement leur patriotisme.

4. Qu'est-ce qui surprend dans les sondages ?
   (A) Que les chiffres du patriotisme restent élevés malgré la diversité croissante des États-Unis.
   (B) Que dans l'armée américaine il y ait des personnes de diverses origines ethniques et religieuses.
   (C) Que le patriotisme transcende les générations.
   (D) Que le patriotisme américain reste « une idée et un idéal ».

5. Lorsqu'on parle du « culte du drapeau », qu'est-ce que cela laisse entendre ?
   (A) Que les drapeaux sont déployés plutôt par les religieux.
   (B) Que les Français voient le drapeau comme un symbole religieux.
   (C) Que les Français sont beaucoup moins patriotes que les Américains.
   (D) Que l'idée de déployer le drapeau national à la maison semble très singulière aux Français.

6. Quand on parle d'un « pâté de maisons », qu'est-ce que cela veut dire ?
   (A) Le pâté fait par le chef du restaurant.
   (B) Le pâté fait par les résidents pour consommer sur place.
   (C) La couleur pâle des maisons de banlieue.
   (D) Un entre-deux-rues construit de maisons.

7. Quel est le but de ce texte ?
   (A) D'augmenter le patriotisme en France.
   (B) D'expliquer la montée du patriotisme aux États-Unis depuis 2001.
   (C) De chiffrer le patriotisme américain.
   (D) D'offrir aux lecteurs une vue de Joe Biden qu'on n'a pas souvent en France.

8. À qui ce texte est-il destiné ?
   (A) Au grand public américain, mais en traduction.
   (B) À ceux qui veulent intensifier le patriotisme français.
   (C) Aux historiens français qui se spécialisent dans les États-Unis.
   (D) Au grand public.

Thème du cours : La science et la technologie

Introduction

Dans cette sélection, il s'agit de la domotique, une soi-disant nouvelle technologie pour faciliter la vie. Cet article intitulé « La domotique au jour le jour » se trouve sur le site www.masculin.com/high-tech.

La domotique au jour le jour : Les technologies de demain pour améliorer notre quotidien

Ligne

(…) *Les nouvelles technologies vont de plus en plus vite. Elles permettent d'améliorer notre quotidien voire de le simplifier. La domotique devrait faciliter encore plus nos journées de*
(5) *demain en nous faisant gagner du temps … et aussi en pensant à la nature.* (…)

La domotique étudie et met en place l'automatisation des installations de l'habitat par la commande d'appareil grâce à une centralisa-
(10) tion du système électrique. Peu utilisée à ce jour, cette discipline date pourtant de la fin des années 80 ! (…)

Dans le futur proche, pas besoin de clé pour ouvrir la porte de votre maison : avec DoCoMo,
(15) groupe de télécommunication nippon, un simple bracelet porté au poignet permettra de déverrouiller votre porte d'entrée. Un gadget très pratique, surtout quand vous rentrez des courses les bras chargés …
(20) La firme japonaise va même plus loin : grâce à ce petit bracelet, c'est la maison entière que vous pourrez contrôler. Nourriture dans votre réfrigérateur … ou dans la gamelle de votre animal de compagnie, finis les oublis. Autre plus :
(25) vous pourrez commander un petit robot domestique pour qu'il exécute des tâches domestiques !

Avec internet, notre ordinateur prend une part de plus en plus importante dans notre quotidien et c'est tout naturellement que la domo-
(30) tique s'est tournée vers ce média. (…)

Grâce à un système d'e-mail, vous pourrez même être informés en cas d'événement (alarme …) de ce qui se passe dans votre maison.

Peur que les programmes ne soient pas (35) déclenchés ? Grâce à une caméra, vous verrez en temps réel vos volets se fermer ; … pour plus de tranquillité. (…)

Pas le temps de regarder la météo en vous levant ou de vous tenir au courant des nouvelles (40) du monde : pourquoi ne pas le faire en vous lavant les dents ? Demain, via le miroir de votre salle de bains, vous pourrez faire tout cela : c'est ce que propose entre autres le projet « Living Tomorrow », développé à Amsterdam. (45)

Et internet sur son réfrigérateur ? Idéal pour trouver des recettes de cuisine à réaliser avec les ingrédients à votre disposition … et aussi pour commander automatiquement les aliments qu'il manque. (…) (50)

Si la domotique a finalement toujours eu du mal à trouver son public, elle pourrait voir un nouvel essor avec la vague écologique : mieux gérer sa maison et son quotidien, c'est aussi faire des économies d'énergie et d'argent. (55)

Régulation du chauffage, interruption automatique des lumières de la maison lors du départ, autant d'énergies maîtrisées qui évitent une consommation excessive. Encore plus malin, la domotique permettra de transformer notre mai- (60) son en habitat intelligent : gestion des lumières en fonction de la lumière extérieure, occultation des ouvertures l'été quand il fait soleil (et ainsi éviter l'utilisation de ventilateur ou climatiseur) … C'est beau la technologie ! (65)

1. Selon l'article, quel est l'avantage des nouvelles technologies ?
   (A) Elles vont de plus en plus vite.
   (B) Elles améliorent notre vie de tous les jours.
   (C) Elles simplifient la technologie qui existe déjà.
   (D) Elles réduisent le temps qu'on passe dans la nature.

2. Qu'est-ce que c'est que la domotique ?
   (A) Une étude sur l'automatisation de la maison.
   (B) Un gadget qui nous augmente le temps disponible pour toute tâche.
   (C) Une télécommande qui contrôle la nature.
   (D) Un moyen de surveiller les systèmes de toute la maison.

3. Dans ce système, avec quoi pourra-t-on ouvrir la porte ?
   (A) Un instrument de déverrouillage.
   (B) Un bracelet.
   (C) Une télécommande nippone.
   (D) La clé.

4. Comment la domotique pourrait-elle effectuer les travaux ménagers ?
   (A) Avec un animal de compagnie.
   (B) Avec un petit robot serviteur.
   (C) Avec un bracelet au poignet.
   (D) Avec un micro-ordinateur.

5. Comment la domotique utilise-t-elle l'internet ?
   (A) Pour avertir le maître de maison que les alarmes se sont déclenchées.
   (B) Pour la programmation personnelle du robot.
   (C) Pour fermer les volets.
   (D) Pour déclencher de nouveaux programmes.

6. Que propose le projet « Living Tomorrow » ?
   (A) Un système de télévision dans le miroir de la salle de bains.
   (B) De regarder la météo en vous brossant les dents.
   (C) De vous tenir au courant des nouvelles du monde.
   (D) Internet dans la salle de bains.

7. Comment la domotique voit-elle sa popularité à l'avenir ?
   (A) Elle modernisera la maison.
   (B) Elle sait mieux gérer la maison et son quotidien.
   (C) Elle profitera de la vague écologique.
   (D) Elle est plus économique que d'autres.

8. Quel est le but de cet article ?
   (A) De servir de publicité à la domotique.
   (B) De servir de mode d'emploi à la domotique.
   (C) D'intéresser le grand public à la domotique.
   (D) De décrire par le menu les travaux que fait la domotique.

Thème du cours : L'esthétique

Introduction

Dans cette sélection il s'agit du marché de la bijouterie et le marketing des bijoux à la mode. L'article a été publié sur le site internet feminissimo.com.

Ligne

Le marché de la bijouterie se porte bien, de mieux en mieux même, si l'on en croit l'enquête de la société Panel 5 réalisée par le C.P.D.H.B.J.O (Comité Prof. de l'Horloge Bijouterie Joailleries Orfèvrerie). En 1999, la profession a réalisé un chiffre de 34 milliards de francs (+ 4 % par rapport à 98) et l'année 2000 devrait être encore meilleure.

(5)

Il y a bien sûr et toujours en tête la bijouterie haut de gamme, avec ses signatures de prestige mais aussi, et c'est nouveau, des bijoux plus simples, car le marché de la bijouterie s'est quelque peu démocratisé et, hormis le bijou de grand luxe, permet aujourd'hui à tout un chacun d'offrir ou de s'offrir de la bijouterie de classe et de valeur même si le budget est plus modeste que celui des grandes fortunes. D'ailleurs, si l'on en croit l'enquête précédente, la clientèle serait attirée par des bijoux d'une certaine valeur.

(10)

(15)

Donc les gens achètent le luxe à petit prix pour la joie d'offrir, ou même pour se faire plaisir.

(20)

Les grands joailliers eux-mêmes l'ont bien compris puisqu'aujourd'hui ils ne visent pas essentiellement la clientèle haut de gamme mais une clientèle aux moyens plus modestes, proposant de superbes bijoux et baissant leurs prix pour les rendre plus attractifs. Même Cartier a décidé que dans les 5 ans à venir il ouvrirait plusieurs boutiques pour vendre des pièces de choix à des prix abordables. On voit encore Chaumet, Boucheron, Dinh Van, etc. … faire des efforts dans cette même direction.

(25)

(30)

Donc aujourd'hui, le luxe à prix raisonnable est à votre portée ; l'or (jaune, blanc ou gris) le platine, les perles de culture, les pierres fines

(35)

(citrine, péridot, améthyste, aigue-marine, …) les pierres précieuses (saphir, rubis, émeraude, diamants) sont à portée de votre bourse. Pour se faire plaisir, pour les petits coups de folie où l'on craque, ou pour offrir, les fastes de la bijouterie nous donnent un retour des moments merveilleux. Pour certains, les bijoux restent toujours un placement, une valeur refuge, au cas où …

(40)

1. Selon l'article, dans quel état est le commerce des bijoux ?
   (A) Stable.
   (B) Faible.
   (C) Terminé.
   (D) Favorable.

2. Quel genre d'organisation est le C.P.D.H.B.J.O ?
   (A) Il contrôle la distribution des bijoux dans le monde.
   (B) Il réunit les bijoutiers français.
   (C) Il améliore les conditions de vente des bijoux dans le monde.
   (D) Il fabrique des bijoux.

3. Que veut dire l'auteur quand il dit que « le marché de la bijouterie s'est quelque peu démocratisé » ?
   (A) Qu'il y a de plus en plus de bijoutiers et joailliers qui ouvrent des boutiques.
   (B) Que plus de gens sont capables d'acheter des bijoux.
   (C) Que les vieux styles de bijoux s'adaptent et se modernisent pour la nouvelle clientèle.
   (D) Que la plupart des bijoux vendus sont plus petits qu'auparavant.

4. Selon l'article, laquelle des phrases suivantes est vraie malgré cette démocratisation ?
   (A) Les prix continuent à baisser.
   (B) Les bijoux sont inférieurs à ceux d'hier.
   (C) Les bijoux perdent de la valeur.
   (D) On vend plus de bijoux chers.

5. Que font même les grands bijoutiers ?
   (A) Ils haussent les prix.
   (B) Ils ouvrent leurs portes aux bijoux d'occasion.
   (C) Ils servent une clientèle plus modeste.
   (D) Ils cherchent une clientèle essentielle.

6. Que sont Chaumet, Boucheron et Dinh Van ?
   (A) Des bijoux précieux.
   (B) Des magasins de bijoux.
   (C) Des pierres pour les clients plus modestes.
   (D) Des pierres de valeur extraordinaire.

7. Lesquels de ces objets sont des pierres précieuses ?
   (A) Le péridot et l'améthyste.
   (B) Le platine et les perles de culture.
   (C) Les saphirs et les rubis.
   (D) L'or jaune, blanc et gris.

8. Que veut dire la phrase « les bijoux restent toujours un placement, une valeur refuge, au cas où … » ?
   (A) Qu'on peut toujours compter sur la qualité des bijoux.
   (B) Qu'on peut refaire les bijoux sous différentes formes comme celles des bracelets ou des colliers.
   (C) Qu'il faut bien garder les bijoux dans un coffre ou dans un endroit où ils seront en sécurité.
   (D) Que la valeur des bijoux demeure et qu'on peut toujours les vendre si on a besoin d'argent liquide.

> ## Thème du cours : La quête de soi
>
> **Introduction**
>
> Dans cette sélection il s'agit de la langue française telle qu'on la parle au Canada et de son importance pour les Québécois. Cet article de Marc Chevrie « Le français n'est que de l'imaginaire » a été publié sur le site *Encyclopédie de la Francophonie*.

Le français n'est que de l'imaginaire

Ligne　La dernière création de Xavier Dolan (*Les amours imaginaires*) n'est pas le premier film montrant sans pudeur aucune la nature du français parlé au Québec. (…) À défaut d'avoir

(5)　fait leur indépendance politique, les Québécois, comme le clament aujourd'hui les plus sérieuses émissions radiophoniques et télévisuelles de la « belle province », ont fait leur sécession linguistique, et attachent ainsi deux ou trois ficelles à

(10)　la francophonie tout en amarrant leur navire linguistique au quai anglo-américain avec force cordages. Le film de Dolan et bien d'autres, à l'instar des médias québécois actuels, relayent dans l'espace audio-visuel le français dissocié qui

(15)　se parle au Québec, dans toutes les classes de la société, y compris les plus instruites. (…)

　　On peut en effet se demander pourquoi le Québécois recourt à l'anglais alors que souvent il connaît l'expression française. Il y a des anglicismes

(20)　par ignorance et d'autres par préférence. L'une des explications qui rend le mieux compte du phénomène est que le français au Québec, en raison d'une longue domination politique, économique et culturelle, a subi ce qu'on pourrait appeler un pro-

(25)　cessus de *déréalisation*. Au contact journalier et souvent brutal de l'anglais parlé des Britanniques colonisateurs et des Américains au milieu desquels plus d'un million de Québécois ont émigré entre 1840 et 1930 pour s'y assimiler et dont la culture

(30)　hédoniste exerce sur ces derniers une séduction incessante, l'anglais est devenu une langue de référence incontournable, une langue étalon, par

laquelle le pouvoir et le prestige s'acquièrent, la richesse s'accumule et le réel s'exprime. L'anglais n'est donc pas une simple langue seconde, que l'on (35) parle par culture et enrichissement personnels, mais une langue normative, qui a vocation à dire le monde, ses lois, ses lourds engrenages auxquels nul n'échappe. Dès son tout jeune âge, le Québécois apprend, souvent de ses parents mêmes, que sa (40) langue maternelle est une langue déjà seconde, sans avenir, handicapée et même handicapante, et qu'il lui faudra coûte que coûte se mettre à l'anglais s'il veut se tailler une place sous le soleil boréal nord-américain. (…) (45)

　　L'anglais est un marqueur de réalité, dans un contexte sociolinguistique où le français n'exprime plus que le souhait, la virtualité, le simple vouloir, devient une espèce de langue résiduelle qui a perdu sa consistance, comme un deuxième (50) clavier sur lequel on pianote à défaut de pouvoir faire ses gammes sur le premier d'une tonalité plus éclatante. (…) Au Québec, le franglais, mâtiné de joual, tient lieu d'argot, c'est par le recours à l'anglais que la déconstruction ludique, jouissive ou rageuse (55) du français se pratique, jusqu'à l'avilissement. C'est un sport national auquel beaucoup de Québécois excellent. (…) Le français est trop irréel, dévitalisé, vaporeux, pour saisir de ses bouillons de fine dentelle le réel fuyant et abrasif. C'est ce qui s'appelle (60) être assis continuellement entre deux chaises, une situation que les linguistes dans leur terminologie désignent du vocable de « diglossie ».

　　(…) Les emprunts à l'anglais au Québec (…) sont assez éloignés de l'emprunt snobinard qu'ont (65) pratiqué longtemps les élites françaises et dont Proust avait déjà donné un avant-goût dans *À la recherche du temps perdu*, lorsque par exemple, Odette (Mme de Crécy) s'exclame : « vous savez (70) que je ne suis pas *fishing for compliments* » ou mentionne le « home » du « smart » M. Swann, son « darling ». (…) Espérons que les Français, à la suite des Québécois, ne se mettent pas aussi à parler des *français imaginaires*. Dans un magasin d'articles de sport du centre-ville de Montréal, j'ai pu entendre (75) ces jours-ci un jeune vendeur, probablement un Français fraîchement installé, dire de son équipe nationale de « football » aux exploits peu reluisants à la coupe mondiale tenue en Afrique du Sud : « C'est une *gang* de *loosers*, comme vous dites ! ». (80) C'est tout dire.

---

1. Quel est le thème principal de ce texte ?
   (A) Que le français est moribond au Québec.
   (B) Que le français fleurit comme la langue principale du Québec.
   (C) Que le français influence l'anglais parlé par les Québécois anglophones.
   (D) Que le français, malgré tout, n'est que la langue seconde du Québec.

2. Qu'est-ce qui explique la « déréalisation » de la langue québécoise ?
   (A) Le fait que le vrai monde francophone réside en Europe.
   (B) La longue domination politique et culturelle du Québec par les anglophones.
   (C) La brutalité de l'anglais parlé par des Britanniques et la langue populaire qui en provenait.
   (D) L'influence de la langue américaine aux États-Unis surtout à la télévision, à la radio et dans les films.

3. Quand l'auteur dit que l'anglais est une langue « normative », qu'est-ce qu'il explique ?
   (A) Que l'anglais est une langue utilitaire.
   (B) Que le français québécois est toujours en formation.
   (C) Que le vocabulaire et la structure du français québécois sont comparables à ceux de l'anglais.
   (D) Que c'est l'anglais qu'on emploie pour parler de culture et enrichissement personnel.

4. Pourquoi l'auteur cite-t-il les pages de Proust ?
   (A) Pour montrer qu'on peut interjeter de l'anglais dans un texte sans en perdre le sens.
   (B) Pour illustrer l'effet de snobisme qu'a l'anglais parmi les Français.
   (C) Comme exemple de diglossie.
   (D) Pour montrer le goût qu'ont les élites pour la littérature française.

5. Que veut dire le mot « diglossie » défini dans le texte ? (l. 63)
   (A) L'emploi de deux langues.
   (B) L'emprunt de vocabulaire à une langue pour enrichir l'autre.
   (C) La superposition de la structure d'une langue plus forte sur une autre moins souvent employée.
   (D) L'emploi d'une langue inusitée dans les cérémonies religieuses.

6. Que veut dire l'auteur quand il parle du « français imaginaire » ?
   (A) Qu'on emploie le français uniquement pour l'irréel.
   (B) Que le français comme langue n'est pas capable d'exprimer toutes les pensées du Québécois.
   (C) Que le français est déréalisé par l'anglais normatif et qu'il n'existe que pour se donner de grands airs.
   (D) Que le français est la *lingua franca* uniquement lorsque la clarté d'expression n'est pas importante.

7. À quel public est-ce que ce texte est destiné ?
   (A) Aux animateurs du cinéma canadien.
   (B) Aux Québécois ne parlant qu'anglais.
   (C) Aux membres de l'Académie française et aux puristes de langue française.
   (D) À ceux qui s'intéressent de façon générale à la langue québécoise.

Thème du cours : L'esthétique

Introduction

Dans cette sélection il s'agit du patrimoine mondial : les programmes mis en place pour le protéger et ce qui est fait pour restaurer les sites importants du monde entier, héritages communs à toute l'humanité. Vous trouverez l'article « Patrimoine mondial : Quelques belles réussites » sur le site internet de l'UNESCO.

Patrimoine mondial : Quelques belles réussites

Ligne La Convention du patrimoine mondial est plus qu'un simple texte, c'est avant tout un instrument utile permettant une action concrète pour préserver les sites en péril et les espèces

(5) menacées. En reconnaissant la valeur universelle exceptionnelle d'un site, les États parties s'engagent à le préserver et à s'efforcer de trouver des solutions pour le protéger. Si un site est inscrit sur la Liste du patrimoine mondial en péril,

(10) le Comité du patrimoine mondial peut prendre des dispositions immédiates pour redresser la situation, ce qui a permis de nombreuses restaurations fort réussies. (…)

TROUVER DES SOLUTIONS

(15) Il arrive souvent que le Comité du patrimoine mondial et les États parties, avec l'aide d'experts de l'UNESCO et d'autres partenaires, trouvent des solutions avant que la situation ne se détériore au point d'endommager le site.

(20) *Les Pyramides de Guizeh, en Egypte* : Ces pyramides étaient, en 1995, menacées par un projet de construction d'autoroute à proximité du Caire qui aurait gravement porté atteinte aux valeurs du site archéologique. Les négocia-

(25) tions engagées avec le gouvernement égyptien ont débouché sur des solutions de rechange au projet contesté.

Parc national de Royal Chitwan, au Népal : Ce parc abrite environ 400 rhinocéros à une corne,

(30) caractéristiques de l'Asie du Sud. Au début des années 1990, le Comité du patrimoine mondial a remis en question les conclusions de l'évaluation d'impact sur l'environnement du projet de détournement des eaux de la rivière Rapti. La Banque asiatique de développement et (35) le gouvernement népalais ont revu l'évaluation et se sont rendu compte que le projet constituerait une menace pour les habitats riverains, très importants pour le rhinocéros du parc de Royal Chitwan. Le projet a donc été abandonné (40) et le site du patrimoine mondial a été sauvé pour le bénéfice des générations à venir. (…)

RESTAURATIONS RÉUSSIES

Angkor, au Cambodge : Le parc archéologique d'Angkor, qui est l'un des sites archéologiques les (45) plus importants de l'Asie du Sud-Est, contient les magnifiques vestiges des différentes capitales de l'Empire khmer (IXe – XVe siècle). En 1993, l'UNESCO s'est lancée dans un programme ambitieux de sauvegarde et de mise en valeur (50) de ce site historique, programme exécuté par la Division du patrimoine culturel en étroite coopération avec le Centre du patrimoine mondial. Fouilles illicites, pillage de sites archéologiques et mines antipersonnel étaient (55) les principales menaces pesant sur le site. En 2004, ayant constaté que ces problèmes n'existaient plus et que de nombreuses activités de conservation et de restauration coordonnées par l'UNESCO étaient entreprises avec succès, le (60) Comité du patrimoine mondial a retiré le site de la Liste du patrimoine mondial en péril.

La vieille ville de Dubrovnik, en Croatie : Celle que l'on appelle la « perle de l'Adriatique », avec
(65) ses magnifiques bâtiments gothiques, Renaissance et baroques, avait traversé les siècles et survécu à plusieurs tremblements de terre. En novembre et décembre 1991, sérieusement endommagée par des tirs d'artillerie, la ville
(70) a été immédiatement inscrite sur la Liste du patrimoine mondial en péril. Avec les conseils techniques et l'aide financière de l'UNESCO, le gouvernement croate a restauré les façades des cloîtres franciscains et dominicains, réparé des toitures et reconstruit des palais. C'est ainsi que (75) la ville a pu être retirée de la Liste du patrimoine mondial en péril en décembre 1998. (…)

---

1. Quelle est le thème principal de ce texte ?
   (A) Qu'il y a plusieurs sites qui méritent une visite des touristes.
   (B) Qu'il y a plusieurs sites qui ont un besoin immédiat de restauration.
   (C) Qu'il y a plusieurs sites pour lesquels le Comité doit prendre une décision immédiate.
   (D) Qu'il y a plusieurs sites qui méritent l'attention du Comité pour les faire connaître au monde.

2. Comment sont les sites du patrimoine mondial ?
   (A) Ce sont les sites touristiques qu'on voit rarement.
   (B) Ce sont des sites nommés par les Nations Unies.
   (C) Ce sont les sites ayant besoin de réparations.
   (D) Ce sont des sites préservés depuis longtemps.

3. Quelle organisation est chargée de gérer le patrimoine mondial ?
   (A) UNESCO.
   (B) l'OCDE
   (C) La convention.
   (D) Les États

4. Pourquoi a-t-on décidé de ne pas détourner la rivière Rapti ?
   (A) Parce que la Banque asiatique n'avait pas assez de fonds.
   (B) Parce que le projet a été abandonné.
   (C) Parce que le détournement aurait constitué une menace pour les habitats riverains.
   (D) Parce qu'il y avait beaucoup trop de rhinocéros.

5. Quelle action a sauvé Angkor de la destruction ?
   (A) Le plan de conservation.
   (B) Les fouilles illicites.
   (C) Le pillage des sites archéologiques.
   (D) Les mines antipersonnel.

6. En quoi consiste les campagnes de sauvegarde ?
   (A) À entretenir un site.
   (B) À prévoir une intervention immédiate.
   (C) À conserver les territoires les plus importants du monde.
   (D) À engager une première restauration.

7. À qui est destiné cet écrit ?
   (A) Aux bouddhistes.
   (B) Aux membres du Comité de l'UNESCO.
   (C) Au grand public.
   (D) À ceux qui s'intéressent au Patrimoine mondiale ou aux activités des Nations Unies.

> ## Thème du cours : La vie contemporaine
>
> ### Introduction
>
> Dans cette sélection nous verrons comment une société lance une nouvelle vague de marketing dit « le marketing social », comment cette nouvelle méthode diffère du marketing actuel et pourra en changer la teneur. L'article intitulé « Le marketing social au service des associations » provient d'une page web du gouvernement de l'Ontario.

Le marketing social au service des associations

Ligne (…) Votre association est aux prises avec une situation financière critique. Le niveau des adhésions est faible, vos programmes suscitent moins d'intérêt, votre association n'a jamais été moins
(5) visible et il n'a jamais été plus difficile d'attirer des bénévoles. Vous n'en dormez pas la nuit à force de vous demander comment renverser la situation. Si vous êtes chargé du marketing des programmes ou des activités de votre
(10) association, le marketing social peut vous aider à trouver une solution.

En quoi consiste le marketing social ?
En termes simples, il s'agit de « vendre des idées ». Mais pour être plus explicite, disons
(15) qu'il s'agit de créer, de mettre en œuvre et de superviser des programmes conçus pour amener un changement social. Le marketing social reconnaît bon nombre des principes qui s'appliquent au marketing commercial :
(20) évaluation des besoins, identification du public cible, mise au point de produits et évaluation des résultats. Cependant, le marketing social se distingue essentiellement en ce qu'il ne vise pas la conclusion d'une opération commerciale qui
(25) n'a lieu qu'une seule fois, mais bien la création de rapports durables entre une association et ses différents groupes cibles. Le succès du programme ontarien de recyclage à l'aide des boîtes bleues illustre bien comment une campagne de
(30) marketing social bien planifiée peut influencer la façon dont une société pense et agit. (…)

En quoi alors le marketing commercial et le marketing social sont-ils différents ?
Le marketing commercial peut amener votre association à trop centrer son attention sur ses (35) propres préoccupations et à ignorer celles du public cible. À force d'essayer de « vendre » trop rapidement, votre association court le risque de se replier sur elle-même et de manquer d'ouverture. (40)
Le marketing social oblige l'association à se pencher à la fois sur les besoins de son public et sur ses propres besoins, l'idéal étant que l'association se tourne davantage vers son public et cherche à établir des relations à long terme (45) avec lui. En d'autres mots, votre association sera plus en mesure, grâce au marketing social, de motiver et de justifier la participation du public cible.
Il est capital en marketing social de centrer son (50) attention non pas sur les besoins de l'association mais sur les besoins de son public. (…)
Prenons comme exemple de produit un des programmes offerts par votre association. Vous avez déjà une impression du produit, du prix, du (55) point de « vente » ainsi que du type de promotion et de la participation vus sous l'angle de votre association. Mais quelle impression vous donne le produit du point de vue du public ? Répond-il aux attentes et aux besoins du public ? Votre (60) perception du prix correspond-elle à la sienne ? Votre public trouve-t-il pratique le point de « vente » proposé pour votre programme ? Enfin, la promotion repose-t-elle suffisamment sur la participation pour que votre public croie qu'une (65) communication véritable s'est établie ? (…)

Une fois que vous avez compris les attitudes du public, reconnu les tendances de la société et fait un rapprochement entre vos préoccupations (70) et celles de votre public, vous êtes prêt à élaborer votre programme de marketing social. (…)

Pour assurer un bon marketing de vos programmes et de vos idées, vous devez comprendre dans quel sens évolue la société. Reconnaître les attitudes du public vous aidera à mettre (75) en œuvre un programme de marketing social valable. N'oubliez pas qu'il y a toujours au fond une question à laquelle le public souhaite qu'on réponde. Pour cette raison, il faut vous arrêter un moment, vous mettre à la place du public et (80) vous demander ce qu'il peut en tirer en participant. (…)

1. Pourquoi le premier paragraphe est-il à la deuxième personne ?
   (A) Parce qu'il cible le lecteur.
   (B) Parce qu'il parle à un interlocuteur dont nous ferons bientôt la connaissance.
   (C) Parce qu'il répond à une nouvelle vague de la littérature.
   (D) Parce qu'il cherche à faire du lecteur un personnage dans l'histoire.

2. Qu'est-ce que le marketing social ?
   (A) Un système de marketing qui vend des idées mieux que d'autres.
   (B) Le marketing commercial mais avec l'identification d'un public visé.
   (C) Un système qui cherche à créer des rapports durables entre une association et ses différents groupes cibles.
   (D) Un système de marketing qui vise la conclusion d'une opération commerciale, c'est-à-dire les ventes.

3. Qu'est-ce qui a montré que le marketing social pouvait influencer un public cible ?
   (A) L'influence d'une société et son action.
   (B) Un projet de recyclage canadien.
   (C) La création de rapports durables entre une association et différents groupes.
   (D) La mise au point de produits et l'évaluation des résultats.

4. En quoi le marketing social diffère-t-il du marketing commercial ?
   (A) Avec le marketing commercial une entreprise pense plus à elle-même ; mais le marketing social ne vise que les besoins du public.
   (B) Si le marketing commercial cible les besoins de l'entreprise, le marketing social vise les besoins de son public et de l'entreprise elle-même.
   (C) Le marketing commercial cherche à établir des relations à long terme et le marketing social vise ses propres besoins.
   (D) Le marketing social centre son attention sur les besoins du public.

5. À quelle question le marketing social peut-il répondre ?
   (A) Quel est l'impression du public au sujet de ce produit ?
   (B) Où doit-on vendre le produit ?
   (C) Quel genre de promotion offre-t-on ?
   (D) Est-ce que la perception du prix par l'association correspond à celle du public ?

6. Quelle audience vise cet article ?
   (A) Le grand public.
   (B) Les boutiquiers et les magasiniers.
   (C) Les associations.
   (D) Les marchands.

7. Comment l'auteur met-il ses idées en valeur ?
   (A) Par des citations.
   (B) Par des anecdotes personnelles.
   (C) Par de la théorie.
   (D) Par des plusieurs exemples qui montrent le plan en action.

8. Comment ce texte est-il organisé ?
   (A) En ordre chronologique et historique.
   (B) Comme le plan qu'il présente.
   (C) En commençant par les définitions et les explications, suivies d'exemples.
   (D) Comme un brouillon maladroit.

Thèmes du cours : Les défis mondiaux

Introduction

Dans cette sélection, le poète Guillaume Apollinaire décrit la guerre. Ce poème s'intitule « La nuit d'avril 1915 ».

La nuit d'avril 1915

Ligne
Le ciel est étoilé par les obus des Boches[1]
La forêt merveilleuse où je vis donne un bal
La mitrailleuse joue un air à triples-croches
Mais avez-vous le mot
(5)   Eh ! oui le mot fatal:
Aux créneaux! Aux créneaux! Laissez là les
pioches!

*

Comme un astre éperdu qui cherche ses saisons
Cœur obus éclaté tu sifflais ta romance
(10) Et tes mille soleils ont vidé les caissons
Que les dieux de mes yeux remplissent en
silence

*

Nous vous aimons ô vie et nous vous agaçons

*

Les obus miaulaient un amour à mourir
(15) Un amour qui se meurt est plus doux que les
autres
Ton souffle nage au fleuve où le sang va tarir
Les obus miaulaient
          Entends chanter les nôtres
(20) Pourpre amour salué par ceux qui vont périr

*

Le printemps tout mouillé la veilleuse l'attaque

*

Il pleut mon âme il pleut mais il pleut des yeux
morts

*

Ulysse que de jours pour rentrer dans Ithaque

*

Couche-toi sur la paille et songe un beau   (25)
remords
Qui pur effet de l'art soit aphrodisiaque

*

Mais
    orgues
              aux fétus de la paille où tu dors   (30)
L'hymne de l'avenir est paradisiaque

---

1. Les Allemands

1. Quel est l'objectif de ce poème ?
   (A) De comparer la guerre à la musique.
   (B) De lutter contre la guerre.
   (C) D'offrir une chanson que les soldats peuvent chanter.
   (D) De peindre une image sonore de la guerre.

2. À quelle guerre le poète fait-il référence ?
   (A) Aux guerres de Napoléon.
   (B) À la guerre franco-prussienne.
   (C) À la première guerre mondiale.
   (D) À la deuxième guerre mondiale.

3. Quelle est la métaphore de la guerre que crée le poète au début du poème ?
   (A) Celle de la construction d'un château.
   (B) Celle du bal dans la forêt.
   (C) Celle des feux d'artifices lors d'une fête.
   (D) Celle d'une guerre médiévale.

4. À quoi le poète compare-t-il la mitrailleuse ?
   (A) À un instrument de musique.
   (B) À une épée.
   (C) À un jouet.
   (D) À un crochet.

5. Quel est « l'astre éperdu » ?
   (A) La fin de la vie du soldat.
   (B) L'étoile dans la métaphore du bal.
   (C) L'obus.
   (D) L'héroïsme du soldat.

6. Pourquoi le poète emploie-t-il le mot « miauler » pour le son des obus ?
   (A) Parce que les obus explosent.
   (B) Parce que les obus sont pacifiques.
   (C) Parce que les obus rappellent le son que font les chats.
   (D) Parce qu'il s'agit des chats dans ce poème.

7. Pourquoi « l'hymne de l'avenir est paradisiaque » ?
   (A) Parce que cela veut dire qu'on a survécu aux horreurs de la guerre.
   (B) Parce que la guerre crée cette sensation parmi les émotions des hommes.
   (C) Parce que le guerrier a enfin trouvé la mort et la sérénité.
   (D) Parce qu'on ne peut pas penser à l'avenir quand on est en pleine bataille.

8. Que veut dire l'expression « Aux créneaux ! » ?
   (A) C'est un ancien cri de bataille.
   (B) C'est un ancien air de musique qu'emploie le poète ici.
   (C) C'est un cri de mort.
   (D) Cette expression appelle le corps médical sur le champ de bataille.

Thème du cours : La science et la technologie

Introduction

Dans cette sélection, il s'agit des résultats d'un sondage réalisé par un magazine qui voulait connaître l'impact de la nouvelle technologie sur la façon dont on pense. L'article qui s'intitule « Comment l'internet transforme-t-il la façon dont on pense ? (1/5) : un réseau d'humain et de machines enchevêtrées » a été écrit par Hubert Guillaud, et se trouve sur le site internet www.internetactu.net.

Comment l'internet transforme-t-il la façon dont on pense ? (1/5) : un réseau d'humain et de machines enchevêtrées

Ligne   « Comment l'internet transforme-t-il la façon dont vous pensez ? », telle était la grande question annuelle posée par la revue *The Edge* à quelque 170 experts, scientifiques, artistes et
(5)   penseurs. Difficile d'en faire une synthèse, tant les contributions sont multiples et variées et souvent passionnantes. Que les répondants soient fans ou critiques de la révolution des technologies de l'information, en tout cas, il est clair
(10)   qu'internet ne laisse personne indifférent. (…)

Pour le physicien Daniel Hillis, le réel impact de l'internet a été de changer la façon dont nous prenons des décisions. En permettant à des systèmes complexes de s'interopérer, de plus en plus,
(15)   ce ne sont pas des êtres humains qui décident, mais un réseau adaptatif d'humains et de machines enchevêtrées. (…)

« Nous avons incarné notre rationalité dans nos machines et leur avons délégué nombre de
(20)   *nos choix et de ce fait nous avons créé un monde au-delà de notre propre compréhension. Ce siècle commence avec une note d'incertitude. Nous nous apprêtons à vivre une crise financière causée par la mauvaise conception informatique des*
(25)   *risques de notre système bancaire, nous débattons du changement climatique autour de ce que les ordinateurs prédisent des données. Nous avons lié nos destinées, pas seulement entre nous tout*

autour du monde, mais à nos technologies. Si le thème des Lumières était l'indépendance, notre   (30)   *propre thème est l'interdépendance. Nous sommes maintenant tous reliés, les humains et les machines. Bienvenue à l'aube de l'intrication. »* (…)

« Au milieu des années 1700, Samuel Johnson avait observé qu'il y avait *deux sortes de connais-*   (35)   *sances : ce que vous savez et ce que vous savez où chercher* », explique le prospectiviste Paul Saffo. L'imprimerie a été l'outil de la révolution du savoir et de la connaissance et le *Grand diction-naire de la langue anglaise* de Johnson en fut un   (40)   parfait exemple. (…)

« L'internet a changé notre façon de penser, mais s'il doit devenir un changement pour le mieux, nous devons ajouter un troisième type de con-naissance à la liste de Johnson : *la connaissance*   (45)   *qui nous importe.* » L'explosion de l'impression a développé une nouvelle discipline du savoir : celle de l'organisation de la connaissance. De la même manière, « *il nous faut apprendre à savoir ce qui importe* », explique Paul Saffo en en appelant au   (50)   développement d'une nouvelle science.

1. Qu'est-ce qui est clair dans les résultats du sondage ?
   (A) Que la nouvelle technologie ne va pas disparaître de sitôt.
   (B) Que la technologie a fait du mal à la vie.
   (C) Que personne n'est indifférent à la technologie.
   (D) Qu'il y a trop de critiques vis-à-vis de cette révolution.

2. Comment l'internet a-t-il changé la vie du docteur Daniel Hillis ?
   (A) Il l'aide pendant ses opérations.
   (B) Il aide ses patients à prendre des décisions plus rapidement.
   (C) Il lui permet de consulter un réseau avant de prendre des décisions.
   (D) Il lui montre que ce ne sont pas des êtres humains qui décident.

3. Comment l'emploi du mot « enchevêtrées » montre-t-il l'attitude de Hillis envers l'internet ?
   (A) Il fait voir la beauté d'avoir un système si complexe et si complet.
   (B) Il souligne le degré d'adaptation d'internet.
   (C) Il montre que l'internet est rendu illisible par les machines.
   (D) Il montre son mépris pour le système.

4. Quelle appréciation Daniel Hillis a-t-il pour les ordinateurs et l'internet ?
   (A) Que nous avons créé un monstre avec les ordinateurs.
   (B) Sans nous, les machines n'auraient pas eu de rationalité.
   (C) Que nous commençons le siècle présent avec une incertitude créée par notre dépendance par rapport aux machines.
   (D) Nous avons lié notre passé et notre destinée à un réseau de technologie.

5. Quelle référence historique propose Saffo ?
   (A) Il compare l'imprimerie à Internet.
   (B) Il montre que Johnson avait prédit l'âge de l'information.
   (C) Il montre que le dictionnaire de Johnson sera bientôt disponible sur Internet.
   (D) Il compare l'impression à l'acte de savoir.

6. Comment la technologie moderne met-elle en évidence la théorie de Samuel Johnson ?
   (A) Elle montre que nous ne savons presque rien comparé à toutes les connaissances.
   (B) Elle montre que nous devons être sélectifs dans notre recherche des connaissances.
   (C) Elle montre que l'internet a changé notre façon de penser.
   (D) Elle montre que l'internet nous a changés en mieux.

7. Quelle serait le public de cet article ?
   (A) Les docteurs.
   (B) Ceux qui étudient la philosophie de Samuel Johnson.
   (C) Les internautes.
   (D) Ceux qui s'intéressent à l'impact de la technologie sur la vie humaine.

> ## Thème du cours : Les défis mondiaux
>
> ### Introduction
>
> Dans cette sélection il s'agit des microcrédits accordés aux personnes qui ne peuvent pas avoir accès aux modes de crédit traditionnel. L'article original, « Microcrédit, miracle ou désastre ? » par Esther Duflo, économiste, a été publié dans le journal *Le Monde* le onze janvier 2010.

Microcrédit, miracle ou désastre ?

Ligne Le microcrédit est, sans aucun doute, l'innovation qui a fait le plus parler d'elle dans la lutte contre la pauvreté. Il y a un peu plus de trente ans, Mohammed Yunus consentait
(5) ses premiers prêts à un groupe de femmes du Bangladesh. Il y a aujourd'hui plus de 150 millions de micro-emprunteurs à travers le monde. Le programme a essaimé jusqu'aux États-Unis et en France. La grande majorité de
(10) ces clients n'avaient auparavant aucun accès au crédit bancaire et étaient contraints d'avoir recours aux usuriers de village, qui pratiquent des taux faramineux (en Inde, les vendeurs de légumes qui empruntent à la journée paient
(15) jusqu'à 5 % par jour, et dans les villages, des taux de 20 % par mois ne sont pas rares).

Or, presque tous doivent bien, un jour ou l'autre, avoir recours au crédit : en effet, les pauvres vivent dangereusement … Ils sont très souvent
(20) à leur compte : au Pérou, 69 % des ménages urbains les plus pauvres ont leur propre entreprise. En Inde, au Pakistan, au Nicaragua, cette proportion se situe entre 47 % et 52 % (dans les pays de l'OCDE, la proportion d'entrepreneurs
(25) n'est que de 12 %). Dans les régions rurales, la part des ménages à leur compte est encore plus importante. Le moindre choc (une mauvaise récolte, une maladie, un vol …) les laisse extrêmement vulnérables. Les filets de sécurité auxquels
(30) nous sommes habitués, Sécurité sociale, retraite et même la possibilité de déposer le bilan, n'existent pas. Épargner est difficile et dangereux : les banques ne veulent pas gérer des petites sommes

et les économies laissées sous le matelas disparaissent facilement.
(35)

C'est pourquoi rares sont les pauvres qui n'ont aucune dette. (…) Alors que ces ménages avaient auparavant forcément recours à l'usurier local ou au propriétaire terrien, ils ont aujourd'hui la possibilité d'emprunter à des
(40) institutions de microfinance. Les taux d'intérêt, bien qu'élevés si nous les comparons à ceux qui sont pratiqués dans les pays développés (de 20 % à plus de 100 % par an selon les pays), sont nettement plus faibles que ceux auxquels ils étaient
(45) habitués.

Cela représente une réussite importante, dans des pays où les services à l'intention des plus pauvres, privés ou publics, brillent par leur absence. (…) Mais beaucoup voient dans le
(50) microcrédit bien plus qu'un simple instrument financier. Pour eux, le microcrédit devrait favoriser une transformation en profondeur de la vie des plus pauvres. Donner cet outil financier à des familles — et souvent à des femmes, ce qui
(55) est sans doute encore plus important — leur assurerait non seulement un moyen de vivre mais une dignité, les conduirait à investir plus pour leur santé ou l'éducation et à réduire la discrimination contre les femmes et les petites filles. (…)
(60)

Certains sont sceptiques, voire hostiles. Ils considèrent les banquiers du microcrédit comme de nouveaux usuriers qui exploitent l'incapacité des plus pauvres à résister à la tentation de l'emprunt ; ils soulignent que les taux
(65) d'intérêt, souvent présentés de manière obscure, restent très élevés par rapport à ce que paient les plus riches. (…)

Le monde rêve d'une recette miracle contre la
(70) pauvreté et le microcrédit était un candidat tout
à fait plausible. Des études suggèrent qu'il est
temps de revenir à une description plus nuancée
de ses avantages possibles. Mais reprocher au
microcrédit d'être inutile ou dangereux parce
(75) qu'il ne se révèle pas être cette recette miracle n'a
pas grand sens.

Laisser de côté le discours polémique a aussi
l'avantage de nous inciter à dépasser un débat
binaire pour remettre en question le modèle
(80) canonique du microcrédit et nous demander
comment il pourrait encore mieux servir ses
emprunteurs. (…) Le microcrédit, par ses règles

actuelles, est plus adapté à financer des activités
familiales qui vivotent que de véritables entreprises créant des emplois. (…) Une activité, (85)
même modeste, constitue déjà un revenu essentiel.
Toutefois la vision romantique d'un milliard
d'entrepreneurs aux pieds nus est probablement
une illusion. Savoir distinguer ceux de leurs
clients qui ont réellement le goût du risque et de (90)
l'entreprise de ceux qui y sont contraints, et offrir à chacun des services adaptés est le nouveau
défi de la microfinance. Parallèlement, le développement d'un vrai secteur salarial (industriel
ou de service) doit rester une priorité pour une (95)
politique économique dans les pays pauvres.

---

1. Qu'est-ce que le microcrédit ?
   (A) De petits prêts aux entrepreneurs qui ne
       peuvent pas accéder aux prêts bancaires.
   (B) De petits emprunts sur le salaire.
   (C) De petits emprunts sur carte bancaire.
   (D) De petits prêts sur carte ou compte bancaire.

2. Pourquoi est-ce qu'un tel système s'est développé ?
   (A) Parce que les banques ont épuisé leurs fonds.
   (B) Parce que les clients éventuels n'avaient pas
       accès aux banques.
   (C) Parce que les clients ne pouvaient pas obtenir
       de crédits bancaires.
   (D) Parce que le système bancaire ne supportait
       pas de tels emprunts.

3. Qu'est-ce qu'un usurier ? (l. 12)
   (A) Celui qui prête de l'argent.
   (B) Celui qui emprunte de l'argent.
   (C) Celui qui contrôle les fonds bancaires.
   (D) Celui qui prélève un taux d'intérêt trop élevé.

4. Pourquoi l'auteur dit-il que les « pauvres vivent
   dangereusement » ?
   (A) Parce qu'ils ont souvent besoin d'un prêt.
   (B) Parce qu'il y a souvent moins d'entreprises
       dans un pays moins développé.
   (C) Parce qu'ils ne peuvent pas accéder à
       des prêts.
   (D) Parce que ce sont trop souvent des ménages
       urbains.

5. Qu'est-ce qui met les pauvres en situation
   précaire ?
   (A) Les filets de sécurité.
   (B) Les petites vicissitudes.
   (C) Les comptes d'épargne.
   (D) L'économie du matelas.

6. Pourquoi est-il difficile de trouver des petites
   sommes d'argent ?
   (A) Les banques ne veulent pas prêter des mon-
       tants minimes.
   (B) Les matelas disparaissent trop souvent.
   (C) Il y a peu de caisses d'épargne.
   (D) On ne fait pas d'économies.

7. Pourquoi le taux d'intérêt pratiqué par les
   microfinanciers est-il meilleur que celui que les
   micro-emprunteurs payaient antérieurement ?
   (A) Ils les laissent sans dette.
   (B) Malgré le prix élevé, il est plus ou moins
       onéreux.
   (C) Il est nettement plus faible que ceux auxquels
       ils étaient habitués.
   (D) Ils sont pratiqués dans les pays développés.

8. D'où vient l'idée que le microcrédit est facteur de
   transformation pour les gens du tiers monde ?
   (A) Ce sont plutôt les femmes qui en bénéficient.
   (B) Cela leur garantit un moyen de vivre avec
       dignité.
   (C) C'est un simple instrument financier.
   (D) Il conduit les familles à investir plus.

Thème du cours : L'esthétique

Introduction

Dans cette sélection il s'agit de la vie et de l'évolution de la philosophie de Anne Teresa De Keersmaeker, chorégraphe belge. L'article a été publié sur le site internet de Kaai Theater.

Anne Teresa De Keersmaeker

Ligne *Née en Flandre belge, Anne Teresa De Keers-maeker est aujourd'hui mondialement connue et reconnue comme l'une des artistes chorégraphes parmi les plus représentatives et les plus produc-*
(5) *tives de sa génération en danse contemporaine postmoderne.*

Mes parents avaient une petite collection de disques de musique classique (…) mais ils n'avaient pas vraiment de culture musicale. Mais
(10) la radio était tout le temps allumée : nous écoutions les informations—que mon père commentait en direct—et les programmes de bel canto les dimanches après-midi. (…)

Pendant les dernières années de mes études
(15) secondaires, je logeais à Bruxelles : la journée, j'allais au lycée et ensuite je suivais des cours à l'École de la Danse, de la Musique et des Arts du Spectacle de Lilian Lambert. (…) Puis j'ai continué mes études à Mudra, où j'ai découvert
(20) le monde de la danse à l'époque de gloire des Ballets du XXe siècle de Maurice Béjart. (…) Ce que je voyais lors des festivals du Kaai, ce que je lisais, les spectacles de Lucinda Childs et de Trisha Brouwn … tout cela m'a convaincu qu'il
(25) me fallait aller à New York : c'est là qu'était ancré tout ce qui touchait à la danse postmoderne et à la Judson Church.

(…) L'une de mes rencontres les plus importantes a été celle de Fernand Schirren.
(30) (…) Son système englobait bien plus qu'une technique physique articulée, c'était une façon d'appréhender l'univers, qui se rapprochait de certains aspects du taoïsme et plus précisément de la pensée du yin et du yang. Et c'est

précisément la pensée à laquelle j'ai abouti, (35)
d'abord par le biais de la macrobiotique et plus tard par la lecture sur cette philosophie. Ce n'est qu'alors que j'ai pris conscience que Schirren avait élaboré une version très bruxelloise, très belge du taoïsme. (…) Il voyait la manifestation (40)
d'une vibration, d'une énergie matérialisée, dans tout, tant dans une chaise que dans l'ensemble de la planète.

Je ne me suis jamais penché avec beaucoup d'assiduité sur d'autres philosophes ou courants (45)
philosophiques. Au début, il y a bien sûr eu Nietzsche et les pensées formulées par Rilke. Cela faisait partie de mon grand sentiment romantique, de cette implication passionnée et intellectuellement stimulante de l'époque. (…) (50)

En matière de musique, pour moi, il y a avant tout Bach. (…) Et puis, tant d'œuvres spécifiques : le *Quatrième quatuor à cordes* de Bartók, *Cosi fan Tutte* de Mozart, *l'Orfeo* et *L'Incoronazione* de Monteverdi … les poly- (55)
phonistes flamands, Debussy, Mahler, les œuvres musiciens extraordinaires tels que Miles Davis, John Coltrane et Prince, la musique indienne, africaine, tout le domaine des musiques du monde. … (60)

(…) Le Yi Jing—le plus ancien livre du monde après la Bible—est une source d'inspiration intarissable pour moi. (…) L'idée de la construction et de la déconstruction produit d'une part des structures très articulées, (65)
mais par ailleurs, elle est devenue pour moi une sorte de second souffle, une intuition qui m'indique comment organiser les choses, qui me guident dans l'idée philosophique de « l'unité » et de la « division de l'unité ». (…) (70)

J'ai toujours entretenu un lien étroit avec la nature. (…) Enfant, j'aimais travailler à la ferme et dans les champs. Mon amour de la haute montagne m'est venu plus tard, (…) Je suis (75) incapable de réfléchir derrière un bureau, j'ai besoin de trajet et de mouvement. Marcher dans la montagne est une expérience incroyablement purificatrice. (…) Plus on monte et plus les formes deviennent simples : de grandes étendues, des configurations élémentaires, (80) d'immenses cieux blancs ou gris, plus de multitude de formes, mais une sorte de cristallisation ou de minéralisation et une densité si faible que c'en devient presque une abstraction. …

----

1. Qui est Anne Teresa De Keersmaeker ?
   (A) C'est un peintre belge.
   (B) C'est une chorégraphe.
   (C) C'est une des représentatives du gouvernement belge.
   (D) C'est un chef d'orchestre résidant à Bruxelles.

2. Quelle a été son introduction à la danse ?
   (A) Elle écoutait de la musique classique sur les disques de ses parents.
   (B) Son père commentait le bel canto et elle imaginait les ballets.
   (C) Elle a suivi des cours de danse dans une école bruxelloise.
   (D) Elle a découvert le ballet avec Maurice Béjart.

3. Qu'est-ce qui était basé à New-York ?
   (A) L'église Judson.
   (B) La danse postmoderne.
   (C) Les Ballets du XXe siècle de Maurice Béjart.
   (D) L'école de danse du Kaai.

4. Avec quoi Fernand Schirren a-t-il particulièrement influencé Anne Teresa De Keersmaeker ?
   (A) Avec sa technique physique.
   (B) Avec ses rencontres.
   (C) Avec sa conception du yin et du yang.
   (D) Avec sa pensée universelle.

5. Comment la méthode d'Anne Teresa De Keersmaeker était-elle semblable à celle de Fernand Schirren ?
   (A) Elle mettait l'emphase sur la macrobiotique.
   (B) Elle avait, à la base, une certaine idée du yin et du yang.
   (C) Elle comprenait un certain taoïsme belge.
   (D) Elle en avait aussi une version bruxelloise.

6. Dans sa philosophie de la danse, que pouvait voir Schirren ?
   (A) L'application des philosophes allemands tels que Nietzsche.
   (B) La manifestation d'une énergie matérialisée.
   (C) Le grand sentiment romantique de De Keersmaeker.
   (D) L'ensemble de la planète.

7. Comment peut-on caractériser les préférences musicales d'Anne Teresa De Keersmaeker ?
   (A) Eclectiques.
   (B) Limitées aux classiques.
   (C) Limitées aux compositeurs européens.
   (D) Limitées à la musique populaire.

8. Quelle est la voix qui guide l'organisation de Keersmaeker ?
   (A) La Bible.
   (B) Le Yi Jing.
   (C) L'idée de la construction et de la déconstruction.
   (D) Le second souffle.

9. Pour De Keersmaeker, qu'est-ce qui sert maintenant de lien avec la nature ?
   (A) Les randonnées en montagne.
   (B) Les travaux à la ferme.
   (C) Le mouvement de la danse.
   (D) Les grandes étendues.

10. À quel public est destiné un écrit comme celui-ci ?
    (A) À ceux qui encouragent le sport dans la vie.
    (B) Aux chefs d'orchestre.
    (C) Aux Belges en général.
    (D) À ceux qui s'intéressent à la danse.

4000012583

Thème du cours : L'esthétique

Introduction

Dans cette sélection, il s'agit de Saint-Exupéry, l'auteur du *Petit Prince*, et de son œuvre. À l'occasion du 100ᵉ anniversaire de sa naissance, le magazine français *L'Express* lui a consacré quelques pages. Ce texte est tiré d'un article de Jean Montenot intitulé « Qui était Saint-Exupéry », publié le 1 juin 2008.

Qui était Saint-Exupéry

Ligne (…) Le nom d'Antoine de Saint-Exupéry est attaché à quelques images plus ou moins convenues : celle de l'auteur du *Petit Prince*, bien sûr, et du créateur de personnages à la fois
(5) étranges et naïfs qui ont émerveillé des générations de lecteurs, celle de l'écrivain aviateur, auteur d'œuvres—*Vol de nuit, Courrier Sud, Pilote de guerre, Terre des hommes, Citadelle*— qui ne relèvent pas toutes du genre romanesque,
(10) puisque s'y mêlent, parfois dans un même ouvrage, le récit, l'essai et le conte, mais qui, toutes, défendent une certaine idée de l'Homme. (…)

Une enfance heureuse (…) vécue dans des propriétés familiales et des institutions reli-
(15) gieuses, mais une enfance marquée aussi par la mort de son père, le vicomte de Saint-Exupéry, alors qu'Antoine n'avait pas quatre ans. Plus tard, la disparition de son jeune frère et celle d'une de ses sœurs ont sans doute achevé de renforcer
(20) l'impression de rupture avec l'enfance qui est l'un des traits de sa personnalité. (…)

L'année décisive, celle de la vocation littéraire et du choix du métier, fut celle de son engagement comme pilote de ligne dans la société Laté-
(25) coère où il rencontre Didier Daurat, le directeur inflexible et apparemment insensible, qui a sans doute aussi été l'un des pères de substitution de Saint-Exupéry. (…) Un premier roman, *Courrier Sud* (1928), nourri de son expérience de pilote
(30) et de chef d'aéroplace, rencontre immédiatement son public, friand de ce genre d'aventures.

Un deuxième roman, *Vol de nuit* (1931), préfacé par André Gide, obtient le prix Femina

Il raconte l'aventure d'un pilote de l'Aéropostale, Fabien, pris dans les éléments déchaînés du ciel
(35) austral. (…)

Pour Saint-Exupéry, l'action est à la fois source et fin d'elle-même. Elle ne prend sens que dans la mesure où elle est l'épreuve par laquelle les hommes se révèlent à eux-mêmes
(40) dans leur vérité. Merleau-Ponty ne s'y est d'ailleurs pas trompé puisqu'il a jugé bon de conclure *La phénoménologie de la perception*, son œuvre principale, par une citation tirée de *Pilote de guerre*—le roman que Saint-Exupéry
(45) a écrit pour « expliquer » au public américain l'effondrement de 1940 et qui, avec *Un balcon en forêt* et *La route des Flandres,* fait partie des romans traduisant le mieux, dans l'ordre littéraire, ce que fut la débâcle—« Tu loges dans ton acte
(50) même. Ton acte, c'est toi ». Et « l'acte essentiel », pour le narrateur de *Pilote de guerre*, « c'est le sacrifice », qui n'est pas autre chose « qu'un don de soi-même à l'Être ». (…)

Vérité assez banale, les personnages des
(55) romans sont très souvent le précipité de leur créateur, en tout cas un mixte d'eux-mêmes et des hommes qu'ils ont pu rencontrer et qui ont frappé leur imagination. Ainsi, *Vol de nuit*, *Pilote de guerre* et, de manière plus surpre-
(60) nante, *Le Petit Prince* peuvent être lus comme une autobiographie déguisée. On sait que, par la rédaction de ce conte pour enfants, Saint-Exupéry—alors qu'il traversait une période difficile d'exil et d'abattement, et qu'il était
(65) profondément angoissé et dépressif—tentait de retrouver le « vert paradis des amours enfantines » (…) Ce que Saint-Exupéry a su mettre

(70) de sa vie dans ce conte est agencé de telle façon que chacun a pu s'y reconnaître et s'y projeter. Martin Heidegger, un (…) philosophe (…), ne s'y est pas trompé en écrivant sur la couverture de l'édition allemande du *Petit Prince* de 1949 :

« Ce n'est pas un livre pour enfants, c'est le message d'un grand poète qui soulage de toute (75) solitude et par lequel nous sommes amenés à la compréhension des grands mystères de ce monde. » (…)

1. Quel genre de texte est-ce ?
   (A) Un survol de l'œuvre de l'auteur.
   (B) Un compte-rendu d'un livre récemment sorti.
   (C) Un message d'intérêt public.
   (D) L'avant-propos d'un livre.

2. Selon le texte, pourquoi Saint-Exupéry continue-t-il à enchanter de nouvelles générations de lecteurs ?
   (A) Parce qu'il écrit sur l'aviation et sur le rêve de l'homme de voler.
   (B) Parce que ses écrits unissent les différents genres en une même vision.
   (C) Parce que l'auteur évoque souvent son enfance dans ses écrits.
   (D) À cause du succès énorme du *Petit Prince*.

3. Pourquoi le thème de la rupture avec l'enfance semble-t-il réapparaître dans son œuvre littéraire ?
   (A) À cause de son accident d'avion.
   (B) À cause des pertes personnelles souffertes pendant son enfance.
   (C) Parce qu'il a perdu plusieurs postes de pilote.
   (D) Parce que le jeune Saint-Exupéry a dû travailler à un âge précoce pour subvenir aux besoins de sa famille.

4. Dans quelle mesure Didier Daurat a-t-il une importance dans la vie de Saint-Exupéry ?
   (A) C'est lui qui a convaincu Saint-Exupéry d'écrire son premier roman.
   (B) C'était le patron de la société Latécoère.
   (C) C'était le père de remplacement.
   (D) C'était le premier pilote que Saint-Exupéry a connu.

5. Pourquoi est-ce que les romans tels que *Courrier Sud* (1928) et *Vol de nuit* (1931) ont-ils eu un si grand succès ?
   (A) Parce que l'aviation était une activement nouvelle.
   (B) Parce qu'on connaissait déjà l'œuvre de Saint-Exupéry avec *Le Petit Prince*.
   (C) Parce que c'est un pilote qui les a écrits.
   (D) Parce que ça explique l'aviation au public américain.

6. Que veut dire l'auteur quand il écrit « austral » (les éléments déchaînés du ciel austral) ? (l. 36)
   (A) Plein d'avions.
   (B) Vide d'avions.
   (C) Nuageux.
   (D) Du sud.

7. En quoi Martin Heidegger avait-il raison en écrivant sur la couverture du *Petit Prince* ?
   (A) Que c'est un livre pour enfants.
   (B) Que ce livre nous amènera à la compréhension des grands mystères du monde.
   (C) Que l'édition allemande de 1949 est marquée de solitude et de mystères.
   (D) Qu'on pourra s'y projeter comme dans un miroir.

8. Quel est le but de ce texte ?
   (A) De mettre en valeur les écrits d'un écrivain sans talent littéraire.
   (B) De placer l'origine de chacun des textes de l'auteur dans une période de son développement personnel.
   (C) De présenter l'auteur aux jeunes lecteurs du *Petit Prince*.
   (D) De présenter la psychologie et la philosophie qui émergent de l'œuvre de Saint-Exupéry.

> ## Thème du cours : La vie contemporaine
>
> **Introduction**
>
> Dans cette sélection, il s'agit de l'arrivée d'un inconnu un matin de classe dans un pensionnat. L'histoire est tirée du roman *Le Grand Meaulnes* d'Alain-Fournier, écrit en 1913.

Le Bohémien à l'école

Ligne Le réveil du lendemain fut pénible. Á huit
heures et demie, à l'instant où M. Seurel allait donner le signal d'entrer, nous arrivâmes
tout essoufflés pour nous mettre sur les rangs.
(5) Comme nous étions en retard, nous nous
glissâmes n'importe où, mais d'ordinaire le
grand Meaulnes était le premier de la longue
file d'élèves, coude à coude, chargés de livres,
de cahiers et de porte-plume, que M. Seurel
(10) inspectait (…)
Mais déjà nous entrions dans la classe et
chacun prenait sa place. Le nouvel élève s'assit
près du poteau, à la gauche du long banc dont
Meaulnes occupait, à droite, la première place.
(15) Giraudat, Delouche et les trois autres du premier banc s'étaient serrés les uns contre les
autres pour lui faire place, comme si tout eût été
convenu d'avance... Souvent, l'hiver, passaient
ainsi parmi nous des élèves de hasard, mari-
(20) niers pris par les glaces dans le canal, apprentis,
voyageurs immobilisés par la neige. Ils restaient
au cours deux jours, un mois, rarement plus...
Objets de curiosité durant la première heure, ils
étaient aussitôt négligés et disparaissaient bien
(25) vite dans la foule des élèves ordinaires. Mais
celui-ci ne devait pas se faire aussitôt oublier.
Je me rappelle encore cet être singulier et tous
les trésors étranges apportés dans ce cartable
qu'il s'accrochait au dos. Ce furent d'abord les
(30) porte-plume « à vue » qu'il tira pour écrire sa
dictée. Dans un œillet du manche, en fermant
un œil, on voyait apparaître, trouble et grossie,
la basilique de Lourdes ou quelque monument inconnu. Il en choisit un et les autres

aussitôt passèrent de main en main. Puis ce (35)
fut un plumier chinois rempli de compas et
d'instruments amusants qui s'en allèrent par le
banc de gauche, glissant silencieusement, sour-
noisement, de main en main, sous les cahiers,
pour que M. Seurel ne pût rien voir. (40)
Passèrent aussi des livres tout neufs, dont j'avais,
avec convoitise, lu les titres derrière la couverture des rares bouquins de notre bibliothèque :
La Teppe aux Merles, La Roche aux Mouettes,
Mon ami Benoist... Les uns feuilletaient d'une (45)
main sur leurs genoux ces volumes, venus on
ne savait d'où, volés peut-être, et écrivaient la
dictée de l'autre main. (…) Et l'élève étranger, la
plume à la main, son fin profil contre le poteau
gris, clignait des yeux, content de tout ce jeu (50)
furtif qui s'organisait autour de lui. Peu à peu
cependant toute la classe s'inquiéta : les objets,
qu'on « faisait passer » à mesure, arrivaient l'un
après l'autre dans les mains du grand Meaulnes
qui, négligemment, sans les regarder, les posait (55)
auprès de lui. (…) Fatalement M. Seurel allait
découvrir ce déballage insolite et s'apercevoir
du manège. (…) Bientôt, en effet, il s'arrêtait,
surpris, devant le grand Meaulnes.
« A qui appartient tout cela ? demanda-t-il (60)
en désignant « tout cela » du dos de son livre
refermé sur son index. – Je n'en sais rien »
répondit Meaulnes d'un ton bourru, sans lever
la tête. Mais l'écolier inconnu intervint : « C'est
à moi », dit-il. Et il ajouta aussitôt, avec un geste (65)
large et élégant de jeune seigneur auquel le vieil
instituteur ne sut pas résister : « Mais je les mets
à votre disposition, monsieur, si vous voulez
regarder. »

1. D'après l'histoire, qui est M. Seurel ?
   (A) Le père d'un des élèves.
   (B) Le professeur.
   (C) Le bibliothécaire.
   (D) Le sonneur de cloches.

2. Pourquoi l'auteur insiste-t-il sur la place du nouvel élève dans la classe ?
   (A) Parce qu'il y a trop d'élèves sur le banc.
   (B) Parce qu'il n'est pas à côté de Meaulnes.
   (C) Parce qu'il est, en effet, au premier rang.
   (D) Parce que les autres se sont serrés pour lui permettre d'avoir cette place.

3. Pourquoi est-ce qu'on reçoit des élèves de passage ?
   (A) Parce que cela est convenu d'avance.
   (B) Parce que le temps froid les bloque sur place.
   (C) Parce que l'école a une très bonne réputation.
   (D) Parce que ce sont des objets de curiosité.

4. Quels objets y a-t-il dans le cartable du nouvel élève ?
   (A) Une carte postale de Lourdes.
   (B) Une collection de petits jouets et de farces.
   (C) Une trousse orientale.
   (D) Les pièces d'un ancien trésor disparu.

5. Que fait ce nouveau avec les objets de son cartable et les livres ?
   (A) Il les passe d'un élève à l'autre.
   (B) Il les offre à M. Seurel.
   (C) Il les cache aux élèves.
   (D) Il fouille parmi ces objets afin de trouver un stylo.

6. Qu'est-ce qui arrive quand M. Seurel voit les objets posés près de Meaulnes ?
   (A) Meaulnes les fourre dans ses poches.
   (B) Le professeur les met à la disposition de Meaulnes.
   (C) Meaulnes prétend ignorer quel en est le propriétaire.
   (D) Le nouvel élève s'en débarrasse.

7. Comment qualifier cet extrait ?
   (A) Mystérieux.
   (B) Plein de retournements.
   (C) Rapide et haché.
   (D) Qui ne laisse présager rien de bon.

8. Quelle suite peut-on imaginer ?
   (A) Que Meaulnes et l'élève inconnu se parleront.
   (B) Que l'élève inconnu disparaîtra sous peu.
   (C) Que l'instituteur parlera dans sa leçon des objets qu'a apportés l'inconnu.
   (D) Que Meaulnes sera renvoyé du pensionnat.

SÉLECTION NUMÉRO 34

Thème du cours : La famille et la communauté

Introduction

Dans cette sélection il s'agit de la structure familiale au Moyen Âge. Ce texte intitulé « L'Enfance au Moyen Âge » peut être consulté sur le site internet de la Bibliothèque nationale de France à http://classes.bnf.fr.

Un peu d'histoire : La structure familiale au Moyen Âge

Ligne Le père est proche de ses enfants. Il a, prioritairement, la responsabilité de les élever et de les protéger, de les former à la vie noble ou de les initier aux travaux agricoles ou artisanaux.

(5) Filles et garçons l'accompagnent aux champs, aux vendanges ou au marché pour vendre les produits de la terre. Mais il partage aussi les fonctions féminines traditionnelles jusqu'aux plus humbles gestes de la puériculture. Dans

(10) les milieux populaires, en effet, il n'hésite pas à donner le bain aux bébés, à faire cuire leur bouillie et à les faire manger. Il prend part à leurs jeux, les surveille et les soigne quand ils sont malades. (…) Tout va bien si un (ou une) aîné(e)

(15) est assez grand(e) pour l'assister. Mais, l'intervalle entre deux naissances ne dépassant pas deux ans, le cas le plus répandu dans les premières années de la vie conjugale est sans doute celui d'un père surchargé de très jeunes enfants échelonnés. (…)

(20) La mère assure, avec l'aide des aînés, voire d'une nourrice, le gros des soins aux tout-petits, qui demeurent longtemps dépendants d'elle en raison d'un allaitement de longue durée. Elle transporte le dernier-né partout grâce à un

(25) porte-bébé en tissu ou en bois, ou à un petit berceau qu'elle porte sur la tête. Elle allaite en public, où qu'elle soit. Elle cuisine pour les enfants. Mais elle assume encore bien d'autres rôles, qu'on aurait crus réservés au père. C'est

(30) elle qui se voit chargée de l'éducation morale et de l'instruction catéchistique, sur laquelle,

surtout en milieu rural, elle en sait plus que les hommes de la famille. (…)

Les enfants ont peu de contacts avec leurs grands-parents. Du côté maternel, ces derniers (35) habitent souvent dans une ville différente ; du côté du père, souvent plus âgé que la mère, les grands-parents sont généralement décédés depuis longtemps. Seuls les membres des grandes familles, qui rassemblent plusieurs (40) générations sous le même toit d'un château ou d'une vaste propriété, accueillent parfois un aïeul survivant, lequel s'occupe alors avec tendresse des plus jeunes. (…)

À la fin du Moyen Âge, le rôle des parrains et (45) des marraines est plus symbolique que pratique, et limité aux grands moments de la vie : (…) par exemple, ils mènent le nouveau-né sur les fonts baptismaux et portent l'enfant défunt au cimetière. Ils sont censés être les garants de (50) l'enfant auprès de l'Église et doivent, en théorie, lui enseigner les rudiments de la foi ; dans la pratique, c'est la mère qui se charge de cette tâche. (…)

La nourrice est en tout point une mère de (55) substitution, surtout lorsqu'elle vit au foyer des parents. Sa fonction principale est d'allaiter l'enfant dont elle a la charge, parfois jusqu'à l'âge de 2 ou 3 ans. Elle joue aussi un rôle essentiel dans l'éducation et le soutien psychologique des (60) petits. Elle est présente dans tous les milieux, dès qu'une famille, même rurale, est assez aisée pour payer ses gages. Les sentiments mutuels d'affection qui se nouent entre les enfants et leur nourrice, qui habite souvent au foyer parental, (65) sont si forts que les parents s'en plaignent, redoutant de se voir supplantés dans le cœur de leurs propres enfants. (…)

(70) Quand une famille ne peut s'offrir le luxe d'une nourrice, la garde des tout-petits est alors confiée aux aînés, garçons ou filles, parfois dès 3 ans. Selon leur âge, il peut s'agir d'une responsabilité de quelques minutes ou de quelques heures. Le premier-né, évidemment, n'a pas (75) cette chance ; la mère doit se résoudre à le laisser à la maison sous la protection d'un saint… Ces

pratiques peu fiables sont la cause d'accidents domestiques variés qui entraînent la mort de nombreux enfants.

(80) Pour autant, avoir des frères et sœurs ne constitue pas seulement une responsabilité écrasante : comme le rappelle joliment un poème juif du XIIe siècle, composé en Espagne, l'enfant est "le rire de ses frères". Dans un monde où les pères laissent souvent des enfants orphelins, (85) l'établissement de bonnes relations entre frères et sœurs est une obligation de survie. (…)

---

1. Selon le texte, laquelle de ces observations est correcte ?
   (A) Le père est surchargé de travail.
   (B) Le père et la mère partagent les tâches familiales.
   (C) Les enfants plus âgés ne s'occupent pas de leurs jeunes frères et sœurs.
   (D) Dans les milieux populaires, les pères hésitent avant de prendre la responsabilité des enfants.

2. Pourquoi la mère est-elle chargée des tout-petits ?
   (A) Parce qu'elle est souvent malade.
   (B) Parce qu'elle doit rester couchée plus d'un mois à la naissance de chaque enfant.
   (C) Parce que les plus petits dépendent surtout d'elle.
   (D) Parce que c'est elle qui maintient le contact avec les grands-parents.

3. D'après le texte, quelle est le rôle de la nourrice ?
   (A) Elle ne fait qu'allaiter les enfants.
   (B) Elle assume les rôles de la mère.
   (C) Elle partage les rôles avec la mère d'un commun accord avec elle.
   (D) Elle s'installe là où elle voit qu'on a le plus grand besoin d'elle.

4. Selon le texte, quelle est l'une des causes de la mort de beaucoup de jeunes enfants ?
   (A) Les accidents domestiques qui arrivent quand les petits sont sous la surveillance d'enfants trop jeunes.
   (B) Les maladies contagieuses.
   (C) Les accidents causés par les enfants chargés de les garder.
   (D) Laisser la maison sous la protection d'un saint.

5. Quel est l'idée principale du dernier paragraphe ?
   (A) Que les hommes meurent plus souvent que les femmes.
   (B) Qu'il est important d'établir de bons rapports avec ses frères et sœurs.
   (C) Qu'on place trop de responsabilités sur la tête des enfants.
   (D) Que les poètes espagnols ont, eux aussi, de bons conseils à donner.

6. Quelle est l'idée principale de ce passage ?
   (A) Que le rôle des parents diminue après un certain temps.
   (B) Qu'il est important d'avoir une nourrice pour aider à la maison.
   (C) Que les grands-parents sont plus importants qu'on ne le croyait.
   (D) Qu'au Moyen Âge les rôles des parents pouvaient changer selon la nécessité.

7. Quel est le but de cet article ?
   (A) D'énumérer les tâches domestiques et désigner un responsable pour chacune d'entre elles.
   (B) De faire une étude de la vie villageoise à l'époque médiévale.
   (C) De décrire les responsabilités familiales vis-à-vis des enfants au Moyen Âge.
   (D) De comparer les tâches et les rôles des parents dans les familles du Moyen Âge et celles d'aujourd'hui.

8. À qui un tel article est-il destiné ?
   (A) À des hommes et des femmes qui voudraient avoir une famille.
   (B) Aux frères et sœurs.
   (C) Aux élèves qui étudient le Moyen Âge.
   (D) Aux futures nourrices.

Thème du cours : L'esthétique

Introduction

Dans cette sélection, il s'agit des réflexions d'un jeune garçon qui se souvient d'une ancienne maison où il habitait. Le passage est tiré du roman *Le chercheur d'or* de J.M.G. Le Clézio. Le Clézio a reçu le prix Nobel de littérature en 2009.

Le chercheur d'or

Ligne Les après-midi, quand les leçons de Mam sont finies plus tôt, nous allons, Laure et moi, explorer les combles de la maison. Il y a un petit escalier de bois qui va jusqu'au plafond, et il suffit de
(5)   pousser une trappe. Sous les toits de bardeaux, il fait gris, et la chaleur est étouffante, mais nous aimons bien être là. À chaque bout du grenier, il y a une lucarne étroite, sans vitres, fermée sur des volets disjoints. Quand on entrouvre les
(10)   volets, on voit le paysage très loin, du côté des champs de canne de Yemen et de Magenta, et la chaîne de montagnes, les Trois Mamelles et la montagne du Rempart.

  J'aime rester ici, dans cette cachette, jusqu'à
(15)   l'heure du dîner, et même plus tard, quand la nuit est venue. Ma cachette, c'est la partie des combles tout à fait au bout du toit, du côté des montagnes. Il y a beaucoup de meubles poussiéreux, rongés par les termites, tout ce qui reste
(20)   de ce que mon arrière-grand-père avait acheté à la Compagnie des Indes. Je m'assois sur une chaise couturière, très basse, et je regarde par la lucarne, vers le cirque de montagnes qui émerge de l'ombre. Au centre du grenier, il y a
(25)   de grandes malles pleines de vieux papiers, des revues de France attachées par liasses avec de la ficelle. C'est là que Laure et moi venons souvent pour lire et regarder les images. Nous sommes allongés sur le ventre dans la poussière, devant
(30)   les piles de vieux journaux, et nous tournons lentement les feuilles (…). Ainsi nous rêvons, dans notre cachette sous les toits surchauffés par le soleil. Il y a aussi le paysage, comme je le

vois par la lucarne, le seul paysage que je connaisse et que j'aime, que je ne verrai plus avec   (35)
ces yeux : au-delà des arbres sombres du jardin, l'étendue verte des champs de canne, les taches grises et bleues des aloès de Walhalla, de Yemen, les cheminées des sucreries qui fument, et loin, pareille à une muraille semi-circulaire, rouge,   (40)
flamboyante, la chaîne des montagnes où se dressent les pics des Trois Mamelles. Contre le ciel, les pointes des volcans sont aigües, légères, pareilles aux tours d'un château de fées. Je les regarde à travers l'étroite lucarne, sans me lasser,   (45)
comme si j'étais la vigie d'un navire immobile, guettant quelque signal. Écoutant le bruit de la mer au fond de moi, derrière moi, porté par le vent des marées. En vérité je suis dans un navire, tandis que craquent les solives et les étais de   (50)
la charpente, voguant éternellement devant la ligne des montagnes. C'est ici que j'ai entendu la mer pour la première fois, c'est ici que je la ressens le mieux, quand elle vient, avec ses longues lames qui forcent l'entrée de la passe, devant   (55)
l'estuaire des deux rivières, faisant jaillir haut l'écume sur les barrières de corail.

1. Qui est le narrateur de ce passage ?
   (A) Un enfant.
   (B) Un serviteur.
   (C) Un vieil homme qui réfléchit.
   (D) Un vieux marin.

2. Quel est l'effet de l'emploi du temps présent dans ce récit ?
   (A) Ça rend le récit étrange et inquiétant.
   (B) Cela rend la description plus immédiate.
   (C) Cela repousse la description dans le passé.
   (D) Cela marque l'importance du présent ici et maintenant.

3. Pourquoi le narrateur va-t-il dans les combles de la maison ?
   (A) Pour se réchauffer.
   (B) Pour jouer avec les meubles poussiéreux.
   (C) Pour regarder les images dans les journaux.
   (D) Pour se refugier.

4. Où le narrateur voit-il les Trois Mamelles et la montagne de Rempart ?
   (A) Dans les journaux qu'a laissés son père.
   (B) Dans les livres d'images qu'il regarde avec sa sœur.
   (C) À travers la lucarne.
   (D) Depuis le mât de son navire.

5. Comment se sent le narrateur quand il est dans sa cachette ?
   (A) Bien.
   (B) Inquiet.
   (C) Vigilant.
   (D) Craintif.

6. D'après le texte, que doivent être les « solives » et les « étais » ?
   (A) Des mâts d'un navire.
   (B) Des noix.
   (C) Des parties de la structure du toit.
   (D) Des outils pour travailler le bois.

7. Où se déroule ce passage ?
   (A) Sur une île tropicale.
   (B) Sur une plage rocheuse et tempétueuse.
   (C) Dans une vallée.
   (D) Dans une grande ville.

SÉLECTION NUMÉRO 36

Thème du cours : L'esthétique

Introduction

Dans cet article, on annonce que la gastronomie française pourrait être classée au patrimoine mondial de l'Unesco. Cet éditorial a été publié dans le magazine *L'Express* en 2010.

La gastronomie française classée au patrimoine de l'Unesco?

Ligne La gastronomie française a de grandes chances d'être retenue par l'Unesco, jeudi à Nairobi, comme patrimoine culturel immatériel de l'Humanité. Cela représenterait une consécra-
(5) tion internationale de taille pour les cuisiniers, métiers de bouche et gastronomes français.

Le dossier français, déposé en janvier, concerne plus particulièrement le "repas gastronomique" des Français, c'est à dire la pratique
(10) sociale que représente sa préparation et ses rituels. Un comité d'experts, au rôle consultatif, a rendu un avis favorable en juillet, ce qui permet un certain optimisme sur la concrétisation par l'Unesco.

(15) En tout, près d'une cinquantaine de dossiers doivent être tranchés, à l'unanimité.

La candidature française, défendue par le président Nicolas Sarkozy à l'occasion du Salon de l'agriculture en 2008, a suscité autant
(20) d'enthousiasme que de scepticisme.

En effet, si beaucoup de professionnels des métiers de bouche ont rapidement adhéré au projet, d'autres se sont demandés si la démarche était nécessaire : la gastronomie française est-
(25) elle réellement en péril ? Ce n'est pas la question, assurent les défenseurs du projet.

Pour Pierre Sanner, directeur de la Mission française du patrimoine et des cultures alimentaires « Il ne s'agit pas de figer ou de muséifier »
(30) la gastronomie, qui reste par définition vivante et se nourrit de différentes influences.

« Echapper à la standardisation »

Mais la durée des repas en France tend à s'écourter, note sa collaboratrice Annick Vin. (35)

« Il est nécessaire de transmettre et d'éduquer les enfants pour échapper à la standardisation » de l'alimentation, souligne-t-elle.

Pour les universitaires de l'Institut européen d'histoire et des cultures de l'alimentation, basé (40) à Tours, il s'agit aussi de renforcer la place de la gastronomie au sein de la culture française. Grâce à l'Unesco, elle deviendrait ainsi un « nouveau monument du patrimoine français, à promouvoir et à conserver », note Pierre Sanner. (45)

« Ce serait une petite révolution que cette culture populaire de la gastronomie rejoigne le patrimoine », un terme souvent réservé à une culture « élitiste » héritée des Lumières, précise-t-il.

1. Qu'est-ce que cet article veut annoncer ?
   (A) Le classement possible de la gastronomie française au patrimoine de l'Unesco.
   (B) L'introduction de la gastronomie française à Nairobi.
   (C) Que l'Unesco a trouvé que la gastronomie française est immatérielle.
   (D) La réunion des cuisiniers, métiers de bouche et gastronomes français au Kenya.

2. Comment la candidature a-t-elle été posée ?
   (A) Par un autre pays membre de l'Unesco.
   (B) Grâce à une solide réputation gastronomique.
   (C) Le dépôt d'un dossier.
   (D) Un avis favorable et un certain optimisme.

3. Quelle a été la réaction après l'appui du président Sarkozy ?
   (A) Très mitigée.
   (B) Très enthousiaste.
   (C) Tranchée.
   (D) Une franche adhésion.

4. Quel est l'objectif de figurer au « patrimoine culturel immatériel de l'Humanité » ?
   (A) D'installer dans un musée international certains aspects de la culture mondiale.
   (B) D'attirer l'attention sur quelques aspects de la vie culturelle des pays du monde.
   (C) De saluer l'excellence culturelle dans des pays peu connus.
   (D) D'observer des pratiques sociales et des rituels ancestraux.

5. Selon certains, pourquoi met-on en question la nécessité d'atteindre cette reconnaissance ?
   (A) Parce que le président Sarkozy la défend.
   (B) Parce que la durée des repas en France tend à s'écourter.
   (C) Parce que la gastronomie se nourrit de différentes influences.
   (D) Parce que la gastronomie est vraiment en péril.

6. Pourquoi doit-on « éduquer les enfants pour échapper à la standardisation » ?
   (A) Pour qu'ils passent plus de temps à table.
   (B) Parce qu'elle deviendrait ainsi un « nouveau monument du patrimoine français ».
   (C) Pour qu'ils sachent que la gastronomie française fait partie de la fierté nationale française.
   (D) Pour qu'ils apprécient la gastronomie française.

7. Selon Pierre Sanner, comment qualifier la relation entre la gastronomie et le patrimoine ?
   (A) Elle sert à la promouvoir et à la maintenir.
   (B) Elle est élitiste.
   (C) Elle est révolutionnaire.
   (D) Elle est au sein de la culture française.

Thème du cours : La quête de soi

Introduction

Dans cette sélection il s'agit d'une réflexion sur les termes qu'on emploie quand on parle de l'immigration. Cet article intitulé « Immigrés, assimilation, intégration, insertion : quelques définitions » reproduit deux des questions qui figurent dans le livre de Laetitia Van Eeckhout « L'immigration ». On peut trouver ce texte sur le site www.ladocumentationfrancaise.fr.

Immigrés, assimilation, intégration, insertion : quelques définitions

Ligne Dans son ouvrage « L'immigration » (collection *Débat Public,* 2006), Laetitia Van Eeckhout présente et explique le thème de l'immigration en 135 questions, en précisant les conditions
(5) historiques, les évolutions et les enjeux de ce phénomène.

Les deux questions reproduites ici définissent clairement les notions essentielles des débats sur l'immigration : immigré, assimilation, intégra-
(10) tion, insertion.

Qu'est-ce qu'un immigré ?
« Est immigrée toute personne née de parents étrangers à l'étranger et qui réside sur le territoire français. Certains immigrés deviennent
(15) français par acquisition de la nationalité française, les autres restent étrangers : "Tout immigré n'est pas nécessairement étranger, et réciproquement", souligne l'Institut national de la statistique et des études économiques (INSEE). La
(20) qualité d'immigré est permanente : un individu continue à appartenir à la population immigrée même s'il devient français par acquisition. En revanche, on parle souvent d'immigrés de la deuxième ou troisième génération pour dé-
(25) signer les enfants dont les parents ou les grands-parents sont immigrés. Pour ceux, nombreux, qui sont nés en France, c'est un abus de langage. Les enfants d'immigrés peuvent cependant être étrangers, s'ils choisissent de garder la nationalité d'origine de leurs parents. » (…) (30)

Assimilation, intégration ou insertion ?
« Ces trois termes ne sont pas neutres et reposent sur des philosophies politiques (très) différentes. L'assimilation se définit comme la pleine adhésion par les immigrés aux normes de (35) la société d'accueil, l'expression de leur identité et leurs spécificités socioculturelles d'origine étant cantonnée à la seule sphère privée. Dans le processus d'assimilation, l'obtention de la nationalité, conçue comme un engagement "sans (40) retour", revêt une importance capitale.

L'intégration exprime davantage une dynamique d'échange, dans laquelle chacun accepte de se constituer partie d'un tout où l'adhésion aux règles de fonctionnement et aux (45) valeurs de la société d'accueil, et le respect de ce qui fait l'unité et l'intégrité de la communauté n'interdisent pas le maintien des différences.

Le processus d'insertion est le moins marqué. Tout en étant reconnu comme partie intégrante (50) de la société d'accueil, l'étranger garde son identité d'origine, ses spécificités culturelles sont reconnues, celles-ci n'étant pas considérées comme un obstacle à son intégration dès lors qu'il respecte les règles et les valeurs de la (55) société d'accueil. »

1. À quoi sert cet article ?
   (A) À rédiger la loi sur l'immigration en France.
   (B) À définir les différents groupes d'immigrés.
   (C) À regrouper les immigrants.
   (D) À expliquer le processus d'assimilation.

2. Comment un immigré peut-il devenir français ?
   (A) Par naissance.
   (B) Par assimilation à la culture permanente.
   (C) En acquérant la nationalité française.
   (D) Par réciprocité.

3. Qu'est-ce qu'un « immigré de la deuxième ou troisième génération » ?
   (A) Un enfant dont les parents ou grands-parents ont immigré.
   (B) Un immigré qui a dû attendre deux ou trois générations pour entrer en France.
   (C) Un enfant dont les parents ou grands-parents n'ont jamais acquis la nationalité française.
   (D) Un enfant dont les parents ont émigré et qui a choisi d'habiter à l'étranger.

4. Comment définir ce texte ?
   (A) Une explication gouvernementale des différentes catégories d'immigrants.
   (B) Le compte-rendu d'un livre.
   (C) L'article d'un quotidien ou d'un hebdomadaire.
   (D) Une série de questions et de réponses destinées aux immigrés.

5. Quel est le but de ce passage ?
   (A) Fournir des définitions nécessaires aux fonctionnaires du gouvernement.
   (B) Pousser les immigrants vers la citoyenneté.
   (C) Dresser le public contre les immigrés.
   (D) Informer.

6. Sous quel format ce texte est-il présenté ?
   (A) Une série de questions suivies des réponses.
   (B) Une définition globale suivie d'autres définitions des sous-catégories.
   (C) Une série de citations sans véritable direction.
   (D) Une suite de commentaires personnels.

SÉLECTION NUMÉRO 38

Thème du cours : La quête du soi

Introduction

Dans cette sélection il s'agit du journal d'un condamné qui à l'approche de la mort découvre sa philosophie personnelle. Ces pages sont les dernières du roman d'Albert Camus, *L'Étranger*.

L'Étranger

Ligne Alors, je ne sais pas pourquoi, il y a quelque chose qui a crevé en moi. Je me suis mis à crier à plein gosier et je l'ai insulté et je lui ai dit de ne pas prier. Je l'avais pris par le collet de sa

(5) soutane. Je déversais sur lui tout le fond de mon cœur avec des bondissements mêlés de joie et de colère. Il avait l'air si certain, n'est-ce pas ? Pourtant, aucune de ses certitudes ne valait un cheveu de femme. Il n'était même pas sûr d'être

(10) en vie puisqu'il vivait comme un mort. Moi, j'avais l'air d'avoir les mains vides. Mais j'étais sûr de moi, sûr de tout, plus sûr que lui, sur de ma vie et de cette mort qui allait venir. Oui, je n'avais que cela. Mais du moins, je tenais cette

(15) vérité autant qu'elle me tenait. J'avais eu raison, j'avais encore raison, j'avais toujours raison. J'avais vécu de telle façon et j'aurais pu vivre de telle autre. J'avais fait ceci et je n'avais pas fait cela. Je n'avais pas fait telle chose alors que j'avais

(20) fait cette autre. Et après ? (…)

Rien, rien n'avait d'importance et je savais bien pourquoi. Lui aussi savait pourquoi. Du fond de mon avenir, pendant toute cette vie absurde que j'avais menée, un souffle obscur

(25) remontait vers moi à travers des années qui n'étaient pas encore venues et ce souffle égalisait sur son passage tout ce qu'on me proposait alors dans les années pas plus réelles que je vivais. Que m'importaient la mort des autres, l'amour

(30) d'une mère, que m'importait son Dieu, les vies qu'on choisit, les destins qu'on élit, puisqu'un seul destin devait m'élire moi-même et avec moi des milliards de privilégiés qui, comme lui, se disaient mes frères. (…) J'étouffais en criant

tout ceci. Mais, déjà, on m'arrachait l'aumônier (35) des mains et les gardiens me menaçaient. Lui, cependant, les a calmés et m'a regardé un moment en silence. Il avait les yeux pleins de larmes. Il s'est détourné et il a disparu.

Lui parti, j'ai retrouvé le calme. J'étais épuisé (40) et je me suis jeté sur ma couchette. Je crois que j'ai dormi parce que je me suis réveillé avec des étoiles sur le visage. Des bruits de campagne montaient jusqu'à moi. Des odeurs de nuit, de terre et de sel rafraîchissaient mes tempes. La (45) merveilleuse paix de cet été endormi entrait en moi comme une marée. À ce moment, et à la limite de la nuit, des sirènes ont hurlé. Elles annonçaient des départs pour un monde qui maintenant m'était à jamais indifférent. Pour la (50) première fois depuis bien longtemps, j'ai pensé à maman. (…) Là-bas, là-bas aussi, autour de cet asile où des vies s'éteignaient, le soir était comme une trêve mélancolique. Si près de la mort, maman devait s'y sentir libérée et prête à (55) tout revivre. Personne, personne n'avait le droit de pleurer sur elle. Et moi aussi, je me suis senti prêt à tout revivre. Comme si cette grande colère m'avait purgé du mal, vidé d'espoir, devant cette nuit chargée de signes et d'étoiles, je m'ouvrais (60) pour la première fois à la tendre indifférence du monde. De l'éprouver si pareil à moi, si fraternel enfin, j'ai senti que j'avais été heureux, et que je l'étais encore. Pour que tout soit consommé, pour que je me sente moins seul, il me restait (65) à souhaiter qu'il y ait beaucoup de spectateurs le jour de mon exécution et qu'ils m'accueillent avec des cris de haine.

1. Quelle philosophie explique le narrateur ?
   (A) Qu'il a fait des choix.
   (B) Qu'il faut prendre des décisions.
   (C) Qu'il faut être sûr de tout.
   (D) Que rien n'est certain.

2. Dans quelle situation se trouve le narrateur ?
   (A) Il réfléchit pour expliquer plus tard.
   (B) Il repense ses croyances religieuses.
   (C) Il réfléchit en écrivant un journal intime.
   (D) Il s'explique devant un juge.

3. Pourquoi le narrateur juge-t-il que rien n'a d'importance ?
   (A) Parce qu'il ne voit que son avenir.
   (B) Parce que l'avenir est plus réel que le présent.
   (C) Parce qu'il n'y a qu'un seul destin qui l'attend.
   (D) Parce que ses frères le lui disent.

4. Quand est-ce que le narrateur retrouve-t-il le calme ?
   (A) Quand il s'allonge sur sa couchette.
   (B) Après avoir dormi.
   (C) Quand les gardiens sont partis.
   (D) Quand l'aumônier est parti.

5. Comment le narrateur décrit-il la scène dès qu'il se réveille ?
   (A) Il fait appel à plusieurs sens.
   (B) Visuellement.
   (C) Avec des odeurs.
   (D) Avec une métaphore filée.

6. En quoi le monde est-il maintenant différent aux yeux du narrateur ?
   (A) Il peut le voir.
   (B) Il entend des choses.
   (C) Il se réconforte en trouvant la paix.
   (D) Il n'est plus indifférent à ce qu'il expérience.

7. Pourquoi le narrateur imagine-t-il les derniers moments de sa mère d'une façon si vivante ?
   (A) Parce qu'elle les lui a racontés.
   (B) Parce qu'il se retrouve dans la même situation.
   (C) Parce qu'il est fâché.
   (D) Parce qu'elle s'est ouverte à l'indifférence du monde.

8. De quoi le narrateur se rend-il compte au dernier moment ?
   (A) Qu'il a été heureux.
   (B) Qu'il a tout consommé.
   (C) Qu'il n'était pas seul.
   (D) Que le monde est indifférent.

9. Pourquoi le narrateur veut-il beaucoup de spectateurs à son exécution ?
   (A) Pour l'encourager.
   (B) Pour souligner l'indifférence du monde.
   (C) Pour qu'il se sente moins seul.
   (D) Pour l'applaudir.

Thème du cours : La quête de soi

Introduction

Dans cette sélection, il s'agit des souvenirs de Télumée, vieille femme de la Guadeloupe qui narre la condition de ses ancêtres femmes dans l'ancienne colonie française. Ces pages sont les premières du roman de Simone Schwartz-Barth.

Pluie et vent sur Télumée Miracle

Ligne   Le pays dépend souvent du cœur de l'homme :
il est minuscule si le cœur est petit, et immense
si le cœur est grand. Je n'ai jamais souffert de
l'exiguïté de mon pays, sans pour autant préten-
(5)   dre que j'aie un grand cœur. Si on m'en donnait
le pouvoir, c'est ici même, en Guadeloupe, que je
choisirais de renaître, souffrir et mourir. Pourtant, il n'y a guère, mes ancêtres furent esclaves
en cette île à volcans, à cyclones et moustiques, à
(10)   mauvaise mentalité. Mais je ne suis pas venue sur
terre pour soupeser toute la tristesse du monde.
À cela, je préfère rêver, encore et encore, debout
au milieu de mon jardin, comme le font toutes
les vieilles de mon âge, jusqu'à ce que la mort me
(15)   prenne dans mon rêve, avec toute ma joie.

Dans mon enfance, ma mère Victoire me
parlait souvent de mon aïeule, la négresse Toussine. Elle en parlait avec ferveur et vénération,
car, disait-elle, tout éclairée par son évocation,
(20)   Toussine était une femme qui vous aidait à ne
pas baisser la tête devant la vie, et rares sont
les personnes à posséder ce don. Ma mère la
vénérait tant que j'en étais venue à considérer
Toussine, ma grand-mère, comme un être
(25)   mythique habitant ailleurs sur la terre, si bien
que toute vivante elle était entrée, pour moi,
dans la légende.

J'avais pris l'habitude d'appeler me grand-
mère du nom que les hommes lui avaient
(30)   donné, Reine Sans Nom ; mais de son vrai nom
de jeune fille, elle s'appelait autrefois Toussine
Lougandor.

Elle avait eu pour mère la dénommée Minerve,
femme chanceuse que l'abolition de l'esclavage
avait libérée d'un maître réputé pour ses caprices   (35)
cruels. Après l'abolition, Minerve avait erré,
cherchant un refuge loin de cette plantation, de
ses fantaisies, et elle s'arrêta à L'Abandonnée.
Des marrons avaient essaimé là par la suite et
un village s'était constitué. Nombreux étaient les   (40)
errants qui cherchaient un refuge, et beaucoup
se refusaient à s'installer nulle part, craignant
toujours et toujours que ne reviennent les temps
anciens. Ainsi arriva, depuis la Dominique,
un nègre qui s'éclipsa à l'annonce même de sa   (45)
paternité, et ceux de L'Abandonnée que Minerve
avaient dédaignés rirent sur son ventre ballonné.
Mai lorsque le câpre Xango releva la honte de
Minerve, ma bisaïeule, les rires s'arrêtèrent net
et le fiel empoisonna ceux-là même que le mal-   (50)
heur d'autrui avait distraits. L'enfant Toussine vit
le monde et Xango l'aima comme si elle était née
de ses œuvres. À mesure que la fillette perçait le
soleil, avec la grâce d'une flèche de canne, elle
devenait les deux yeux de cet homme, le sang   (55)
de ses veines, l'air de ses poumons. Ainsi par
l'amour et le respect que lui prodiguait Xango,
défunte Minerve put désormais se promener
sans honte par la rue du hameau, la tête haute,
les reins cambrés, les mains aux hanches et   (60)
la pourriture des haleines se détourna d'elle
pour aller souffler sur de meilleures pâtures.
C'est ainsi que la vie commença pour la jeune
Toussine, aussi délicatement qu'un lever de
soleil par temps clair.   (65)

1. Quel est l'objectif de ce texte ?
   (A) Raconter de façon personnelle la vie de la narratrice.
   (B) Présenter les femmes importantes dans l'histoire de la Guadeloupe.
   (C) Présenter Xango aux lecteurs.
   (D) Raconter l'histoire de la famille de la narratrice.

2. D'après l'auteur, la taille de son pays dépend de laquelle des idées suivantes ?
   (A) Si le pays est petit, le cœur de l'homme est grand.
   (B) Si elle souffre, c'est à cause de la petitesse du pays.
   (C) La grandeur du pays correspond à la grandeur du cœur de l'homme.
   (D) Elle choisit de renaître en Guadeloupe.

3. Qui était Toussine ?
   (A) La grand-mère de la narratrice.
   (B) Une ancêtre gardienne des coutumes.
   (C) L'aïeule qui vénérait les ancêtres nés au temps de l'esclavage.
   (D) La sœur de Victoire.

4. Qu'est-ce qui est arrivé à Minerve ?
   (A) Elle a aboli l'esclavage.
   (B) Elle a été libérée de l'esclavage.
   (C) Elle recueillait les anciens esclaves d'un maître cruel.
   (D) Elle s'est installée à la plantation.

5. En errant, où est ce que Minerve a trouvé un village ?
   (A) Parmi les marronniers qui avaient essaimé.
   (B) Tout près de la plantation.
   (C) Là où les errants ont cherché un refuge.
   (D) Là où personne ne s'installait.

6. Qui a rendu sa fierté à Minerve ?
   (A) Toussine.
   (B) Xango.
   (C) Dominique.
   (D) L'homme qui se promenait.

7. De quoi est-ce que Minerve avait honte ?
   (A) D'être enceinte.
   (B) De n'être plus esclave et d'être sans travail.
   (C) De ne pas avoir de domicile fixe.
   (D) De la cruauté de son ancien maître.

8. Qu'est-ce qui montre que Minerve a retrouvé sa fierté ?
   (A) La mauvaise haleine.
   (B) Le sang dans ses veines.
   (C) Les reins cambrés.
   (D) La rue du hameau.

Thème du cours : La vie contemporaine

Introduction

Dans cette sélection il s'agit des stations Vélib'. Ce document a été publié par la Mairie de Paris comme publicité et aussi pour informer les utilisateurs.

Vélib' : La ville est plus belle à vélo

Comment ça marche ?

| Utiliser Vélib' | Les stations | Les vélos | Sécurité | Faq |

Les stations

Disponibles 24h/24 et 7j/7, les stations Vélib' sont distantes de 300 mètres environ. Elles sont constituées d'une borne et de points d'attache pour les vélos.

La borne

La borne Vélib' vous permet de :

- Louer un vélo
- Souscrire un abonnement courte durée par carte bancaire (Ticket Vélib' 1 jour et Ticket Vélib' 7 jours)
- Consulter le mode d'emploi et des informations sur le service
- Consulter un plan des stations voisines
- Recharger votre Carte Vélib' 1 an à l'aide d'une carte bancaire ou de Moneo

Les points d'attache des vélos

Chaque station Vélib' sera équipée d'une vingtaine de points d'attache environ. Leur nombre a été déterminé en fonction de l'environnement de la station et de sa fréquentation estimée.

Chaque point d'attache est composé d'un système de verrouillage du vélo, d'un voyant lumineux et d'un lecteur de cartes. Le témoin lumineux vous indique en fonction de sa couleur si le vélo est disponible ou non.

GAGNEZ DU TEMPS !
Si vous êtes titulaire d'une Carte Vélib' 1 an, vous pourrez retirer un vélo sans passer par la borne en passant votre carte directement sur le lecteur du point d'attache.

Comment ça marche ?

| Utiliser Vélib' | Les stations | Les vélos | Sécurité | Faq |

Utiliser Vélib'

Prendre un vélo dans une station, le déposer dans une autre, Vélib' est un système de location en libre service très simple à utiliser et disponible 24 heures sur 24 et 7 jours sur 7.

Prendre un vélo

Pour prendre un vélo, rien de plus simple ! Il vous suffira de vous identifier sur la borne, d'accéder au menu, et de choisir votre vélo parmi ceux qui seront proposés à l'écran. Et maintenant, retirez votre vélo !

GAGNEZ DU TEMPS !
Si vous êtes titulaire d'une Carte Vélib' 1 an, vous pourrez retirer un vélo directement sur le point d'attache.

Déposer son vélo

Une fois votre trajet terminé, il vous suffira de déposer le vélo dans n'importe quelle station Vélib'.

Haut de page ▲

---

1. Que propose le Vélib' ?
   (A) La louange des vélos.
   (B) L'achat des vélos.
   (C) Le stationnement des vélos.
   (D) La location des vélos.

2. Où peut-on trouver une station Vélib' ?
   (A) Devant les gares SNCF.
   (B) Dans toutes les villes de France.
   (C) À tous les bornes.
   (D) Tous les 300 mètres en ville.

3. Selon le texte, à la borne, on peut faire toutes les actions suivantes sauf laquelle ?
   (A) Acheter une Carte Vélib' pour 1 an.
   (B) Déposer un vélo.
   (C) Louer un vélo.
   (D) Recharger sa carte Vélib'.

4. Comment sait-on qu'un vélo est libre ?
   (A) Le vélo n'est pas verrouillé à la borne.
   (B) La couleur du témoin lumineux l'indiquera.
   (C) La personne chargée de la station le saura.
   (D) Tout vélo à la borne est prêt à s'en aller.

5. Qu'est-ce qui attire un grand nombre d'utilisateurs ?
   (A) Le système de verrouillage des vélos.
   (B) Le témoin lumineux.
   (C) L'accès 24h/24.
   (D) La possibilité de souscrire un abonnement de courte durée.

6. Quelle autre activité le Vélib' pourrait-il provoquer ?
   (A) Des restos-cafés rapides en dehors des stations Vélib'.
   (B) Des guides de ville téléchargeables par iPod.
   (C) Un distributeur automatique de plans de villes.
   (D) Des parkings pour les vélos.

7. Qui est-ce que cette réclame cible ?
   (A) Les touristes étrangers.
   (B) Les jeunes écoliers.
   (C) Les visiteurs et ceux qui travaillent en ville.
   (D) Les personnes âgées.

Part B: Interpretive Communication, Print and Audio Texts

 The AP* French: Preparing for the Language and Culture Examination program includes a Digital Student and Teacher Center on SuccessNet Plus, Pearson's personalized learning management system. In the Center, students can complete activities in interactive format, with embedded audio. They can also access the complete eText with audio hyperlinks.

The Print and Audio Texts portion of the AP French Language and Culture Examination tests your ability to gain information from two sources: written and audio. You will be given four minutes to read the written passage. After you read the passage, you will be given one minute to read the introduction to the audio passage and to look over the questions. Next, you will listen to the audio passage. You will then answer a series of multiple-choice questions. These questions will cover information included in each of the segments and will compare the excerpts to each other.

In this section you will see these words among the questions:
- le podcast, la baladodiffusion, le texte sonore, la diffusion
- le texte écrit, l'écrit, l'article, l'histoire
- pareil, similaire, semblable, conforme, allier, ressembler
- différent, divergeant, distinct, divergent, différer, opposer, distinguer, séparer, analogue
- le synonyme, équivalent, égal
- l'antonyme, contraire, opposé
- organiser, l'organisation, un thème organisateur, un thème unificateur, une idée directrice, le plan

STRATEGIES

Read through the section on Interpretive Communication: Audio Texts (p. 126) for strategies and tips on listening.

1. **Use the strategies for listening and reading** with each element of the combined sources.

2. **How are the passages connected?** Are there similarities? How do the two passages go together? Do they agree? Are they on the same side of the argument or on different sides?

3. **How are the passages different?** Does one passage include information that is not available in the other?

Directions: You will now listen to several audio selections accompanied by reading selections. You will have a designated amount of time to read the reading selection.

For the audio selection, first you will have a designated amount of time to read a preview of the selection as well as to skim the questions that you will be asked. The selection will be played twice. As you listen to the selection, you may take notes. Your notes will not be scored.

After listening to the selection, you will have time to answer the questions. For each question, choose the response that is best according to the audio and reading selections. You will have 15 seconds to answer each question.

Instructions : Vous allez écouter plusieurs sélections audio accompagnées des lectures. Vous aurez un temps déterminé pour lire le texte.

Pour la sélection audio, vous aurez d'abord un temps déterminé pour lire une introduction et pour parcourir les questions qui vous seront posées. La sélection sera jouée deux fois. Vous pouvez prendre des notes pendant que vous écoutez la sélection mais elles ne seront pas prises en compte dans le score.

Après avoir écouté la sélection, vous aurez le temps de répondre aux questions. Pour chaque question, choisissez la meilleure réponse selon la sélection audio et la lecture. Vous aurez 15 secondes pour répondre à chaque question.

Thème du cours : Les défis mondiaux

SOURCE NUMÉRO 1

Vous aurez d'abord quatre minutes pour lire la source numéro 1.

Introduction

Dans cette sélection il s'agit des conseils du nutritionniste Jean-Michel Borys, auteur de *Surveiller son tour de taille pour protéger son cœur* en faveur d'une alimentation saine. Cet article a été publié dans le magazine *L'Express* en 2008.

Bien manger pour bien travailler

Ligne *À onze heures, je suis crevé et après déjeuner, je dors pendant deux heures...* » Ce grand classique peut être évité avec un régime ajusté au rythme des cadres. (...)

(5) Sans tout résoudre, un régime adapté au tourbillon professionnel aide à mieux tenir le coup. D'abord, c'est peut-être l'emblématique déjeuner du midi, coupant la journée, qu'il faut le mieux gérer et surtout ne pas sauter! Ni

(10) expédier... D'autant qu'y consacrer une demi-heure (minimum) suffit. « *C'est autant ce qu'il y a dans l'assiette que l'environnement et le temps consacré pour déguster qui est important. Manger ne doit pas être une corvée, mais un plaisir, un*

(15) *déstressant* », indique Jean-Michel Borys.

Et attention au régime ultraminceur! Con-stitué uniquement de légumes par exemple. L'hypoglycémie guette et avec elle des risques de malaises, de sous-performance, etc. Le nutri-

(20) tionniste déconseille la restriction pour maigrir, mais invite à bien manger pour ne pas avoir faim, et donc... éviter de grossir.

Bien manger, c'est aussi mâcher. En broyant les aliments, on évite de trop déléguer cette

(25) prérogative à l'estomac et l'intestin. Qui du coup travaillent moins, pompent moins de sang, en laissent plus au cerveau pour penser... D'où une meilleure forme après le repas!

Sachez aussi que digérer prend deux à

(30) cinq heures, selon que l'on mange très gras, moyennement ou plutôt maigre. Mieux vaut un poisson grillé qu'une viande en sauce pour réduire le coup de barre digestif... Toutefois inévitable. Jean-Michel Borys conseille des activités « light » juste après le repas. Et prescrit, (35) si possible, une entrée, un plat, plus un des-sert. En ouverture, des légumes (salade, potage, etc.) qui évitent de se jeter sur le plat suivant, qui seront mieux assimilés, avec une digestion plus facile. Quant au dessert, ne pas hésiter à le (40) prendre sucré! Mais pas trop gras. Symbolique-ment, une douceur achève le repas et réduit les grignotages... Tout ce menu sera arrosé d'eau (éviter l'alcool), idéalement peu salée, car elle déshydrate. « *1% de poids en eau perdu, c'est 30%* (45) *de performance en moins! Boire un litre et demi par jour est une bonne moyenne. Et il ne faut pas plus de cinq cafés par jour.* »

L'idéal: marcher dix minutes par jour. Pour le dîner, faites à peu près comme le midi. Mais si, (50) deux jours de suite, des déjeuners d'affaires vous ont plombé, dînez deux soirs avec seulement un potage, puis une salade, un yaourt et un fruit par exemple. Quant au petit déjeuner, 80% des gens ont besoin d'en prendre un assez copieux. Les (55) autres, qui n'ont pas faim le matin, ne doivent pas se forcer: la cause de cette inappétence est qu'ils produisent trop d'insuline et des agapes matinales les plomberaient! Une petite collation vers dix heu-res est plus indiquée. Mais dans tous les cas, il faut (60) boire (café, thé, etc.), car la nuit on se déshydrate.

Veiller à son régime, c'est bien, mais la cerise sur le gâteau, c'est une petite activité sportive!

« Marcher une dizaine de minutes par jour (ce
(65) *qui fait soixante heures en une année !) est aussi*
bon pour la forme qu'un tennis » à fond* une fois

par semaine. D'autant que, passé 40 ans, il faut
être prudent avec les sports intensifs. »

SOURCE NUMÉRO 2

Vous aurez une minute pour lire l'introduction et parcourir les questions.

Introduction

Dans cette sélection, Pierre Freillet parle de ses idées concernant la nutrition et l'énergie dans une baladodiffusion de Canal Académie. La sélection dure à peu près deux minutes.

1. Quelle est l'idée principale de ces textes ?
   (A) Que la nutrition entraîne l'énergie.
   (B) Que la nutrition est l'unique gage d'une meilleure santé.
   (C) Que si on fait des économies d'énergie, on protège l'environnement.
   (D) Qu'il faut faire attention à la manière dont on s'alimente afin de bien vivre.

2. Les deux textes mentionnent que l'énergie est importante, mais avec quelle différence ?
   (A) Le texte écrit parle des vitamines, tandis que le reportage audio recommande certains aliments.
   (B) Le texte écrit offre plusieurs moyens pour mieux se dynamiser, tandis que le reportage audio ne parle que de l'énergie qu'on utilise à se nourrir.
   (C) Le texte écrit suggère moins d'alcool et le reportage audio recommande une plus grande énergie personnelle.
   (D) Le texte écrit recommande un régime ultra-minceur tandis que le reportage audio suggère un régime plutôt végétarien.

3. Pour améliorer la digestion, que suggère Jean-Michel Borys dans le texte écrit ?
   (A) Il nous conseille de prendre un dessert plein de sucre.
   (B) Il suggère des activités modérées après le repas.
   (C) Il suggère un renversement dans l'ordre du repas.
   (D) Il conseille plus de gras à chaque repas.

4. Selon le reportage audio, que faut-il faire quand il s'agit de notre alimentation ?
   (A) Éliminer les repas en voiture ou en autobus.
   (B) Trouver des systèmes alimentaires qui consomment moins d'énergie.
   (C) Ralentir lorsqu'on mange.
   (D) Mobiliser 50% de l'énergie utilisée dans le monde.

5. Quel est le but des deux textes ?
   (A) De faire penser les gens à leurs habitudes nutritionnelles.
   (B) De donner différents points de vue sur l'alimentation humaine.
   (C) D'expliquer pourquoi il vaut mieux faire attention à ce qu'on prépare comme cuisine.
   (D) De dresser une liste des facteurs nutritionnels qui pourraient être liés à certaines maladies.

6. Qu'est-ce qui sépare les deux textes ?
   (A) Le reportage audio s'adresse aux végétariens, mais pas l'article écrit.
   (B) Le texte écrit parle de la nutrition tandis que le reportage audio traite de l'énergie.
   (C) L'article écrit donne des suggestions de régime tandis que le reportage audio n'en dit rien.
   (D) Le reportage audio nous parle de l'avenir de la nutrition tandis que le texte écrit reste au présent.

> # Thème du cours : La vie contemporaine
>
> **SOURCE NUMÉRO 1**
>
> Vous aurez d'abord quatre minutes pour lire la source numéro 1.
>
> **Introduction**
>
> Dans cette sélection, il s'agit du baccalauréat, de ses différentes filières et que représente la réussite à l'examen. La page est tirée du site internet du ministère de l'éducation nationale en France.

Le baccalauréat

Ligne   Créé en 1808, le diplôme du baccalauréat est un diplôme du système éducatif français qui a la double particularité de sanctionner la fin des études secondaires et d'ouvrir l'accès à
(5)   l'enseignement supérieur. Il constitue le premier grade universitaire.

Trois voies

Il existe trois types de baccalauréat, correspondant aux trois voies des études au lycée :
(10)
- baccalauréat général
- baccalauréat technologique
- baccalauréat professionnel

  À l'intérieur de chaque baccalauréat existent des "séries", exemples : série ES (économique et
(15) sociale) pour le baccalauréat général, série S.T.I. (sciences et technologies industrielles) pour le baccalauréat technologique, etc.

Le baccalauréat général
Depuis la session 1995, le baccalauréat général
(20) est organisé en séries économique et sociale (E.S.) et littéraire (L) et scientifique (S). Chaque série est organisée autour d'un noyau cohérent de disciplines dominantes dans le cadre d'une formation générale. Le baccalauréat général vise
(25) la poursuite d'études supérieures longues.

Le baccalauréat technologique
Le baccalauréat technologique associe culture générale et technologique. Il se prépare en deux ans dans un lycée après une classe de seconde générale et technologique. Deux baccalauréats (30) technologiques—hôtellerie et techniques de la musique et de la danse—se préparent en 3 ans après la classe de troisième.

Le baccalauréat professionnel
Depuis la rentrée 2009, le baccalauréat profes- (35) sionnel se prépare en trois ans après la troisième. Il existe près de 80 spécialités. En formation initiale, le passage du brevet d'études profession- nelles (B.E.P.) rénové ou du certificat d'aptitude professionnelle (CAP) est intégré dans ce (40) parcours.

SOURCE NUMÉRO 2

Vous aurez une minute pour lire l'introduction et parcourir les questions.

Introduction

Dans cette sélection, on entend un invité de Canal Académie qui nous parle du baccalauréat. La sélection dure à peu près deux minutes.

1. Quelle est la double fonction du baccalauréat ?
   (A) Il est offert à la fin des études secondaires et à la fin de la voie universitaire.
   (B) Il constitue le premier grade secondaire et universitaire.
   (C) Il signale la réussite aux études secondaires tout en étant de la poudre aux yeux.
   (D) Il marque la fin des études secondaires tout en permettant l'entrée à l'université.

2. Les baccalauréats général et technologique diffèrent sur les sujets, mais quelle autre différence constate-t-on ?
   (A) L'exigence des cours de laboratoire.
   (B) Le noyau cohérent de disciplines dominantes.
   (C) Le temps consacré à la formation générale.
   (D) Le temps nécessaire pour les préparer.

3. Quel est le but des baccalauréats professionnels ?
   (A) Préparer l'élève à entrer dans l'enseignement supérieur.
   (B) Entrer dans la vie professionnelle avec une formation générale.
   (C) Créer des connaissances de bases dans des professions telles que la médecine ou le droit.
   (D) Apprendre un métier.

4. Qu'est-ce qui garantit que le baccalauréat va rester en place encore pendant longtemps ?
   (A) Le fait que le baccalauréat est une institution depuis 200 ans.
   (B) Le fait que les Français n'ont pas envie de le voir disparaître.
   (C) Le fait qu'on a ouvert plusieurs autres filières pour atteindre le niveau du bac.
   (D) Le fait qu'il y a plus de baccalauréats maintenant que jamais.

5. Quand la baladodiffusion parle du baccalauréat comme « un des repères dans la vie d'un jeune », de quoi s'agit-il ?
   (A) D'un thème unificateur.
   (B) D'un des obstacles à conquérir.
   (C) D'un rite de passage.
   (D) D'un examen sur plusieurs années.

6. Qu'est-ce qui est commun aux deux textes ?
   (A) Les deux textes déplorent le nombre élevé de candidats qui ne réussissent pas au baccalauréat.
   (B) Les deux textes racontent des anecdotes sur les candidats au baccalauréat.
   (C) Les deux textes énumèrent les différentes séries du baccalauréat.
   (D) Les deux textes montrent comment faire pour réussir au baccalauréat.

SÉLECTION NUMÉRO 3

Thème du cours : La science et la technologie

SOURCE NUMÉRO 1

Vous aurez d'abord quatre minutes pour lire la source numéro 1.

Introduction

Dans cette sélection, il s'agit d'une publicité pour un App iPhone.

SOURCE NUMÉRO 2

Vous aurez une minute pour lire l'introduction et parcourir les questions.

Introduction

Dans cette sélection, il s'agit de l'App cinéma qui vous permet de louer vos films sur iPhone. La conversation se déroule entre deux jeunes amis. La sélection dure à peu près deux minutes.

1. Qu'est-ce que Cinenews.be ?
   (A) Un site internet.
   (B) Un journal qui traite des films diffusés en Belgique.
   (C) Une application pour un iPhone.
   (D) Un film qui traite des films.

2. Quand l'homme plaisante et dit « Belgique à vos doigts ! » à quoi fait-il référence ?
   (A) Au fait qu'on emploie les doigts pour manipuler l'iPhone.
   (B) Que toute la Belgique est devant vous !
   (C) Que la femme a laissé ses empreintes digitales sur l'écran de l'iPhone.
   (D) Que seuls lui et son amie ont le droit de regarder Cinenews.be.

3. Qu'est-ce qu'on trouve probablement sous la rubrique « Prochainement » ?
   (A) Les films en ligne qui ne sont pas encore sortis dans les cinémas.
   (B) Les bandes-annonces des films qui vont bientôt sortir.
   (C) Les billets vendus en ligne pour les films de demain et d'après-demain.
   (D) Les versions originales.

4. Quel genre de film est *Éléments d'un Assassinat* ?
   (A) Une comédie musicale.
   (B) Une histoire d'amour.
   (C) Un film policier.
   (D) Une comédie.

5. Pourquoi est-ce que ces deux personnes vont à Namur ?
   (A) Parce que le film qu'ils veulent voir passe dans cette ville.
   (B) Parce que Bruxelles est trop loin.
   (C) Parce qu'ils ne veulent pas aller voir le film à la campagne.
   (D) Parce que l'iPhone ne marche pas là où ils se trouvent.

6. Qu'est-ce qui se trouve probablement sous la rubrique « Mes films » ?
   (A) Les films qui sortent prochainement.
   (B) Les films pour le Concours.
   (C) Les vidéos et les films en ligne qu'on aime voir.
   (D) Les films de famille.

> # Thème du cours : La vie contemporaine
>
> **SOURCE NUMÉRO 1**
>
> Vous aurez d'abord quatre minutes pour lire la source numéro 1.
>
> **Introduction**
>
> Dans cette sélection, il s'agit d'un texte qui s'intitule « Mieux connaître la pratique de la pétanque ». Ce texte a été publié sur un site web qui réunit ceux qui s'intéressent à ce sport.

Mieux connaître la pratique… de la pétanque

Ligne *La pratique de la pétanque est inscrite dans les traditions de certaines régions. Cette activité a évolué depuis plusieurs années pour devenir une réelle activité sportive, donnant lieu à des cham-*
(5) *pionnats internationaux.*

En tant qu'activité de loisir, elle gagne à se vulgariser. La pétanque est une activité particulièrement ludique, qui réunit plusieurs générations, dans un contexte très convivial. La
(10) pétanque est souvent considérée comme un jeu. D'ailleurs, ne dit-on pas « jouer à la pétanque » !

Les règles du jeu étant très simples, aucun apprentissage particulier n'est nécessaire pour prendre du plaisir.

(15) *Les dangers de la pétanque*
La réussite d'un carreau peut projeter la boule vers un spectateur, votre partenaire ou votre adversaire. Attention à éloigner les enfants de l'aire de jeu.
(20) La pétanque peut provoquer des douleurs de genoux lorsque l'on ramasse ses boules ou cochonnet, dans ce cas aidez-vous d'un aimant au bout d'une corde ; cela ménagera vos articulations.

En plein soleil portez un chapeau ou cas-
(25) quette, lunettes de soleil et réhydratez-vous.

La pratique de la pétanque présente finale-ment peu de danger particulier ; qu'attendez-vous pour essayer ?

Les bienfaits
La dépense énergétique est mineure, mais (30) l'impact sur les articulations est certain, en favorisant les mobilisations et l'entretien articu-laire, le maintien d'un bon tonus musculaire et l'entraînement de l'équilibre.

S'y ajoutent une stimulation et un entretien (35) des facultés cognitives et cérébrales, et une socialisation renforcée. Jouer à la pétanque en-courage à moins vieillir.

Et n'oubliez pas de vous rendre au boulo-drome à pied ! Et si vous vous laissez emporter (40) par le jeu, la pratique se prolonge plusieurs heures. C'est autant de temps que vous ne passerez pas chez vous à ne rien faire.

Résumé
La pétanque permet de varier la pratique des (45) activités physiques, avec un bénéfice articulaire indéniable qui vient s'ajouter à la convivialité du jeu et améliorer votre bien-être physique.

SOURCE NUMÉRO 2

Vous aurez une minute pour lire l'introduction et parcourir les questions.

Introduction

Dans cette sélection, il s'agit de l'interview d'une femme de ménage qui est championne de pétanque. La sélection dure à peu près deux minutes.

1. Quelle est l'idée principale des extraits ?
   (A) Les dangers de la pétanque pour la santé.
   (B) Les aspects personnels de la pétanque.
   (C) Les règles du jeu.
   (D) Les aspects sportifs de la pétanque.

2. Parmi les dangers de la pétanque, lequel n'est pas mentionné dans les textes ?
   (A) Les douleurs aux genoux.
   (B) La déshydratation.
   (C) La cécité.
   (D) La possibilité de lancer accidentellement la boule sur les spectateurs.

3. Quel synonyme pourrait-on substituer au mot « vulgariser » dans le texte écrit ?
   (A) Populariser.
   (B) Rendre grossier.
   (C) Faire ressembler à la Bible.
   (D) Ajouter des aspects intéressants.

4. D'après les deux textes, quels sont les bénéfices de la pétanque ?
   (A) Ça entraîne le corps.
   (B) Une certaine agilité mentale vient avec la pratique.
   (C) On apprend une stratégie sportive.
   (D) Il y a des bénéfices sociaux.

5. Quel est le but de ces deux extraits ?
   (A) De présenter quelques perspectives personnelles sur le sport.
   (B) De montrer que la pétanque n'est pas un sport.
   (C) De dresser une liste des effets de la pétanque.
   (D) De faire voir les dangers du sport.

6. En quoi est-ce que les deux textes sont-ils en accord ?
   (A) Que le sport est nocif.
   (B) Que les championnats de pétanque se déroulent loin de chez soi.
   (C) Que la pétanque offre des contacts avec les gens.
   (D) Que la pétanque peut être assez dangereuse malgré sa réputation.

7. Qu'est-ce qui est commun aux deux extraits ?
   (A) Il y a peu à apprendre pour jouer.
   (B) Qu'on fait des déplacements.
   (C) Quand on gagne, on se frotte les mains.
   (D) Ça réunit plusieurs générations.

> # Thème du cours : Les défis mondiaux
>
> **SOURCE NUMÉRO 1**
> Vous aurez d'abord quatre minutes pour lire la source numéro 1.
>
> **Introduction**
>
> Dans cette sélection, il s'agit d'un article consultable sur le site de la Mairie de Paris à l'adresse www.paris.fr qui traite du recyclage, de ses règles, des possibilités qu'il offre et des solutions d'avenir.

Le recyclage des déchets collectés dans les bacs jaunes ou blancs

Ligne *Le principe est de produire une nouvelle matière, appelée matière première secondaire, à partir d'un déchet recyclable. Mais que deviennent les déchets recyclés ?*

(5) **LE VERRE**
Le verre est recyclable à l'infini. Après broyage et refonte du calcin (verre brisé) dans un four, les verreries peuvent fabriquer avec cette pâte de verre de nouvelles bouteilles.

(10) **LES PAPIERS ET LES CARTONS**
Dissous dans l'eau, pour être désencrés et transformés en pâte à papier les journaux-magazines, papiers d'écriture sont transformés en papier journal, les cartons d'emballages sont transfor-
(15) més en papier sanitaire (essuie tout ou papier hygiénique), kraft ou en carton ondulé.

LES PLASTIQUES
Les emballages plastique sont broyés, puis fondus. Avec cette matière première secondaire,
(20) il est possible de fabriquer des tubes et tuyaux, des peluches, des fibres textiles, des vêtements polaires.

Il existe une grande variété de formulations chimiques : PVC (polychlorure de vinyle), pour
(25) les bouteilles légèrement opaques, PET (polyéthylène téréphtalate) pour les bouteilles d'eau gazeuse ou eaux plates, PEHD (polyéthylène haute densité), pour les flacons de lait ou de lessive. (…)

L'ALUMINIUM (30)
L'aluminium se recycle à 100% et à l'infini. Les barquettes et les canettes retrouvent une seconde vie, sous forme de radiateur, de semelle de fer à repasser, de bloc moteur…

L'ACIER (35)
Les boîtes de conserve sont recyclées en de nouvelles boîtes, pièces de moteur, fer à béton ou tôles, poutres, barres… Mais vous aussi vous pouvez recycler des déchets en ayant le réflexe réutilisation pour vous-même ou quelqu'un (40) d'autre.

Recyclage des déchets en bon état et réutilisables

Anciens appareils électroménagers, informatiques, téléphones portables, meubles, vêtements, (45) chaussures peuvent parfois être réutilisés. Vous pouvez les déposer en dépôts-vente, participer à un vide-grenier ou les donner à des associations.

1. Qu'est-ce qu'est le développement durable ?
   (A) Le développement de choses dures par rapport aux choses recyclables.
   (B) Un scénario où l'homme fait attention au développement des éléments non-recyclables.
   (C) Une situation où les hommes d'aujourd'hui vivent bien sans compromettre la vie des hommes de demain.
   (D) Un développement qui prend en considération les besoins de la planète.

2. Tous les éléments suivants qui contribuent au développement durable sont nommés sauf lequel ?
   (A) Le développement économique.
   (B) Le développement historique.
   (C) Le développement social.
   (D) Le développement environnemental.

3. Lequel des articles suivants n'est pas une matière première secondaire ?
   (A) La pâte de verre.
   (B) La pâte de fruit.
   (C) Le polychlorure de vinyle.
   (D) L'aluminium recyclé.

4. Pourquoi est-ce que l'attention portée à l'environnement et au recyclage est relativement nouvelle ?
   (A) Parce qu'on a pris du temps pour le prendre en compte.
   (B) Parce qu'on ne croyait pas à son importance sur le plan mondial.
   (C) Parce qu'on ne savait pas qu'on risquait de remettre en cause l'équilibre naturel de la terre.
   (D) Parce que l'atmosphère est fluide et insaisissable.

5. En quoi la baladodiffusion diffère-t-elle du texte écrit ?
   (A) Elle offre de vraies solutions.
   (B) Elle se concentre sur les produits recyclables.
   (C) Elle parle aussi des ordures et du recyclage des produits animaux.
   (D) Elle mentionne de l'aspect social de ces problèmes.

6. Quel est le thème commun à ces deux extraits ?
   (A) L'idée que ça fait à peine un demi-siècle que cette prise de conscience a eu lieu.
   (B) L'idée que le recyclage est une action simple en faveur du développement durable.
   (C) Le fait que les gaz sont plus ou moins nuisibles.
   (D) Le fait que la matière première secondaire est recyclable.

Thème du cours : La vie contemporaine

SOURCE NUMÉRO 1

Vous aurez d'abord quatre minutes pour lire la source numéro 1.

Introduction

Dans cette sélection, il s'agit de la carte d'un restaurant français, Restaurant Gilles.

Restaurant Gilles
28 euros

L'entrée ou Le Dessert

Salade de haricots verts
ou Œuf en gelée à la ciboulette
ou Salade de saison

Glace ou Sorbet
ou Ile flottante
ou Mousse au chocolat noir

Le Grillé

Accompagné d'une pomme au four
ou de pommes allumettes
ou de salade verte, servies à volonté.

Brochette en duo de bœuf et d'agneau
ou Bavette
ou Faux-Filet Minute

La Boisson

1/2 eau minérale

SOURCE NUMÉRO 2

Vous aurez une minute pour lire l'introduction et parcourir les questions.

Introduction

Dans cette sélection, il s'agit de deux clients qui déjeunent au Restaurant Gilles. Elle dure à peu près deux minutes.

1. Quelle carte regardent ces clients ?
   (A) La carte du soir.
   (B) La carte pour les enfants.
   (C) Le menu à prix fixe.
   (D) La carte des vins.

2. Quelle autre possibilité y a-t-il pour ceux qui n'aiment pas les pommes de terre ?
   (A) La salade verte.
   (B) Les pommes allumettes.
   (C) L'île flottante.
   (D) L'œuf en gelée.

3. Pourquoi la femme ne prend-elle pas la brochette ?
   (A) Elle n'aime pas l'agneau.
   (B) Elle est végétarienne.
   (C) Elle préfère le faux-filet.
   (D) Elle n'aime pas la viande grillée.

4. Que veut dire « ½ eau minérale » ?
   (A) L'eau minérale est l'eau du robinet.
   (B) Une demi-bouteille d'eau minérale.
   (C) Un demi-pichet d'eau minérale de source.
   (D) Un mélange d'eaux.

5. Qu'est-ce que « le prix fixe » ?
   (A) Le menu avec un nombre limité de choix pour un seul et même prix.
   (B) Le choix à la carte pour un seul et même prix.
   (C) Le choix limité à quatre éléments.
   (D) Le déjeuner qui commence par le dessert.

6. Quel genre de clientèle prend la formule prix fixe au Restaurant Gilles ?
   (A) Les enfants.
   (B) Les touristes.
   (C) Ceux qui aiment prendre leur temps pour déjeuner.
   (D) Ceux qui sont pressés et doivent reprendre le travail.

SÉLECTION NUMÉRO 7

Thème du cours : La science et la technologie

SOURCE NUMÉRO 1

Vous aurez d'abord quatre minutes pour lire la source numéro 1.

Introduction

Dans cette sélection, il s'agit d'un article qui pose la question « Qu'est-ce que votre téléphone mobile permet de savoir de vous ? » L'article a été publié dans le journal *Le Monde*.

Ligne *La Commission nationale informatique et liber-*
tés (CNIL) a mis à jour, fin juin, son guide de
conseils pratiques à destination des utilisateurs de
smartphones, ces téléphones disposant d'un accès
(5) *à internet et d'applications évoluées.*

Près d'un téléphone sur quatre vendu en
France appartient à cette catégorie, d'après les
derniers chiffres de l'institut GFK. Tous con-
structeurs et systèmes d'exploitation confondus,
(10) ces mobiles proposent notamment des fonctions
de géolocalisation poussées, via un GPS, comme
des cartes interactives ou des applications permettant de retrouver un téléphone perdu. (…)

Comment sont utilisées ces données sen-
(15) sibles concernant vos déplacements, qui peuvent
notamment être utilisées pour vous proposer
de la publicité ciblée ? Tout dépend des applications utilisées, mais aussi du constructeur de
l'appareil. (…)

(20) Google, qui édite le système d'exploitation
Android, collecte également des données de
géolocalisation, « si vous utilisez des produits et
des services associés à une zone géographique,
tels que Google Maps pour mobile ». Le moteur
(25) de recherche assure toutefois ne pas stocker les
données de ses services « Latitude » ou « Ma position » sur Google Maps. Ces informations sont
simplement transmises au travers des relais de
l'opérateur téléphonique, qui est seul à détenir
(30) ces données. (…)

Les applications malveillantes peuvent exister
sur toutes les plates-formes : fin juin, Google a
utilisé une fonction de suppression à distance

d'applications sur ses terminaux Android pour
retirer deux logiciels créés par un spécialiste de (35)
la sécurité informatique, qui voulait démontrer
qu'il était aisé d'introduire des applications po-
tentiellement dangereuses sur l'Android Market
de Google. Un grand nombre d'applications
pour ces smartphones demandent l'accès à des (40)
données personnelles de l'utilisateur, même si
celui-ci est libre de leur refuser l'accès, note une
étude de SMobile Systems.

Des applications ciblées, dont le but est
d'espionner le téléphone de ses proches, sont (45)
également commercialisées illégalement depuis
plusieurs années. Dans ce cas, c'est une personne
qui a eu physiquement accès au téléphone qui
installe le mouchard, sans passer par les cata-
logues d'applications en ligne que proposent la (50)
plupart des éditeurs. (…)

Le statut des données transmises aux Blackberry pose problème, pour certains experts de la
sécurité informatique : les serveurs de RIM pour
l'Europe étant situés en Angleterre, ils craignent (55)
que les données ne puissent être interceptées
par les services de renseignement américains.
Depuis 2007, le chef de l'État, les ministres ou
encore les militaires de haut rang ont d'ailleurs
été enjoints d'abandonner les terminaux du con- (60)
structeur canadien, qui assure de son côté que
l'encryptage des données qu'il pratique met ses
clients à l'abri des interceptions. (…)

Plusieurs règles simples permettent de protéger ses informations personnelles. Il est notam- (65)
ment conseillé :

- de protéger son téléphone par un code de déverrouillage, pour éviter qu'un tiers ne puisse y installer des applications
(70) malveillantes
- de n'installer que des applications dans lesquelles vous avez confiance

- d'utiliser un antivirus le cas échéant
- de vérifier les paramètres de confidentialité des applications que vous installez, notam-   (75)
ment celles qui font appel à la géolocalisation

PART B

SOURCE NUMÉRO 2

Vous aurez une minute pour lire l'introduction et parcourir les questions.

Introduction

Dans cette sélection, il s'agit du système de navigation GPS de Google qui vient d'être lancé officiellement en France. La sélection dure à peu près deux minutes.

---

1. Quel est la fonction du GPS ?
   (A) De faire voir des photos prises par satellite.
   (B) De se servir de Google sur son portable.
   (C) L'exploitation des deux fonctions.
   (D) La géolocalisation.

2. Selon le podcast, quel est l'inconvénient du système GPS ?
   (A) Le fait qu'on utilise Google Maps.
   (B) L'utilisation de Google Streetview qui permet de visualiser un lieu.
   (C) Le téléphone doit rester connecté à internet pendant que vous circulez.
   (D) L'application coûte assez cher.

3. Selon le podcast, tandis que certains téléphones offrent le GPS, qu'offrent les autres systèmes ?
   (A) Ils baissent les prix.
   (B) Ils offrent des promotions comme celle de Nokia.
   (C) Ils réduisent la fonctionnalité des appareils.
   (D) Ils offrent Google Streetview.

4. Qu'est-ce que les deux extraits ont en commun ?
   (A) L'avertissement des consommateurs sur les dangers inhérents aux téléphones.
   (B) L'importance des mouchards dans les appareils électroniques.
   (C) Le fait qu'ils parlent tous les deux des applications pour les portables.
   (D) La promotion du GPS.

SÉLECTION NUMÉRO 8

Thème du cours : La vie contemporaine

SOURCE NUMÉRO 1

Vous aurez d'abord quatre minutes pour lire la source numéro 1.

Introduction

Dans cette sélection, il s'agit d'une brochure publiée par la Poste en France pour décrire les conditions de vente de quelques-uns de ses produits.

1. Comment est-ce qu'on personnalise les cartes de la collection « Prêt-à-Souhaiter » ?
   (A) Avec des messages écrits par un personnel disponible dans chaque bureau de poste.
   (B) Avec des autocollants originaux qui accompagnent la collection.
   (C) Avec sa signature.
   (D) Avec une enveloppe autoadhésive.

2. Quelle collection refuse le client qui n'écrit jamais de billets doux ?
   (A) Les « Messagers du Cœur ».
   (B) Les « Joyeux Anniversaire ».
   (C) Les « Prêt-à-Souhaiter ».
   (D) Les « Bonne Fête ».

3. D'après le contexte, que veut dire le mot « affranchissement » ?
   (A) Illustrations.
   (B) Colle ou adhésif.
   (C) Adresse de l'expéditeur.
   (D) Frais postaux.

4. Que veut dire « P.A.P. » ?
   (A) Prêt à poster.
   (B) Priorité à la poste.
   (C) Postales à préciser.
   (D) Postes à personnaliser.

5. Pourquoi est-ce que c'est le bureau de poste qui met ces collections en vente ?
   (A) Parce que ce sont des illustrations faites par les enfants des postiers.
   (B) Parce que les frais de poste sont inclus dans le prix.
   (C) Parce qu'on peut les mettre dans n'importe quelle boîte aux lettres.
   (D) Parce qu'elles sont nouvelles et originales.

6. Quelle est la clientèle ciblée par les « P.A.P. Illustrés » ?
   (A) Les enfants.
   (B) Les écoliers et les lycéens.
   (C) Les adultes pressés.
   (D) Les ouvriers et les fonctionnaires.

Thème du cours : La quête de soi

SOURCE NUMÉRO 1

Vous aurez d'abord quatre minutes pour lire la source numéro 1.

Introduction

Dans cette sélection, il s'agit d'un article d'Anne Kerloc'h sur le site 20Minutes.fr, qui a trait à la collection « Paper Planes ». Cette collection a pour but de faciliter un plus grand accès des francophones qui souhaitent apprendre l'anglais à des textes dans cette langue.

« Paper Planes » veut faire décoller l'anglais

Ligne　Do you speak français ? Alors vous pouvez lire in english. « Paper Planes », nouvelle collection des éditions Didier, veut faire voyager les francophones dans des territoires anglo-saxons accueillants. Ecrits par des auteurs contempo-(5) rains, ces ouvrages, en librairie demain, font vœu d'accessibilité grâce à une créativité sous contrainte. Principes : privilégier les 65% du vocabulaire anglais ayant des racines latines ou françaises, bannir les expressions tellement (10) tendance que leur durée est à peu près celle des collants fluo, adopter la forme de la « novella », intermédiaire entre le roman et la nouvelle, avec des chapitres courts et rythmés.

(15) « Irritated » plus que « fed up »

À l'origine de la collection, un écrivain anglais installé à Paris, Rupert Morgan, qui signe ici Le Consultant, ouvrage tordant sur un raout de cadres virant au « Koh-Lanta » sans pitié. « Mes (20) amis français trouvaient mes livres trop complexes, détaille-t-il. Je voulais des textes qu'ils puissent aborder facilement, sans buter. Les auteurs anglo-saxons restent trop dans leur univers, ignorant les dizaines de millions de personnes qui pratiquent l'anglais en deuxième langue. » Il (25) se souvient alors de ses études de latin, du fait que Guillaume le Normand imposa le français en Angleterre… « L'anglais est une langue métisse ! C'est simple, au lieu d'écrire "I was fed up", je vais préférer "I was irritated". Autre exemple, "He was (30) drawn by the brightness of her gaze" est beaucoup moins facile pour un Français que "He was attracted by the luminosity of her eyes". »

Mais n'est-ce pas un peu artificiel ? Curtis Bartosik, directeur de Seneca Communications, (35) enseigne l'anglais. Après lecture, lui estime que les textes sont « à 95% naturel. Il y a un bon équilibre entre idiomes, mots courants et vocabulaire d'origine latine, un peu plus précieux. Je le recommanderais à ceux qui veulent amélio-(40) rer leur anglais ! »

Du polar à la satire, la collection entend explorer tous les genres. « Avec les racines latines, on peut aussi toucher l'Espagne, l'Italie, souligne Isabelle Louviot, directrice générale des éditions (45) Didier. « Paper Planes » répond à une demande de plus en plus forte de livres monolingues et valorise l'anglais plaisir. » Et ça, c'est totally cool.

SOURCE NUMÉRO 2

Vous aurez une minute pour lire l'introduction et parcourir les questions.

Introduction

Dans cette sélection, il s'agit d'une interview d'Isabelle Louviot, Directrice Générale des Editions Didier qui vient de publier la collection « Paper Planes ». La sélection dure à peu près deux minutes.

1. Quel est le but de chacun des deux extraits ?
   (A) De présenter une nouvelle collection de romans en français pour les jeunes.
   (B) De présenter des magazines qui permettent d'apprendre l'anglais.
   (C) De montrer une collection de fiches de vocabulaire sur les mots apparentés anglais-français.
   (D) De présenter une collection de romans courts qui aident à apprendre l'anglais.

2. Pourquoi est-il important de faire connaître cette collection aux jeunes Français ?
   (A) Parce que les Français plus âgés savent déjà parler anglais.
   (B) Parce que la France est vingt-cinquième sur quarante-trois en Europe pour l'apprentissage des langues.
   (C) Parce que l'anglais est la langue de l'avenir.
   (D) Parce que les éditions bilingues ne font pas l'affaire.

3. Que disent les deux textes sur la parenté des mots entre les deux langues ?
   (A) Que peu de mots dans les deux langues ont une ressemblance.
   (B) Que le lexique de l'anglais est beaucoup plus technique que celui du français.
   (C) Que 65 % des mots anglais viennent de racines latines ou françaises.
   (D) Qu'il y a une proximité entre les mots des deux langues qui les rend mutuellement intelligibles.

4. Quand Rupert Morgan dit « Je voulais des textes qu'ils puissent aborder facilement, sans buter », de quel aspect parle-t-il ?
   (A) De la richesse du vocabulaire de l'anglais.
   (B) De la complexité de la grammaire anglaise.
   (C) De la complexité des intrigues dans la plupart des romans.
   (D) Des mots anglais qui ne viennent pas du latin.

5. Si les lecteurs de « Paper Planes » cherchent de bonnes histoires, qu'est-ce qu'ils trouveront dans la collection ?
   (A) Des histoires en anglais écrites par des auteurs francophones qui sont à 95 % naturelles.
   (B) Des genres de romans qui vont de l'humour aux romans policiers.
   (C) Les romans précieux.
   (D) Un bon équilibre entre les idiomes avec des scènes en anglais et des épisodes en français.

SÉLECTION NUMÉRO 10

Thème du cours : La science et la technologie

SOURCE NUMÉRO 1

Vous aurez d'abord quatre minutes pour lire la source numéro 1.

Introduction

Dans cette sélection, il s'agit d'un article intitulé « Propriété intellectuelle : YouTube l'emporte face à Viacom », paru dans *Le Monde* en juin 2010.

Propriété intellectuelle : YouTube l'emporte face à Viacom

Ligne Google a annoncé, mercredi 23 juin, qu'il avait gagné le procès pour violation de propriété intellectuelle intenté par le groupe de médias Viacom contre sa filiale de vidéos YouTube.

(5) Dans la plainte lancée en 2008, Viacom déplorait que « des dizaines de milliers de vidéos sur YouTube, soit des centaines de millions d'éléments vus », ont été mises en ligne, sans que Google ne se préoccupe du droit d'auteur.

(10) Le groupe Viacom, propriétaire de chaînes télévisées comme MTV et Comedy Central, et des studios de cinéma Paramount, avait alors réclamé un milliard de dollars (814 millions d'euros) de dommages à Google. Dirigé par Sumner Red-

(15) stone le groupe détient notamment les droits de séries comme South Park ou Bob l'éponge.

Louis Stanton, juge du district de New-York, a accordé à Google, propriétaire de YouTube

(20) depuis 2006, le bénéfice de la bonne foi. Selon M. Stanton, YouTube ne peut pas être tenu coupable d'avoir eu « la conscience globale » de toutes les vidéos qui étaient postées illégalement par les utilisateurs du site de vidéos.

Viacom va faire appel (25)

Le juge a aussi pris en compte la coopération de Google avec l'ayant droit. En février 2007, Viacom avait en effet envoyé à YouTube une liste de 100 000 vidéos enfreignant le droit d'auteur. Celles-ci avaient été immédiatement retirées. (30) Google a aussi fait valoir une loi de 1998, le « Digital Millennium Copyright Act », qui protège les hébergeurs de sites des poursuites liées à des contenus mis en ligne par des utilisateurs. « Cette décision poursuit le consensus juridique (35) établi selon lequel les services en ligne comme YouTube sont protégés quand ils travaillent en coopération avec les détenteurs de droits pour les aider à gérer leurs droits en ligne », se félicite un des responsables juridiques de Google, Kent (40) Walker, sur le blog officiel du groupe.

Jugeant la décision de la cour du district de New York « fondamentalement viciée », Viacom a pour sa part annoncé qu'il allait faire appel. Le groupe de médias estime que le jugement ne (45) reflète ni les intentions du Congrès américain de défendre les lois sur le droit d'auteur, ni les récentes décisions rendues par la Cour suprême.

SOURCE NUMÉRO 2

Vous aurez une minute pour lire l'introduction et parcourir les questions.

Introduction

Dans cette sélection, il s'agit d'une interview d'une spécialiste du droit d'auteur par Hélène Renard de Canal Académie. La sélection dure à peu près deux minutes.

1. Quel est le thème organisateur de ces deux extraits ?
   (A) Le piratage.
   (B) La distribution de matériaux dont on n'a pas les droits.
   (C) La reproduction illégale de matériaux.
   (D) Le téléchargement et l'échange des chansons et des films.

2. Quelle est la raison de la plainte lancée par Viacom ?
   (A) Google a pris des dizaines de milliers de films de Viacom pour les distribuer sur YouTube.
   (B) YouTube a permis que des dizaines de milliers de vidéos soient téléchargées à partir de leur site.
   (C) YouTube a permis que des dizaines de milliers de vidéos soient mises en ligne sans que Google le sache.
   (D) Google a permis à ses internautes de télécharger en amont des dizaines de milliers de vidéos.

3. Quand le juge a accordé à Google le bénéfice de la bonne foi, qu'est-ce que cela veut dire ?
   (A) Bien que Google soit coupable, on ne peut pas, en toute bonne foi, le tenir responsable des actions de ceux qui ont posté illégalement.
   (B) Bien que Viacom ait obtenu des dommages de Google, il ne va pas les percevoir.
   (C) Bien que Google soit coupable, il a essayé de ne rien faire d'illégal.
   (D) Bien que Google soit coupable, c'est YouTube qui doit payer les dommages.

4. Pourquoi les « pirates » volent-ils des choses sur internet ?
   (A) Ce sont les parents et ils préfèrent ne pas payer, car c'est coûteux.
   (B) Ce sont les enfants et ils n'ont pas assez d'argent pour payer les frais.
   (C) Les dits « pirates » ne savent pas qu'ils volent : ils croient que ce qu'ils téléchargent est gratuit.
   (D) Ils sont habitués à accéder à des choses illégales.

5. Quand, dans le texte écrit, on dit que « Viacom va faire appel », qu'est-ce que cela veut dire?
   (A) Que Viacom va plaider devant une cour supérieure.
   (B) Que Viacom va contacter ses avocats.
   (C) Que Viacom va choisir les vidéos pour déterminer lesquelles valent la peine d'être protégées.
   (D) Que Viacom va remettre en question les bénéfices d'une plainte.

6. Comment peut-on lutter contre le piratage ?
   (A) En bloquant tout téléchargement.
   (B) En portant plainte contre tout Fournisseur d'Accès Internet qui permet un téléchargement libre.
   (C) En créant des sites payants pour accéder à certaines pages sur internet.
   (D) En changeant progressivement les habitudes et la sociologie des choses.

7. D'après la baladodiffusion, quel est le facteur décisif quand il s'agit des propriétés intellectuelles ?
   (A) Il s'agit en fait de ramener progressivement les revenus dans la poche de ceux qui fabriquent les biens.
   (B) Il faut empêcher le téléchargement.
   (C) Il faut qu'il y ait une offre payante.
   (D) Il faut qu'un plan d'action soit mis en œuvre.

SÉLECTION NUMÉRO 11

Thème du cours : La science et la technologie

SOURCE NUMÉRO 1

Vous aurez d'abord quatre minutes pour lire la source numéro 1.

Introduction

Dans cette sélection, il s'agit de programmes de télévision, publiés dans le journal *La Presse* de Montréal.

VOILÀ! VOTRE SOIRÉE DE TÉLÉVISION

Votre guide télé sur WWW.CYBERPRESSE.CA/TELE

	18 h 30	19 h 00	19 h 30	20 h 00	20 h 30	21 h 00	21 h 30
SRC		*Mythes Urbaines*	Les Parent	Les chéfs! / Anne Desjardins		Bons baisers de France / Mario Pelchat	
TVA	Sucré salé	Les Gags	Le sketch show	Monk		Dr House / Demi prodige	
V	Atomes crochus	Wipeout Québec	Taxi payant	CSI: NY / Passé imparfait		CSI: NY / Soeurs de sang	
TQc	Tactik	Tactik	Coureurs des bois	Atomes et neurones		LES MALES (1971) avec René Blouin	
CBC	Coronation Street	Wheel of Fortune	Jeopardy!	18 to Life	Little Mosque	Kids in the Hall	Comedy Fest
CTV-M		eTalk	Access Hollywood	2 1/2 Men	Big Bang Theory	So You Think You Can Dance Canada	
GBL-Q	End of My Leash	E.T. Canada	Ent. Tonight	House / Teamwork / Troy Garity		Lie to Me / Pied Piper / Jennifer Beals	
ABC	ABC World News	Fox 44 News	Smarter-5th Grad	Bachelor Pad			
CBS		CBS Evening News	Ent. Tonight	Met Your Mother	Rules of Engage.	2 1/2 Men	Big Bang Theory
FOX	The Simpsons	2 1/2 Men	2 1/2 Men	House / Teamwork / Troy Garity		Lie to Me / Pied Piper / Jennifer Beals	
NBC	NBC Nightly News	Jeopardy!	Wheel of Fortune	America's Got Talent			
PBS-P	Nightly Business	PBS NewsHour		Antiques Roadshow Partie 1 de 3		History Detectives	
SHOW	Trailer Park Boys	Painkiller Jane		MY NEIGHBOR'S KEEPER (2007) avec Laura Elena Harring, Linden Ashby.			
TLC	Fairy Tale Wedding	Fabulous Cakes / New York		Cake Boss	Cake Boss	Cake Boss	Cake Boss

SOURCE NUMÉRO 2

Vous aurez une minute pour lire l'introduction et parcourir les questions.

Introduction

Dans cette sélection, il s'agit de deux adolescents qui se disputent sur le choix d'émissions à la télé. La sélection dure à peu près deux minutes.

1. Quel problème se pose dans cette conversation ?
   (A) Les deux adolescents veulent voir le même programme.
   (B) Les deux adolescents ne peuvent pas décider quelle émission voir.
   (C) Le frère veut voir une émission et la sœur veut en voir une autre.
   (D) Ni l'un ni l'autre n'ont accès aux pages de programmation.

2. Pourquoi le frère s'étonne-t-il que sa sœur veuille voir *Wheel of Fortune* ?
   (A) Parce qu'il aime cette émission lui aussi.
   (B) Parce qu'elle n'a jamais regardé cette émission.
   (C) Parce qu'elle préfère *Jeopardy* !
   (D) Parce que l'émission est diffusée en anglais.

3. Quel détail la sœur n'a-t-elle pas vu sur la page de programmation ?
   (A) Que *Wheel of Fortune* passe à sept heures et aussi à sept heures et demie.
   (B) Que *Dr House* est à la même heure que *Wheel of Fortune.*
   (C) Que c'est CBC qui diffuse *Wheel of Fortune.*
   (D) Que *Wheel of Fortune* est diffusée avant *Jeopardy* !

4. Pourquoi est-ce que ça ne vaut pas la peine que la sœur regarde les émissions de CTVM ?
   (A) Ce sont toutes des comédies et elle préfère les jeux télévisés.
   (B) Elles présentent une heure de nouvelles juste avant sept heures.
   (C) Leur programmation est tout en anglais.
   (D) Il n'y a que la moitié de leur programmation qui est en français.

5. Si *Wheel of Fortune* plaît à Nicole, quelle autre émission aimerait-elle ?
   (A) *2½ Men.*
   (B) *E.T. Canada.*
   (C) *Wipeout Québec.*
   (D) *La Guerre des Clans.*

6. D'après la page des programmes, combien de chaînes diffusent leurs émissions en français ?
   (A) Toutes.
   (B) La moitié.
   (C) Sept.
   (D) Quatre.

> ## Thème du cours : La vie contemporaine
>
> **SOURCE NUMÉRO 1**
>
> Vous aurez d'abord quatre minutes pour lire la source numéro 1.
>
> **Introduction**
>
> Dans cette sélection, il s'agit des horaires de train TGV, entre Paris et Avignon.

Votre fiche horaire

Voyages-sncf.com

Valide du 20/10/2010 au 23/10/2010

PARIS> AVIGNON

Train	Départ		Arrivée	Durée	Jours de circ.
TGV Duplex	08h20 PARIS GARE DE LYON	VALENCE TGV RHONE-	10h31		
TGV	10h52 VALENCE TGV RHONE-	AVIGNON TGV	11h27	03h07	- 03
TGV Duplex	08h20 PARIS GARE DE LYON	VALENCE TGV RHONE-	10h31		
TGV Duplex	11h14 VALENCE TGV RHONE-	AVIGNON TGV	11h45	03h25	- 05
TGV Duplex	09h15	direct	11h56	02h41	- 08
TGV Duplex	09h46	direct	13h17	03h31	- 01
TGV	09h46	direct	13h17	03h31	- 03
TGV Duplex	09h46	direct	13h17	03h31	- 04
TGV Duplex	10h20 PARIS GARE DE LYON	VALENCE TGV RHONE-	12h31		
TGV Duplex	13h14 VALENCE TGV RHONE-	AVIGNON TGV	13h47	03h27	- 03
TGV Duplex	10h20 PARIS GARE DE LYON	VALENCE TGV RHONE-	12h31		
TGV Duplex	13h14 VALENCE TGV RHONE-	AVIGNON TGV	13h47	03h27	- 01
TGV Duplex	10h20 PARIS GARE DE LYON	VALENCE TGV RHONE-	12h31		
TGV Duplex	13h14 VALENCE TGV RHONE-	AVIGNON TGV	13h47	03h27	- 04
TGV Duplex	11h16	direct	13h56	02h40	- 01
TGV	11h16	direct	13h56	02h40	- 03
TGV	11h16	direct	13h56	02h40	- 04
TGV Duplex	11h20 PARIS GARE DE LYON	VALENCE TGV RHONE-	13h31		
	14h07 VALENCE TGV RHONE-	AVIGNON TGV	14h38	03h18	- 04
TGV Duplex	11h20 PARIS GARE DE LYON	VALENCE TGV RHONE-	13h31		
TGV Duplex	14h07 VALENCE TGV RHONE-	AVIGNON TGV	14h38	03h18	- 01
TGV Duplex	11h20 PARIS GARE DE LYON	VALENCE TGV RHONE-	13h31		
TGV Duplex	14h07 VALENCE TGV RHONE-	AVIGNON TGV	14h38	03h18	- 03

SOURCE NUMÉRO 2

Vous aurez une minute pour lire l'introduction et parcourir les questions.

Introduction

Dans cette sélection, il s'agit de deux touristes à Paris qui voudraient poursuivre leur visite en France et projettent de voyager en train. La sélection dure à peu près deux minutes.

1. Où est-ce que ces deux touristes veulent aller ?
   - (A) À Avignon.
   - (B) À Lyon.
   - (C) À Paris.
   - (D) À Valence.

2. Quel est le dernier train qu'ils peuvent prendre pour arriver à l'heure prévue ?
   - (A) 9h15.
   - (B) 10h20.
   - (C) 11h16.
   - (D) 11h20.

3. De quelle gare parisienne partent ces trains ?
   - (A) De la Gare Montparnasse.
   - (B) De la Gare de Lyon.
   - (C) De la Gare d'Orsay.
   - (D) De la Gare du Midi.

4. Quel genre de train fait le trajet Paris-Avignon ?
   - (A) L'Orient-Express.
   - (B) Le Train à Grande Vitesse.
   - (C) Le Wagon-Restaurant.
   - (D) Le Train du Midi.

5. Où peut-on obtenir des renseignements sur les horaires des trains français ?
   - (A) Sur sncf.com.
   - (B) Sur voyages.com.
   - (C) Sur fiche_horaires.fr.
   - (D) Sur trains_pour_avignon.com.

6. Quel train parcourt la distance Paris-Avignon le plus rapidement ?
   - (A) Celui de 8h20.
   - (B) Celui de 9h15.
   - (C) Celui de 11h16.
   - (D) Celui de 11h20.

SÉLECTION NUMÉRO 13

Thème du cours : La science et la technologie

SOURCE NUMÉRO 1

Vous aurez d'abord quatre minutes pour lire la source numéro 1.

Introduction

Dans cette sélection, il s'agit d'un article savant de Guy Rocher écrit pour un colloque à l'Université Laval au Québec.

Le virage technologique : cheval de Troie des sociétés de l'avenir ?

Ligne *Un article publié dans « Nouvelles technologies et société. Actes du colloque du 45e anniversaire de fondation de la Faculté des sciences sociales de l'Université Laval », pp 45-58. Québec:*
(5) *Faculté des sciences sociales, Université Laval, 1985, p. 306.*

Le titre que j'ai donné à cette conférence a voulu témoigner de l'incertitude et des débats qui entourent les technologies nouvelles.
(10) Lorsque les Troyens assiégés par les Achéens aperçurent un matin cet être étrange, un énorme cheval de bois, sous les remparts de leur ville, ils furent profondément perplexes et pendant plusieurs jours discutèrent à savoir s'il s'agissait
(15) d'un dieu qui venait à leur secours ou d'une nouvelle stratégie de l'ennemi pour les perdre. Fallait-il le faire entrer dans la ville ou le laisser à la porte ? Lui refuser l'entrée pouvait entraîner le courroux d'un dieu, l'accueillir pouvait mettre la
(20) ville à la merci de l'ennemi.

Les technologies nouvelles qui sont à nos portes rappellent ces débats. Apportent-elles progrès, qualité de vie, nouvelle culture ? Apportent-elles chômage, standardisation de
(25) la culture, esclavage de l'homme ? Certains en attendent la solution à la crise que nous connaissons, alors que d'autres nous avertissent qu'elles sont porteuses de crises encore plus graves. Qui a raison ? Les uns et les autres peut-être ?

Mais alors, à quelles conditions les innovations (30) technologiques peuvent-elles contribuer à résoudre la crise actuelle et que faire pour éviter qu'elles n'en engendrent de nouvelles ?

Bref, les nouvelles technologies rendent aujourd'hui l'avenir, qui est toujours incertain, (35) encore plus incertain. Le thème des incertitudes dans la vie humaine et sociale en devient plus actuel, il devient même objet de théorisation. Permanente dans la vie, l'incertitude devant l'avenir, collectif ou individuel, croît ou diminue (40) selon les conjonctures. Nous vivons présentement dans une conjoncture où les incertitudes sont alimentées tout à la fois par les déceptions et désillusions des dernières années, par la crise que nous traversons, par les espoirs que (45) l'on hésite à investir dans les solutions proposées, par les conséquences encore difficilement prévisibles que ces solutions peuvent entraîner. Ce sont ces incertitudes qui nous réunissent ici, sous le thème des technologies nouvelles et (50) l'avenir de nos sociétés.

Mais il y a aussi des certitudes qui nous réunissent. Deux au moins. Tout d'abord, ces nouvelles technologies ne sont pas, comme le cheval de Troie, hors de nos remparts, elles sont (55) déjà dans la ville, et depuis assez longtemps. Nous ne les en chasserons pas. Leur évolution est en cours, nous ne l'arrêterons pas. L'incertitude consiste plutôt à se demander comment en tirer dans l'avenir le meilleur parti possible. (60)

La seconde certitude qui nous réunit est que la technologie n'est pas que technologique, elle est

aussi une réalité sociale et humaine dans sa création, sa diffusion, son adaptation. Et c'est précisé-
(65) ment à cause de cela que c'est plus que jamais en ce moment la responsabilité de ceux qui se sont spécialisés dans l'étude des sciences humaines et sociales de s'interroger non seulement sur le passé et le présent, mais aussi sur l'avenir, et beaucoup plus qu'ils ne l'ont fait à ce jour. (70)

SOURCE NUMÉRO 2

Vous aurez une minute pour lire l'introduction et parcourir les questions.

Introduction

Dans cette sélection il s'agit de la baladodiffusion d'une interview entre Myriam Lemaire et Francis Balle sur quelques bouleversements récents dans la technologie. L'interview figure sur le site Canal Académie. La sélection dure à peu près deux minutes.

1. Quel est le thème organisateur des deux textes ?
   (A) Que la technologie endommage même les inventions établies depuis longtemps.
   (B) Que la technologie est toujours changeante et innove sans cesse.
   (C) Que la technologie peut comporter des dangers.
   (D) Que la technologie est une menace depuis 1985.

2. À quoi Guy Rocher fait-il allusion quand il évoque l'image du cheval de Troie ?
   (A) Que la guerre avec la technologie ne cessera jamais.
   (B) Que la technologie est entrée dans la société moderne à pas de loup.
   (C) Que la technologie est menaçante et furtive.
   (D) Que la technologie se répand dès qu'elle a fait son entrée quelque part.

3. Que fait la technologie moderne ?
   (A) Elle complique tout.
   (B) Elle numérise tout.
   (C) Elle favorise les intellectuels.
   (D) Elle démode tous les autres gadgets.

4. À quelle époque s'applique cette phrase : « Ces nouvelles technologies ne sont pas, comme le cheval de Troie, hors de nos remparts, elles sont déjà dans la ville, et depuis assez longtemps » ?
   (A) À 1985.
   (B) À toutes les époques.
   (C) Au présent.
   (D) À toutes les époques depuis 1985.

5. En quoi la baladodiffusion diffère-t-elle du texte écrit ?
   (A) Elle présente la technologie dans le contexte des inventions dans le monde.
   (B) Elle n'accepte pas l'hypothèse du cheval de Troie.
   (C) Elle imagine la technologie de demain.
   (D) Elle crée une coexistence pacifique entre les diverses formes de technologie.

6. Qu'est-ce qui sépare les deux extraits ?
   (A) Les sujets sont différents l'un de l'autre.
   (B) L'un d'eux parle d'un avenir qui pour nous est déjà le passé.
   (C) L'un d'eux imagine l'avenir de la technologie tous les 25 ans.
   (D) L'un des extraits parle des problèmes que pose la technologie.

SÉLECTION NUMÉRO 14

Thème du cours : La vie contemporaine

SOURCE NUMÉRO 1

Vous aurez d'abord quatre minutes pour lire la source numéro 1.

Introduction

Dans cette sélection il s'agit de la carte du restaurant Le coq hardi.

Sandwiches Froids

LE TUNISIEN   25F
Coulis de tomates, huile, sel, **thon, œuf, concombre, radis, poivrons, tomate fraîche**

LE BALTIQUE   24F
Salade verte, tomate fraîche, **saumon, crème fraîche, aneth,** assaisonnement

LE DAUPHINOIS   24F
Salade verte, tomate, **beurre, fromage chèvre, noix,** assaisonnement

L'OCÉANIQUE   25F
Salade verte, tomate fraîche, **surimi, crevettes, crabe, œuf dur,** assaisonnement

L'ATLANTIQUE 23F
Salade verte, tomate fraîche, **thon, œuf dur,** assaisonnement

LE ROSAS   23F
Salade verte, tomate fraîche, **jambon de Bayonne, fromage,** assaiso.

LE CALIFORNIEN   23F
Salade verte, tomate fraîche, **poulet,** assaisonnement

L'ITALIEN   24F
Salade verte, tomate fraîche, **mozzarella, basilic, jambon blanc,** assaiso.

LE MEDITERRANEEN   23F
Coulis de tomates, huile, sel, **thon, poivrons et olives**

LE CATALAN   23F
Coulis de tomates, huile, sel, **jambon de Bayonne**

LE TORTILLA   23F
Coulis de tomates, huile, sel, **omelette de pomme de terre**

LE VEGETARIEN   22F
Salade verte, tomate fraîche, **concombre, œuf dur,** assaisonnement

SOURCE NUMÉRO 2

Vous aurez une minute pour lire l'introduction et parcourir les questions.

Introduction

Dans cette sélection il s'agit de deux personnes qui sont au restaurant Le coq hardi pour déjeuner. Elles regardent la carte avant de faire leur choix. La sélection dure à peu près deux minutes.

1. Pourquoi est-ce que ces deux personnes ne peuvent pas se décider à prendre un sandwich à deux ?
   (A) Elles n'aiment pas le restaurant.
   (B) La moitié de la carte manque.
   (C) Elles n'aiment pas les mêmes choses.
   (D) Les sandwichs leur paraissent étranges.

2. Quel sandwich ne plaît pas à Martine ?
   (A) Le Rosas.
   (B) Le Tunisien.
   (C) Le Baltique.
   (D) Le Californien.

3. Quel sandwich ne plait pas à Yves?
   (A) Le Végétarien.
   (B) L'Italien.
   (C) Le Rosas.
   (D) Le Méditerranéen.

4. Quels sandwichs contiennent du poisson ?
   (A) Le Tunisien et le Rosas.
   (B) Le Baltique et l'Atlantique.
   (C) Le Dauphinois et le Tunisien.
   (D) Le Californien et le Baltique.

5. À part le Végétarien, quel sandwich plairait à un végétarien ?
   (A) Le Tortilla.
   (B) Le Baltique.
   (C) Le Catalan.
   (D) Le Californien.

PART B

> ## Thème du cours : Les défis mondiaux
>
> **SOURCE NUMÉRO 1**
>
> Vous aurez d'abord quatre minutes pour lire la source numéro 1.
>
> **Introduction**
>
> Dans cette sélection, il s'agit de l'examen de citoyenneté canadienne.

La citoyenneté canadienne

Ligne Il est communément connu que tout immigrant postulant pour la citoyenneté canadienne doit passer un examen de citoyenneté après trois ans de résidence permanente. La raison d'être de
(5) cet examen c'est d'évaluer la maîtrise des connaissances concernant le pays d'accueil qu'est le Canada, sauf que les postulants arrivent à déjouer cet exam en se procurant un guide de la citoyenneté qui regroupe en gros toutes les
(10) questions qu'on retrouve lors de l'exam. Du reste il faut payer 200 dollars canadiens de frais de traitement.

Depuis le mois d'Avril le gouvernement fédéral a apporté quelques modifications régis-
(15) sant l'exam qui a pour raison d'être d'évaluer non plus les connaissances mais une bonne compréhension de la communauté canadienne et une évaluation linguistique soit en français ou en Anglais.

(20) On retrouve souvent des questions, disant, évidentes genre : la différence entre le ministre fédéral et la reine et ainsi de suite.

L'idée profonde ce n'est pas de passer un test mais surtout de rehausser la valeur de la
(25) citoyenneté canadienne, pour quelqu'un qui passe 3 ans sur une région il doit connaître un minimum de son entourage culturel, politique, économique et social. Et ne plus considérer la citoyenneté comme l'aboutissement d'une attente
(30) qui a duré 1095 jours pour avoir un passeport.

Un aperçu de l'examen de citoyenneté canadienne. Testez vos connaissances d'après "Regard sur le Canada", le document préparatoire à l'examen de citoyenneté.

Quels sont les trois principaux groupes (35) d'Autochtones? Réponse: Les Premières nations, les Métis et les Inuits.

D'où provenaient les premiers Européens qui se sont établis au Canada? R: De la France.

Qu'a fait le gouvernement pour faciliter (40) l'immigration dans l'Ouest? R: Il a construit le dernier tronçon du chemin de fer du Canadien Pacifique.

En quelle année le Canada est-il devenu un pays? R: En 1867. (45)

Qui a été le premier premier ministre du Canada? R: Sir John A. Macdonald.

Depuis quand la Charte canadienne des droits et libertés fait-elle partie intégrante de la Constitution canadienne? R: Depuis 1982. (50)

Quelle chanson constitue l'hymne national du Canada? R: Ô Canada!

D'où vient le nom Canada? R: Deux jeunes autochtones ont prononcé le mot huron-iroquois Kanata qui signifie village ou établissement. (55)

Quelle est la population du Canada? R: Plus de 33 millions.

Dans quelle région vit plus de la moitié de la population canadienne? R: Le Centre (Ontario et sud du Québec). (60)

Comment s'appelle le gouverneur général? R: Michaëlle Jean.

Combien y-at-il de circonscriptions électorales au Canada? R: 308.

Dans quel secteur travaillent la plupart des (65) Canadiens? R: Dans le secteur des services.

Quelles sont les trois principales industries du Canada? R: Le secteur de l'exploitation des ressources naturelles, le secteur des produits de fabrication et (70) le secteur des services.

Nommez tous les partis politiques fédéraux représentés à la Chambre des communes et leurs chefs ? R: Parti conservateur du Canada - Stephen Harper, Parti libéral du Canada - Stéphane Dion,

Bloc québécois - Gilles Duceppe, Nouveau Parti (75) démocratique - Jack Layton.

Comment appelle-t-on une loi avant qu'elle ne soit adoptée? R: Projet de loi.

Comment les sénateurs sont-ils choisis? R: Les sénateurs sont choisis par le premier ministre et (80) nommés par le gouverneur général.

SOURCE NUMÉRO 2

Vous aurez une minute pour lire l'introduction et parcourir les questions.

Introduction

Dans cette sélection, le Professeur Simon Langlois fait une conférence sur le multiculturalisme canadien. La conférence a paru sur le site de Radio Canada. La sélection dure à peu près deux minutes.

---

1. Qu'est-ce qui est d'abord demandé pour obtenir la citoyenneté canadienne ?
   (A) Un paiement de 200 dollars canadiens.
   (B) Un examen des connaissances sur le Canada.
   (C) Un passeport canadien.
   (D) Avoir sa résidence permanente dans une maison ou appartement.

2. De quoi la petite immigrante hollandaise avait-elle peur pendant le voyage en train d'Halifax ?
   (A) Des préjugés racistes à Fredericton.
   (B) Des indiens et des ours.
   (C) De changer son prénom.
   (D) De tomber en panne.

3. Pourquoi cette petite immigrante maintenant adulte ne veut-elle pas retourner en Hollande ?
   (A) À cause des préjugés.
   (B) À cause des nouveaux immigrants en Hollande.
   (C) Parce qu'elle ne parle plus la langue.
   (D) Parce qu'il y a trop de monde aux Pays-Bas.

4. Quelle est le but de l'examen de citoyenneté ?
   (A) De tester les connaissances des Canadiens.
   (B) De connaître l'environnement culturel.
   (C) De considérer la citoyenneté comme la fin d'une longue attente.
   (D) De rehausser la valeur de la citoyenneté.

5. Quel genre de question trouve-t-on le plus souvent ?
   (A) Des questions d'histoire canadienne.
   (B) Des questions sur les obligations civiques.
   (C) Des questions sur la géographie canadienne.
   (D) Des questions sur la culture canadienne : littérature, musique, art.

6. Comment les deux extraits répondent-ils au même thème unificateur ?
   (A) L'article écrit parle du multiculturalisme tandis que la baladodiffusion ne parle que de deux cultures.
   (B) L'article écrit expose les problèmes des immigrants alors que la baladodiffusion donne l'exemple d'une famille immigrante en danger.
   (C) L'article écrit pose le problème auquel fait face le citoyen éventuel alors que la baladodiffusion donne un exemple.
   (D) L'article écrit annonce le thème de la citoyenneté que la baladodiffusion le développe.

7. Qu'est que la jeune fille immigrante venue de Hollande a dû faire pour s'intégrer à la culture du Canada ?
   (A) Adopter un style de vêtements moins européen.
   (B) Aller dans une autre église.
   (C) Déménager de Fredericton à Halifax.
   (D) Changer de prénom.

> ## Thème du cours : L'esthétique
>
> **SOURCE NUMÉRO 1**
>
> Vous aurez d'abord quatre minutes pour lire la source numéro 1.
>
> **Introduction**
>
> Dans cette sélection, il s'agit d'un texte tiré d'un ouvrage de l'auteur Jean d'Ormesson, *C'était bien.*

C'était bien

Ligne *Le ravi de la crèche*
Ce que j'ai aimé le plus au monde, je crois que
c'était la vie. La mienne d'abord, bien sûr : je
n'étais pas un saint. À la différence de l'Ecclé-

(5) siaste et de tant de poètes et de philosophes positivement consternés d'être sortis du néant pour
être jetés parmi nous, je me réjouissais d'être là.

« Je m'éveille le matin, écrit Montesquieu,
avec une joie secrète, je vois la lumière avec une

(10) espèce de ravissement. Tout le reste du jour, je
suis content. » Moi aussi, j'étais content. J'aimais
beaucoup les matins, le soleil, la lumière qui
est si belle. Et les soirs, avec leurs secrets. Et les
nuits aussi. Après les surprises et l'excitation

(15) du jour, je m'enfonçais dans l'absence avec une
silencieuse allégresse. J'aimais beaucoup dormir.
Et j'aimais me réveiller et aller me promener
dans les forêts ou le long de la mer.

(…) Je me trouvais plutôt mieux dans ce

(20) monde-ci, qui avait des hauts et des bas, que
nulle part ou ailleurs. Il y avait dans cette attitude
quelque chose d'audacieux : elle n'était pas répan-
due chez ceux de mon époque. Ils cultivaient leurs
refus et leur mauvaise humeur avec ostentation.

(25) Pour des motifs qu'on pouvait comprendre—les
temps n'avaient pas été gais—, ils voyaient la vie
en noir et, quand leurs regards s'abaissaient jusqu'à
moi, j'y lisais une ombre de mépris pour mon
obstination à la dépeindre sous des couleurs moins

(30) sombres où ils décelaient non seulement une
rupture choquante avec leur manière d'être, mais
comme une trace de sottise et de facilité. (…)

Il y avait du mal dans ce monde, le sang
y coulait à flots, des mères cherchaient leurs
enfants au milieu des décombres, l'homme allait (35)
peut-être disparaître, victime de son propre génie,
et il n'en finissait pas de souffrir. Est-ce que je
l'ignorais ? À côté des horreurs qui n'avaient
jamais cessé de s'enchaîner les unes aux autres
et en attendant les désastres qui ne pouvaient (40)
manquer de survenir, il y avait aussi des roses,
des instants filés de soie à toutes les heures de
la journée, de vieilles personnes irascibles qui
laissaient derrière elles un souvenir de tendresse,
des enfants à aimer, de jolies choses à lire, à voir, (45)
à écouter, de très bonnes choses à manger et à
boire, des coccinelles pleines de gaieté sous leur
damier rouge et noir, des dauphins qui étaient
nos amis, de la neige sur les montagnes, des îles
dans une mer très bleue. J'étais plutôt porté au (50)
rire et à dire oui qu'aux larmes et à dire non.
Plutôt à la louange et à l'émerveillement qu'à la
dérision ou à l'imprécation. J'étais une exception. Quelle chance ! Il y a toujours avantage à
être un peu invraisemblable. (55)

SOURCE NUMÉRO 2

Vous aurez une minute pour lire l'introduction et parcourir les questions.

Introduction

Le texte sonore présente un entretien de Jacques Paugam avec l'auteur et académicien français Jean d'Ormesson qui parle de son livre, *C'est une chose étrange à la fin que le monde.*

1. Quelle est l'idée principale du podcast ?
   (A) Que Dieu est construit par les hommes et nous ne pouvons pas nous faire une idée de Dieu.
   (B) Que les maux du monde ont mis Dieu de mauvaise humeur.
   (C) Qu'il y a trop d'agnostiques de nos jours.
   (D) Qu'on insiste trop sur la religion organisée.

2. Selon l'interview, quel est le thème du nouveau livre de J. d'Ormesson ?
   (A) C'est une histoire de la religion en France.
   (B) C'est une réfutation de la philosophie théiste.
   (C) C'est le livre d'une vie.
   (D) C'est un livre d'anecdotes sur ses croyances religieuses.

3. Dans son livre *C'est une chose étrange à la fin que le monde*, à qui est-ce que J. d'Ormesson donne la parole ?
   (A) À Einstein.
   (B) À un vieil homme.
   (C) À son double.
   (D) À Dieu.

4. Pourquoi est-ce que l'auteur aime dormir ?
   (A) Parce qu'il a souvent sommeil.
   (B) Parce qu'écrire le fatigue.
   (C) Parce qu'il est vieux.
   (D) Parce qu'il aime se réveiller.

5. Selon la philosophie de l'auteur, laquelle des phrases suivantes est vraie ?
   (A) Il y a toujours quelque chose de bon à côté des maux de la vie.
   (B) La vie est sinistre, mais il faut en chercher les bons côtés.
   (C) Il y aura toujours des enfants à aimer.
   (D) Dieu n'existe que dans les événements de tous les jours.

6. Que veut dire l'auteur par « J'ai voulu redonner une chance à Dieu » ?
   (A) Je lui laisse l'occasion de participer au débat.
   (B) Il m'a déçu, je l'autorise à recommencer.
   (C) Il espère qu'il y aura toujours des croyants.
   (D) Il a fait une bêtise. Il ne faut pas qu'il recommence.

SÉLECTION NUMÉRO 17

Thème du cours : La vie contemporaine

SOURCE NUMÉRO 1

Vous aurez d'abord quatre minutes pour lire la source numéro 1.

Introduction

Dans cette sélection, il s'agit d'une recette pour les brownies.

Brownies à la neige

Savourez les petits gâteaux et la récréation de la neige avec cette recette.

Plat : Desserts
Temps de cuisson : 45 minutes
Temps de préparation : 15 minutes
Donne : 36 brownies

Préparation :
1 ¼ tasse (310) de lait
1 tasse (250 ml) de beurre en cubes
2 tasses (500 ml) de sucre
3 œufs
1 c. à soupe (15 ml) d'extrait de vanille
2 tasses (500 ml) de farine tout usage
1 tasse (250 ml) de pépites de chocolat blanc
1 tasse (250 ml) de noix de macadamia
1/2 c. à thé (2 ml) de sel

Glaçage

1 paquet de glaçage
2 tasses (500 ml) de guimauves fondues
2 tasses (500 ml) de noix de coco gratinée

Préchauffer le four à 350ºF (180ºC). Beurrer un plat allant au four de 13 x 9 po (33 x 23 cm).

Dans une tasse à mesurer en verre ou une casserole, mélanger le lait et le beurre. Faire chauffer au four à micro-ondes à puissance moyenne (50%) 3 ou 4 minutes en remuant souvent, ou sur la cuisinière à feu moyen jusqu'à ce que le lait soit tiède et le beurre fondu. Dans un grand bol, ajouter graduellement le lait en fouettant le sucre, puis les œufs et la vanille. Saupoudrer de farine et de sel ; fouetter pour mélanger. Incorporer légèrement les pépites et les noix. Étendre environ la pâte dans le plat.

Faire cuire 45 min ou jusqu'à ce qu'un cure-dent inséré au centre en ressorte avec quelques miettes humides. Laisser refroidir dans le plan sur une grille.

Préparer votre glaçage blanc favori selon les instructions et en ajoutant des tasses (500 ml) de guimauve fondu.

Une fois refroidis, glacer les brownies. Saupoudrer abondamment avec la noix de coco. Couper les brownies en carrés.

SOURCE NUMÉRO 2

Vous aurez une minute pour lire l'introduction et parcourir les questions.

Introduction

Dans cette sélection, il s'agit d'une mère et sa fille qui essaient de faire des brownies dans leur cuisine. La sélection dure à peu près deux minutes.

1. Que font la mère et sa fille ?
   (A) Elles préparent le déjeuner.
   (B) Elles nettoient la cuisine.
   (C) Elles préparent un dessert.
   (D) Elles bouleversent tout.

2. Avec l'accident, combien faut-il de lait pour les brownies ?
   (A) Une tasse et un quart.
   (B) Une tasse et demie.
   (C) Deux tasses.
   (D) Toute une bouteille.

3. D'après le dialogue, qu'est-ce que la fille a trouvé qui l'a amenée à demander des brownies ?
   (A) Le carton.
   (B) La boîte.
   (C) Les pépites au chocolat blanc.
   (D) La recette.

4. Comment est-ce qu'on introduit les noix de macadamia ?
   (A) On les ajoute en fouettant.
   (B) On les met doucement sur la pâte.
   (C) On les ajoute après que les brownies soient cuits.
   (D) On les insère légèrement dans la pâte.

5. Pendant combien de temps est-ce qu'on fait cuire les brownies ?
   (A) De 45 à 50 minutes.
   (B) Jusqu'à ce qu'on sente leur odeur.
   (C) Pendant trois ou quatre minutes.
   (D) Pendant une heure.

6. Comment est la mère ?
   (A) Tolérante.
   (B) Intolérante.
   (C) Stricte.
   (D) Exigeante.

Thème du cours : La vie contemporaine

SOURCE NUMÉRO 1

Vous aurez d'abord quatre minutes pour lire la source numéro 1.

Introduction

Dans cette sélection, il s'agit des jouets en vente dans un magasin au Canada.

Atelier de course

17.99

Voiture de course qui peut être démontée et remontée.

Robie la tire-lire

14.99

Placez les pièces dans sa main et il les gobe pour vous empêcher de les dépenser.

Magnéto Sing-Along

39.99

avec micro d'accompagnement pour que les enfants chantent avec leur artiste favori.

1. Qu'est-ce que Robie ?
   (A) C'est un robot qui marche et qui bouge les bras.
   (B) C'est une tirelire qui avale les pièces.
   (C) C'est un robot qui roule sur des roulettes.
   (D) C'est un robot qui attaque.

2. Pourquoi le client ne veut-il pas du réveille-matin ?
   (A) Il croit que c'est vieux jeu.
   (B) Il ne veut pas dépenser autant d'argent.
   (C) Son neveu n'a que quatre ans.
   (D) Ce n'est pas une tirelire.

3. Pourquoi est-ce que le client n'aime pas le Magnéto Sing-Along ?
   (A) Parce que son neveu n'aime pas les chansons.
   (B) Parce qu'il croit que les cassettes sont dépassées.
   (C) Parce que les cassettes qu'il a sont anciennes.
   (D) Parce que les cassettes de son neveu ne marcheraient pas avec cette machine.

4. Pourquoi est-ce que le client ne veut pas la voiture de courses ?
   (A) C'est vieux jeu.
   (B) Ce n'est pas approprié à l'âge de l'enfant.
   (C) Il coûte trop cher.
   (D) Les piles ne sont pas comprises.

5. Quel cadeau est-ce que le client achète pour son neveu ?
   (A) Le Magnéto Sing-Along.
   (B) Des piles.
   (C) La lampe Chuckie Rugrats.
   (D) Robie la tirelire.

6. À quel public s'adresse cette réclame ?
   (A) Aux enfants.
   (B) Aux parents qui cherchent des cadeaux pour Noël.
   (C) Aux parents, et surtout aux oncles.
   (D) À ceux qui sont à la pointe des progrès technologiques.

Thème du cours : Les défis mondiaux

SOURCE NUMÉRO 1

Vous aurez d'abord quatre minutes pour lire la source numéro 1.

Introduction

Dans cette sélection, il s'agit de statistiques sur la consommation de l'eau par les Parisiens.

Pourcentages se rapportant aux moyennes de consommation d'eau utilisée par un foyer à Paris pour :
la boisson : 1 %
la préparation des repas : 6 %
les vaisselles : 10 %
les lessives : 12 %
l'hygiène corporelle : 39 %
les sanitaires : 20 %
autres : 12 %

Quantités en litres des principaux postes de consommation dans le foyer :
bain : 120 à 200 l.
douche : 60 à 80 l.
lave-vaisselle : 20 à 60 l.
vaisselle manuelle : 20 à 40 l.
lave-linge : 20 à 60 l.
chasse d'eau : 6 à 12 l.

SOURCE NUMÉRO 2

Vous aurez une minute pour lire l'introduction et parcourir les questions.

Introduction

Dans cette sélection, il s'agit d'un père et son fils qui discutent de l'eau à Paris. La sélection dure à peu près deux minutes.

1. Que fait le père au début de la scène ?
   (A) Il fait couler un bain.
   (B) Il prend une douche.
   (C) Il fait la vaisselle.
   (D) Il démarre le lave-vaisselle.

2. Quel pourcentage d'eau potable boit-on ?
   (A) Un pour cent.
   (B) Dix pour cent.
   (C) Vingt pour cent.
   (D) Soixante-quinze pour cent.

3. Qu'est-ce qui consomme la plus grande quantité d'eau ?
   (A) La toilette.
   (B) Le bain.
   (C) Le lave-vaisselle.
   (D) Le lave-linge.

4. Pourquoi ne boit-on pas l'eau de la Seine ?
   (A) Elle n'est pas potable.
   (B) Elle n'a pas de branchement dans les maisons de Paris.
   (C) Elle est sale.
   (D) Elle sent mauvais.

5. D'après les textes, comment la ville de Paris a-t-elle de l'eau potable ?
   (A) Elle vient de trois usines qui desservent le bassin parisien.
   (B) Elle vient de la Seine.
   (C) Elle vient de Paris.
   (D) Elle vient de plusieurs sources.

6. Quel est le message véhiculé par les extraits ?
   (A) Que l'eau est abondante et qu'on peut l'employer dans n'importe quelle circonstance.
   (B) Que l'on ne doit jamais boire l'eau des fleuves.
   (C) Que la Seine est sale et mérite un nettoyage général.
   (D) Qu'on doit conserver l'eau et ne pas la gaspiller.

SÉLECTION NUMÉRO 20

Thème du cours : La vie contemporaine

SOURCE NUMÉRO 1

Vous aurez d'abord quatre minutes pour lire la source numéro 1.

Introduction

Dans cette sélection, il s'agit d'une recette pour confectionner des fajitas.

Kit pour Fajitas

Ingrédients
1 kit pour Fajitas:
10 tortillas
1 sachet de chapelure assaisonnée
1 sauce salsa

Ajoutez:
Blancs de poulet
Salade
Tomates

Préparez le four à 225° c. Versez le sachet
d'assaisonnement et le poulet dans un sac et secouez.
Mettez-les au four pendant 15 minutes.

Réchauffez les tortillas pendant 10 minutes.

Prenez une tortilla chaude, ajoutez le poulet et la
sauce salsa, et roulez le tout.

SOURCE NUMÉRO 2

Vous aurez une minute pour lire l'introduction et parcourir les questions.

Introduction

Dans cette sélection, il s'agit de deux amis qui font des fajitas avec un paquet qu'ils ont acheté au supermarché. La sélection dure à peu près deux minutes.

PART B

1. Qu'est-ce qu'on doit faire avant de mettre les blancs de poulet dans les tortillas ?
   (A) Faire cuire de la salsa.
   (B) Réchauffer les tortillas.
   (C) Envelopper les tortillas dans un papier d'aluminium.
   (D) Mettre tous les ingrédients sur la table.

2. Pourquoi est-il si facile de préparer les fajitas ?
   (A) Parce qu'on a presque tous les ingrédients dans le paquet.
   (B) Parce que tous les ingrédients sont déjà préparés.
   (C) Parce qu'on ne doit pas faire cuire le poulet.
   (D) Parce que la garniture est simple.

3. De quoi est faite la chapelure ?
   (A) D'ail et de coriandre.
   (B) De poulet.
   (C) De sel et de poivre.
   (D) De pain.

4. Comment peut-on finir la garniture des fajitas ?
   (A) En les arrosant avec la salsa.
   (B) En les faisant cuire pendant une demi-heure.
   (C) En oubliant les fourchettes et les couteaux.
   (D) En perçant le sachet.

5. Combien de temps doit-on consacrer à la préparation des fajitas ?
   (A) Dix minutes.
   (B) Vingt-cinq minutes.
   (C) Une demi-heure.
   (D) Une heure.

6. Comment arrange-t-on les fajitas ?
   (A) On les roule avec le poulet dedans.
   (B) On les roule et les met à côté du poulet empanné.
   (C) On les met sur le plat avec la tortilla au-dessus du poulet.
   (D) On met le poulet et la salade sur une assiette.

Part C: Interpretive Communication, Audio Texts

 The AP* French: Preparing for the Language and Culture Examination program includes a Digital Student and Teacher Center on SuccessNet Plus, Pearson's personalized learning management system. In the Center, students can complete activities in interactive format, with embedded audio. They can also access the complete eText with audio hyperlinks.

The listening comprehension portion of the AP French Language and Culture Examination consists of a variety of materials chosen for their clarity, the diversity of cultures, accents and speech patterns, their comprehensibility, their interest, and their relevance to the curriculum themes as set forth in the Curriculum Framework for the AP French Language and Culture Examination. The listening clips range from one to four minutes. The passages reflect news broadcasts, interviews, advertisements, conversations, podcasts, guides, announcements and presentations.

Each clip is followed by a variety of multiple-choice questions that ask the student to identify the main idea, details of the text, factual information, conclusions and inferences from the listening passage, the purpose of the passage, the point of view, the intended audience and cultural information. Rarely will a question ask for specific, minor details found in a passage unless that information is repeated within the clip. The questions and possible answers are printed in the test booklet. These questions are available to you as you listen to the excerpt.

STRATEGIES

1. **Determine the audio type.** As you listen, try first to determine the type of text (interview? advertisement?) and the main idea(s) of the text.

2. **Listen several times.** Although on the actual examination you will hear each passage twice, as you practice using this book, you can listen to the excerpt a number of times.
   - As you listen the first time, you can focus on determining the type of text and the main ideas.
   - As you listen, try to identify the portions of the excerpt that you will want to focus on when the passage is replayed. Since you will only hear the passage twice during the examination, this is a good practice to develop in order to review important information.
   - Apply the reading process to a listening format by following these three steps as you practice.

- **Pre-listening:** Read the introductory information and review the questions. This will help you make predictions about what you are about to hear. What do you already know about the topic? What connections can you begin making?

- **Listening:** Try to grasp the essence of the passage. Remember, you do not have to understand every word or phrase. Understanding the gist of what is said is an important part of listening.
  - How are the speakers reacting to their statements? Do they seem matter-of-fact? excited? angry?
  - Visualize the elements of the passage as you listen. This will help you understand what you hear.
  - Focus on the associations and connections that you can make based on your background knowledge.
  - Pay attention to details and supporting arguments. Do people discuss both sides of an issue or are they defending a specific opinion? Is the speaker trying to convince? to explain? to complain? to encourage?
  - Draw meaning from the context. This will help you make inferences and draw conclusions.

3. **Read the questions first.** This will help guide your listening. Remember, you cannot answer the questions without listening to the passage. Keep the questions in mind as you listen to the excerpt.

4. **Listen to authentic spoken French.** You can find French news broadcasts and podcasts all over the internet. You may want to start independent listening with items that also have a video component, such as news broadcasts.

5. **Focus!** Listening is a difficult chore. Many people tend to daydream while listening. You cannot afford to do this, especially in French. Focus, take notes. Keep listening!

Directions: You will now listen to several audio selections.

For each audio selection, first you will have a designated amount of time to read a preview of the selection as well as to skim the questions that you will be asked. The selection will be played twice. As you listen to the selection, you may take notes. Your notes will not be scored.

After listening to the selection, you will have time to answer the questions. For each question, choose the response that is best according to the audio selection. You will have 15 seconds to answer each question.

Instructions : Vous allez écouter plusieurs sélections audio.

Pour chaque sélection audio, vous aurez d'abord un temps déterminé pour lire une introduction et pour parcourir les questions qui vous seront posées. La sélection sera jouée deux fois. Vous pouvez prendre des notes pendant que vous écoutez la sélection mais elles ne seront pas prises en compte dans le score.

Après avoir écouté la sélection, vous aurez le temps de répondre aux questions. Pour chaque question, choisissez la meilleure réponse selon la sélection audio. Vous aurez 15 secondes pour répondre à chaque question.

SÉLECTION NUMÉRO 1

Thème du cours : L'esthétique

Vous aurez une minute pour lire l'introduction et parcourir les questions.

Introduction

Dans cette sélection, il s'agit de l'émission *Libre comme l'air* de Radio Canada diffusée sur baladodiffusion dont l'animatrice est Dominique Poirier. Son invité, Jim Corcoran, est animateur de radio et nous parle de son amour du Québec et de la langue française. Il écrit tout autant en anglais qu'en français.

---

1. Quelle est l'idée principale de cette émission ?
   (A) Jim Corcoran parle de son amour pour les chansons québécoises.
   (B) Jim Corcoran offre sa perspective sur l'histoire du Canada.
   (C) On invite ceux qui écoutent et participent au concert.
   (D) On donne les détails du prochain concert de Jim Corcoran.

2. De qui est-ce que Jim Corcoran aime piquer la curiosité ?
   (A) De ceux qui ne connaissent pas sa musique.
   (B) De ceux qui ne connaissent pas le Québec.
   (C) D'autres chanteurs qui ne sont pas à la radio.
   (D) Des compositeurs pour qu'ils créent plus de chansons.

3. Quelles chansons diffuse-t-il à la radio ?
   (A) Les chansons écrites depuis 21 ans.
   (B) Celles qui encouragent la participation.
   (C) Il ne présente que la musique qui « l'allume ».
   (D) Tout un éventail de musique canadienne.

4. Quel est le but de cette émission ?
   (A) De présenter la biographie de Jim Corcoran.
   (B) D'informer le public sur les nouveaux concerts de Jim Corcoran.
   (C) D'honorer Jim Corcoran pour ses 21 ans de service à la radio canadienne.
   (D) De mettre en avant un chanteur déjà assez célèbre.

SÉLECTION NUMÉRO 2

> # Thème du cours : La famille et la communauté
>
> Vous aurez une minute pour lire l'introduction et parcourir les questions.
>
> **Introduction**
>
> Dans cette sélection, il s'agit d'une famille qui se voudrait branchée face à la technologie moderne, mais qui semble complètement déconnectée avec le quotidien.

1. Entre qui cette conversation a-t-elle lieu ?
   (A) Un professeur et un élève.
   (B) Une femme et son mari.
   (C) Une sœur et son frère.
   (D) Une mère et son fils.

2. Pourquoi est-ce que Jean-Marc fait des textos avec son ami ?
   (A) Parce que son ami est en vacances à Lille.
   (B) Parce que son ami ne peut pas téléphoner pour le moment.
   (C) Parce que son ami lui envoie des photos de Paris.
   (D) Parce que son portable ne marche pas.

3. Qu'est-ce que « Highdor » et « Fournauld » ?
   (A) Ce sont des lieux dans un jeu vidéo.
   (B) Ce sont les amis du jeune ado.
   (C) Ce sont les noms qui figurent dans les devoirs du jeune homme.
   (D) Ce sont les chevaliers qui accompagnent le jeune homme à la maison.

4. Pourquoi est-ce que le jeune homme ne vient pas à table ?
   (A) Parce qu'il aime contrarier sa mère.
   (B) Parce qu'il n'aime pas les pâtes.
   (C) Parce qu'il est occupé autrement.
   (D) Parce qu'il a un correspondant des États-Unis en ligne.

5. Selon le jeune homme, que peut-on dire de Wikipédia ?
   (A) Que c'est difficile à déchiffrer.
   (B) Qu'il rend les lecteurs dépendants.
   (C) Que c'est souvent une source d'erreurs.
   (D) Que c'est magistral.

6. Quelle est l'ironie de la scène ?
   (A) Le jeune homme n'entend pas bien sa mère.
   (B) Le jeune homme refuse de répondre.
   (C) La dépendance à la technologie guette le jeune homme.
   (D) Le jeune homme ne voit pas que la technologie le rend dépendant.

SÉLECTION NUMÉRO 3

Thème du cours : L'esthétique

Vous aurez une minute pour lire l'introduction et parcourir les questions.

Introduction

Dans cette sélection, il s'agit d'une discussion sur les deux premières bandes dessinées d'Uderzo et Goscinny et de leur succès auprès du grand public. Ce podcast est diffusé par Canal Académie.

1. De quoi s'agit-il dans ce podcast ?
   (A) De l'histoire de la Gaule pendant l'occupation romaine.
   (B) Des mémoires de Goscinny et d'Uderzo.
   (C) De l'échec d'une bande dessinée avant Astérix.
   (D) De la création de la série de bandes dessinées Astérix.

2. Pourquoi cette baladodiffusion parle-t-elle des tribus gauloises ?
   (A) Pour traiter d'une idée originale.
   (B) Pour annoncer le cadre d'une bande dessinée.
   (C) Pour réviser l'histoire gallo-romaine.
   (D) Pour situer *Oumpah-pah*.

3. Qu'est-ce qui rend spécial le village d'Astérix ?
   (A) Il résista aux légions de Jules César.
   (B) Il n'avait pas encore été utilisé dans une bande dessinée.
   (C) Il figurait dans les mémoires d'Uderzo.
   (D) C'était le camp de base de l'occupation romaine.

4. Qu'est-ce que l'astérisque ?
   (A) Le petit personnage dans les bandes dessinées.
   (B) Le dessinateur des bandes dessinées dont on parle.
   (C) Celui qui a collaboré avec Uderzo.
   (D) Un petit signe typographique sur une page.

5. Qui est Oumpah-pah ?
   (A) L'acolyte d'Astérix.
   (B) Le héros d'une bande dessinée qui n'a pas eu de succès.
   (C) L'ami de l'indien.
   (D) Un personnage de la série d'Astérix.

6. Qui sont les « deux nouveaux amis » dont parle le podcast ?
   (A) Oumpah-pah et son ami.
   (B) Astérix et Obélix.
   (C) Jules César et Astérix.
   (D) Goscinny et Uderzo.

7. Pourquoi est-ce que les auteurs ont choisi le nom d'Astérix ?
   (A) Parce qu'il avait l'air gaulois.
   (B) Parce qu'il commençait par la première lettre de l'alphabet.
   (C) Parce qu'il était charmant.
   (D) Parce qu'il rimait avec Obélix.

SÉLECTION NUMÉRO 4

Thème du cours : La science et la technologie

Vous aurez une minute pour lire l'introduction et parcourir les questions.

Introduction

Dans cette sélection, il s'agit d'une émission de *Nouvelles technologies* où on parle de l'invention d'un robot Kaspar que l'on emploie pour traiter les enfants autistes.

1. Quelle est l'idée principale de ce texte ?
   (A) Que les autistes sont enfermés dans leur monde.
   (B) Que la technologie peut aider les enfants qui souffrent de ce problème psychologique.
   (C) Qu'il y a un but pour les robots après tout.
   (D) Que les robots peuvent imiter le visage humain.

2. Comment l'autisme se manifeste-t-il chez l'enfant ?
   (A) Il a des difficultés relationnelles.
   (B) Il a des problèmes de famille.
   (C) Il a des expressions bizarres sur son visage.
   (D) Il manque d'émotions.

3. À quoi ressemblent les expressions du visage de Kaspar ?
   (A) Aux robots.
   (B) Aux masques du théâtre japonais Nô.
   (C) Aux jeunes autistes.
   (D) Aux médecins et professionnels qui l'ont créé.

4. Pourquoi est-il intéressant et important que Kaspar puisse aider les enfants à améliorer leur interaction sociale ?
   (A) Parce qu'il n'arrive pas à assimiler toutes les informations que produit le visage humain.
   (B) Parce que ses mains sont articulées et reçoivent les signaux.
   (C) Parce que les symptômes de l'autisme ont tendance à augmenter.
   (D) Parce qu'il s'agit d'un robot.

5. À qui est destiné ce documentaire ?
   (A) Aux enfants victimes de l'autisme.
   (B) Aux médecins et psychologues qui travaillent avec les enfants autistes.
   (C) Aux parents des enfants autistes et aux gens qui s'intéressent à l'autisme.
   (D) Aux créateurs de robots et autres véhicules spatiaux.

6. Quel est le point de vue du présentateur de cette sélection ?
   (A) Il questionne le rapprochement de la psychologie et de la technologie.
   (B) Il reste sceptique, mais ouvert.
   (C) Il n'y comprend rien et nous fait part de sa confusion.
   (D) Il est passionné par un tel emploi de la technologie.

> ## Thème du cours : Les défis mondiaux
>
> Vous aurez une minute pour lire l'introduction et parcourir les questions.
>
> **Introduction**
>
> Dans cette sélection, il s'agit d'un reportage de Niamey au Niger où le port du casque devient obligatoire pour les motards. Ce reportage d'Afrique a été retransmis sur RFI.

1. Quelle est l'idée principale de ce reportage ?
   - (A) Une opération spéciale de la police a permis d'immobiliser des centaines de motos dans la capitale.
   - (B) Au Niger, le port du casque a été rendu obligatoire pour les motards.
   - (C) Avec l'expiration du délai pour appliquer la mesure instaurée par la junte militaire, on a installé des voies pour les motos.
   - (D) Au grand bonheur des vendeurs de casques, les motos seront enfin permises dans la capitale.

2. Qu'est-ce qui est arrivé lundi matin ?
   - (A) Il y a eu un accident avec un motard qui ne portait pas de casque.
   - (B) Le délai est passé et on est obligé de porter le casque.
   - (C) La police est mobilisée pour chercher ceux qui ne portent pas le casque.
   - (D) Les routards se cachent dans les rues car ils n'ont pas de casque.

3. Quelle est l'excuse du premier interviewé ?
   - (A) Il a oublié son casque.
   - (B) Il préfère payer l'amende.
   - (C) Il sait que la police est mobilisée, parce que le délai est passé.
   - (D) Il ignore que la loi exige le casque.

4. Quand il y a deux personnes sur une même moto, qu'est-ce qui se passe ?
   - (A) On peut obliger le conducteur, mais on ne peut pas demander au passager de porter un casque.
   - (B) On doit exiger les casques pour tous : le conducteur aussi bien que les passagers.
   - (C) Ce motard ne comprend vraiment rien.
   - (D) Le passager ne veut pas payer l'amende.

5. Quelle réaction exprime-t-on en interprétant la nouvelle loi ?
   - (A) Elle est ridicule. Elle cherche à attraper les gens.
   - (B) Cette loi cherche à imposer l'État dans la vie de tous les jours.
   - (C) C'est bien.
   - (D) On s'en débrouille, c'est la loi quand même.

6. Dans ce cas, comment est-ce que le malheur des uns fait le bonheur des autres ?
   - (A) Les vendeurs de casques ont le sourire aux lèvres.
   - (B) Les amendes financent de nouvelles voies.
   - (C) On a essayé de commander autant de casques, mais on en a toujours besoin.
   - (D) Les motocyclistes ont appris la leçon après 24 heures.

> # Thème du cours : La vie contemporaine
>
> Vous aurez une minute pour lire l'introduction et parcourir les questions.
>
> **Introduction**
>
> Dans cette sélection, Franco Nuovo, ses collaborateurs et ses invités parlent du travail et de l'individualisme. L'émission est tirée d'une baladodiffusion, *Je l'ai vu à la radio,* une présentation de Radio Canada.

1. Quelle est l'idée principale de cette émission ?
   - (A) Qu'on doit négliger les autres aspects de la vie en faveur du travail.
   - (B) Que le travail est dommageable.
   - (C) Que le travail pourrait isoler.
   - (D) Qu'on est extrêmement individualiste quand il s'agit du travail.

2. Selon celui qui parle, quel est la conséquence d'une trop grande focalisation sur le travail ?
   - (A) On trouve moins d'amis.
   - (B) On néglige les autres aspects de la vie.
   - (C) On s'intéresse moins aux arts.
   - (D) On dépend de la créativité.

3. Comment les autres intervenants expriment-ils leur réaction sur ce que dit leur collègue ?
   - (A) Ils le prennent au sérieux.
   - (B) Ils sont tous prêts à laisser tomber le travail.
   - (C) Ils ne sont pas du tout d'accord avec ses idées.
   - (D) Ils se moquent de lui.

4. Selon celui qui parle, quand est-ce que le travail devient pénible ?
   - (A) Quand on est payé.
   - (B) Quand on est poussé à créer des travaux à faire.
   - (C) Quand il s'agit d'enfoncer des clous.
   - (D) Quand la rémunération pour le travail enlève les soucis de la vie.

5. Que suggère la femme ?
   - (A) Qu'on ne fasse comme travail que ce qu'on aime.
   - (B) Qu'on élimine le stress afin de rendre la journée de travail plus plaisante.
   - (C) Qu'on soit mieux rémunéré.
   - (D) Qu'il y a beaucoup de variables qui figurent dans le plaisir au travail.

6. Selon celui qui parle, comment pourrait-on améliorer le travail ?
   - (A) En mettant l'accent sur le fait qu'on travaille ensemble en groupe.
   - (B) En augmentant la rémunération du travail.
   - (C) En créant un environnement personnel.
   - (D) En travaillant juste pour soi.

SÉLECTION NUMÉRO 7

> ### Thème du cours : Les défis mondiaux
>
> Vous aurez une minute pour lire l'introduction et parcourir les questions.
>
> **Introduction**
>
> Dans cette sélection, l'animatrice Catherine Perrin parle avec Pierre Bellerose, vice-président de Tourisme Montréal; Anne Darche, publicitaire, spécialiste des tendances de consommation; et Richard Bergeron, chef du groupe Projet Montréal, conseiller de la ville. Le sujet qu'ils débattent s'intitule : Peut-on vendre Montréal comme une marque de commerce ?

1. Quelle est l'idée principale de cette émission ?
   (A) Qu'on va bientôt vendre des souvenirs avec un logo de Montréal.
   (B) Qu'on doit créer un logo pour représenter la ville de Montréal.
   (C) Que la ville de Montréal doit être vendue comme une marque.
   (D) Que l'on doit comparer la ville de Montréal à une autre entreprise.

2. Selon Anne Darche, comment serait la ville de Montréal si elle était une personne ?
   (A) Elle serait assez vieille.
   (B) Elle serait bilingue, peut-être trilingue, et créative.
   (C) Elle serait pauvre.
   (D) Elle serait pluriculturelle.

3. Quelle est l'opinion de Pierre Bellerose en décrivant la ville de Montréal comme une personne ?
   (A) C'est quelqu'un qui a du charme et qui célèbre la vie.
   (B) C'est un personnage historique.
   (C) C'est une personne qui se sentirait comme si on l'avait prise en photo.
   (D) C'est quelqu'un qui voudrait vendre la ville « avec un snapshot ».

4. Quelle est la réaction de l'animatrice quand Richard Bergeron dit que la ville a 375 ans ?
   (A) Elle dit que la ville sent son époque.
   (B) Elle dit que c'est vieux pour une personne.
   (C) Elle la compare à Jacques Cartier.
   (D) Elle dit que la ville est complexe et très typée.

5. Quand Richard Bergeron dit que Montréal c'est la carte gagnante, que veut-il dire ?
   (A) Que tout cela, c'est un jeu.
   (B) Que c'est la géographie qui donne à Montréal son importance.
   (C) Que si c'était un jeu, Montréal gagnerait facilement.
   (D) Que Montréal est bien placé géographiquement au milieu de l'Amérique du Nord.

6. Pourquoi avoir une image de marque ?
   (A) Tout le monde voit les mêmes caractéristiques sur le marché.
   (B) Vendre la ville aux touristes.
   (C) Vendre la ville aux immigrants qui cherchent à s'y installer.
   (D) Vendre des souvenirs plus souvent et plus rapidement.

SÉLECTION NUMÉRO 8

> ## Thème du cours : L'esthétique
>
> Vous aurez une minute pour lire l'introduction et parcourir les questions.
>
> ### Introduction
>
> Dans cette sélection, il s'agit d'une conférence de presse donnée par Albert Camus à Stockholm lors de la remise de son Prix Nobel de Littérature en 1957. Dans cet extrait, il parle de trois de ses contemporains : Char, Sartre et Malraux.

1. Quelle est l'idée principale de cet extrait ?
   (A) Camus parle des ses contemporains en littérature.
   (B) Camus parle de ses bons amis.
   (C) Camus cherche à mettre en valeur les écrivains du vingtième siècle.
   (D) Camus offre au comité des possibilités pour un futur prix Nobel.

2. Avec qui Camus ressent-il une fraternité profonde ?
   (A) Simone de Beauvoir et René Char.
   (B) Simone Weil et René Char.
   (C) Simone de Beauvoir et Jean-Paul Sartre.
   (D) Simone Weil et son frère.

3. Selon Camus, qui est René Char ?
   (A) Le mentor de Simone Weil.
   (B) Le plus grand poète du monde.
   (C) Son frère en littérature.
   (D) Un écrivain au talent immense.

4. Pourquoi René Char est-il un grand poète selon Camus ?
   (A) Parce qu'il n'y a pas eu dans la littérature française de révolution comparable à celle qu'a accomplie René Char.
   (B) Parce qu'il est au-dessus de tout éloge.
   (C) Parce qu'il est meilleur poète qu'Apollinaire.
   (D) Parce qu'il a suivi de très près la tradition d'Apollinaire.

5. Pourquoi Camus craint-il qu'on ne comprenne pas l'œuvre de René Char ?
   (A) Parce qu'il écrit comme Apollinaire.
   (B) Parce qu'il n'y a rien de comparable.
   (C) C'est une chose qui lui parait souhaitable.
   (D) La poésie ne se traduit pas.

6. Comment Camus décrit-il son rapport avec Jean-Paul Sartre ?
   (A) Il croit que les meilleures relations sont celles où on ne se voit pas.
   (B) Il rit en disant que c'est son ex-frère.
   (C) Il dit que l'on a exagéré cette histoire de rupture.
   (D) Il explique qu'ils ont d'excellentes relations depuis toujours.

SÉLECTION NUMÉRO 9

Thème du cours : La science et la technologie

Vous aurez une minute pour lire l'introduction et parcourir les questions.

Introduction

Dans cette sélection, il s'agit d'un commentaire d'Yvan Amar, qui nous présente l'histoire de *Robur-le-Conquérant*. Amar nous parle du cadre de l'histoire, des auteurs de science-fiction et de quelques-uns de leurs personnages.

1. Quelle est l'idée principale de cette émission ?
   (A) De raconter l'histoire de Robur-le-Conquérant.
   (B) De faire le plan de l'histoire de Robur-le-Conquérant.
   (C) De décrire brièvement l'histoire de la science-fiction en France.
   (D) De louer l'œuvre et les personnages de Jules Verne.

2. Qu'est-ce qu'il s'est passé du 12 au 14 août ?
   (A) Une fête foraine qui célébrait les sciences.
   (B) Un café littéraire avec lectures et discussions.
   (C) Une lecture orale par Léonard de Vinci.
   (D) Une visite dans une soucoupe volante.

3. Quels auteurs ont été retenus pour la lecture sur les machines volantes ?
   (A) Jules Verne et le Capitaine Nemo.
   (B) Trois écrivains : Rétif de La Bretonne, Cyrano de Bergerac et Jules Verne.
   (C) Léonard de Vinci.
   (D) Un fil rouge.

4. Selon Yves Amar, comment est le Capitaine Nemo ?
   (A) Il est très sociable.
   (B) Il a ses obsessions.
   (C) Il aime s'isoler.
   (D) Il est mystérieux et héroïque, mais humain.

5. Qui est Robur-le-Conquérant ?
   (A) Il est dur et inattaquable.
   (B) C'est un aérostier de la fin du XIXe siècle.
   (C) C'est un personnage de Jules Verne qui défie les hommes.
   (D) C'est un homme qui vient du latin.

SÉLECTION NUMÉRO 10

Thème du cours : La vie contemporaine

Vous aurez une minute pour lire l'introduction et parcourir les questions.

Introduction

Dans cette sélection, il s'agit d'une baladodiffusion avec Serge Otthiers dans une émission de la Radio Télévision Belge Francophone intitulée *La Première*. Il parle avec son invité de la consommation et de la législation belge.

1. Quelle est le sujet de cette émission ?
   (A) Le consommateur doit se méfier des boutiquiers.
   (B) Le négociant est responsable de son stock.
   (C) Le marchand doit fournir assez de produits pour garantir la vente.
   (D) Le commerçant est obligé d'honorer ses réclames.

2. Quel est le principe dont on parle dans cette émission ?
   (A) Il est illégal de permettre l'épuisement.
   (B) L'idée de « Sauve qui peut ! »
   (C) Quand vous faites une promesse, vous devez la tenir.
   (D) Que les coupons ne valent vraiment rien.

3. Pourquoi est-ce que le gouvernement est intervenu ?
   (A) Parce qu'il y avait des commerçants qui n'étaient pas honnêtes.
   (B) Parce qu'il y avait des publicités qui étaient trompeuses.
   (C) Parce qu'il y avait une « fausse pénurie ».
   (D) Parce qu'il fallait régler les ventes.

4. Qu'est-ce qu'un « bon de promesse » ?
   (A) C'est le droit du commerçant de ne pas continuer à offrir un objet à un même prix.
   (B) C'est la promesse du boutiquier de refaire un solde dans un mois ou deux.
   (C) C'est la promesse du négociant de réduire le prix de son stock pour les consommateurs qui le demandent après une promotion.
   (D) C'est le droit du consommateur d'obtenir le même objet ou un objet identique au même prix.

5. Quelle est la seule exception à la loi ?
   (A) Le commerce du vêtement.
   (B) L'épicerie et l'alimentation.
   (C) La vente de voitures.
   (D) La vente de liquidation.

6. Quel est le point de vue de l'invité de Serge Otthiers ?
   (A) Il lutte pour le consommateur.
   (B) Il croit que le négociant doit avoir plus de droits accordés par la loi.
   (C) Il croit que le gouvernement ne doit pas s'en mêler.
   (D) Il ne comprend pas pourquoi on en fait des histoires.

SÉLECTION NUMÉRO 11

> # Thème du cours : La vie contemporaine
>
> Vous aurez une minute pour lire l'introduction et parcourir les questions.
>
> **Introduction**
>
> Dans cette sélection de baladodiffusion, Christiane Charrette de Radio-Canada parle avec Stéphane Lemay qui vient de lancer un programme pour les jeunes marathoniens du Québec.

1. Qui est Stéphane Lemay ?
   - (A) Le gagnant du Marathon du Québec.
   - (B) Le fondateur de Power Corp du Canada.
   - (C) Celui qui a commencé le programme pour les jeunes coureurs.
   - (D) Celui qui a acheté les t-shirts rouges pour l'équipe.

2. Où est-ce qu'on trouve les adolescents pour participer à ce programme ?
   - (A) Dans le voisinage « secteur à risque ».
   - (B) Dans les quartiers de Québec.
   - (C) Partout au Canada.
   - (D) Parmi les écoliers qui font déjà des courses.

3. Comment s'appelle le programme dont on parle ?
   - (A) Courir Canada.
   - (B) Les Jeunes qui courent.
   - (C) Courir !
   - (D) Étudiants dans la course.

4. Pourquoi est-ce que Stéphane Lemay croit que les mentors jouent un rôle différent dans son programme ?
   - (A) Parce qu'il y a un mentor par adolescent.
   - (B) Parce que les mentors continuent à courir.
   - (C) Parce qu'ils fournissent la casquette, le chandail de course, etc.
   - (D) Parce qu'ils viennent tous aussi de Montréal.

5. Quel est le résultat de ce programme ?
   - (A) Les jeunes courent plus que jamais.
   - (B) Il y a plus d'adolescents qui gagnent les marathons canadiens.
   - (C) Il donne aux jeunes une grande confiance en eux.
   - (D) On gagne un uniforme tout rouge.

6. Pourquoi est-ce que Jean-Sébastien est au micro ?
   - (A) C'est le fils de Stéphane Lemay.
   - (B) C'est un jeune coureur qui s'intéresse à ce programme et il veut poser des questions.
   - (C) C'est un participant au programme et il veut en dire du bien.
   - (D) Pour se moquer du programme.

SÉLECTION NUMÉRO 12

Thème du cours : La science et la technologie

Vous aurez une minute pour lire l'introduction et parcourir les questions.

Introduction

Dans cette sélection, il s'agit de l'émission de radio *Sur les épaules de Darwin* animée par Jean-Claude Ameisen. Il propose un voyage à la découverte d'un univers toujours plus riche et mystérieux que nous ne pouvons percevoir mais que nous n'aurons jamais fini d'explorer. Cet épisode s'intitule « Sur l'évolution et la mémoire ».

1. Quelle est le but de cette émission ?
   (A) De réfuter les principes de Darwin.
   (B) De faire comprendre la science de Charles Darwin.
   (C) De faire découvrir les relations entre science et société.
   (D) D'expliquer l'évolution.

2. Qu'est-ce que cette émission tente de faire chaque semaine ?
   (A) Découvrir les nouvelles frontières de la science.
   (B) Expliquer l'évolution et les théories de Darwin.
   (C) Entendre des histoires sur des animaux merveilleux que peu de gens ont vus.
   (D) Expliquer l'évolution par la réalité d'aujourd'hui.

3. Que dit Jean-Claude Ameisen du passé qu'on essaie d'explorer ?
   (A) C'est un passé que nous ne connaissons pas.
   (B) C'est un passé compréhensible seulement pour Darwin et ses collègues.
   (C) C'est un passé que nous partageons avec les animaux.
   (D) C'est un passé lointain qui a peu à voir avec le monde contemporain.

4. Quand il dit que nous avons en nous la trace de nos lointains ancêtres, quelle est l'interprétation de Jean-Claude Ameisen ?
   (A) Que, comme a postulé Darwin, nous sommes les descendants des animaux.
   (B) Que nos ancêtres peuvent nous offrir une clé qui nous fera découvrir quelque chose de nouveau.
   (C) Que nous sommes tout à fait pareils aux ancêtres dont il parle.
   (D) Que nous avons en nous la trace de nos lointains ancêtres et que nous portons aussi la trace des modifications qui nous ont éloignés d'eux.

5. Qu'est-ce que l'évolution ?
   (A) C'est l'histoire d'un éloignement entre amis.
   (B) C'est l'histoire de la mémoire aussi bien que de l'oubli.
   (C) C'est une réinvention.
   (D) C'est la modification dont on est tellement éloignée.

6. Comment la conscience a-t-elle émergé ?
   (A) Un beau jour au petit matin.
   (B) À la suite de la transformation de la mémoire.
   (C) Elle est apparue d'abord chez les animaux.
   (D) Par une capacité à convoquer le présent.

> # Thème du cours : La vie contemporaine
>
> Vous aurez une minute pour lire l'introduction et parcourir les questions.
>
> **Introduction**
>
> Dans cette sélection, il s'agit de la mère d'un élève qui s'est rendue dans le bureau du directeur d'une école primaire pour parler du comportement de son fils.

1. Où est-ce que cette scène a lieu ?
   (A) Dans le bureau d'une entreprise.
   (B) Chez la femme.
   (C) Dans le bureau du directeur de l'école.
   (D) À la cantine de l'école.

2. Qu'est-ce que le fils de la femme a fait pour provoquer cette conversation ?
   (A) Il a accusé un autre élève d'intimidation.
   (B) Il a harcelé d'autres élèves.
   (C) Il a refusé de payer la cantine.
   (D) Il est venu à l'école.

3. Comment la femme réagit-elle aux nouvelles ?
   (A) Elle surprend tout le monde et ne nie pas les accusations.
   (B) Elle écoute attentivement et explique sa situation.
   (C) Elle prend un ton accusateur.
   (D) Elle accepte d'entendre la vérité.

4. De quoi est-ce que la femme accuse le directeur ?
   (A) D'extorquer l'argent de la cantine.
   (B) De s'en prendre à son fils.
   (C) De faire de son fils l'objet de ses accusations.
   (D) De ne pas bien diriger son école.

5. Quant aux devoirs du petit Antoine, quelle est l'opinion du directeur ?
   (A) Qu'il vole les devoirs des autres.
   (B) Qu'il les fait mal.
   (C) Qu'il ne les comprend pas bien.
   (D) Qu'il les remet avec ponctualité.

6. D'après la conversation, quel changement pourrait-on espérer voir chez Antoine?
   (A) Qu'il fera ses devoirs religieusement.
   (B) Qu'il cessera d'extorquer de l'argent.
   (C) Qu'il montrera du respect envers tout le monde.
   (D) Aucun.

Thème du cours : Les défis mondiaux

Vous aurez une minute pour lire l'introduction et parcourir les questions.

Introduction

Dans cette sélection, il s'agit d'un extrait de l'émission *Je l'ai vu à la radio* de Radio-Canada avec Franco Nuovo. L'invité est Zachary Richard, auteur-compositeur-interprète, qui, à la suite de la catastrophe des fuites de pétrole sur les côtes de sa Louisiane natale, a mis sur pied la Fondation Gulf Aid Acadiana.

1. Quelle est l'idée principale de cette émission ?
   (A) De parler des efforts de BP dans le Golfe du Mexique.
   (B) De faire voir ce qui arrive aux gens qui habitent la région de la catastrophe.
   (C) De montrer ce que fait une personne célèbre pour aider lors d'une catastrophe.
   (D) De lever des fonds pour la Fondation Gulf Aid Acadiana.

2. Pour Zachary Richard, qu'est-ce qui était le plus difficile ?
   (A) De créer la Fondation.
   (B) Le sentiment d'impuissance.
   (C) D'arrêter les fuites.
   (D) De nettoyer le littoral.

3. Qu'est-ce que c'est que la Fondation Gulf Aid Acadiana ?
   (A) C'est une association qui cherche à prévenir les déversements de pétrole.
   (B) C'est une fondation qui se consacre à la restauration du littoral.
   (C) C'est un groupe qui voudrait aider les gens affectés par la catastrophe.
   (D) C'est une fondation pour protéger la faune en Louisiane.

4. Selon Zachary Richard, qu'est-ce que la marée noire ?
   (A) Une suite de catastrophes.
   (B) Une énigme pour tous.
   (C) Une fondation qui aide les personnes de la région.
   (D) Une association qui alimente les gens.

5. Selon Zachary Richard, quel est le résultat de cette catastrophe ?
   (A) Elle continuera pendant des années, voire des générations.
   (B) Les pélicans ont perdu leur habitat.
   (C) Des centaines de gens ont perdu leur travail.
   (D) Elle a eu lieu dans une région quasi-francophone.

6. Qu'est-ce qui montre l'optimisme de Zachary Richard selon Franco Nuovo ?
   (A) Il y a moins de pétrole qu'on ne croyait.
   (B) Zachary Richard a vu moins de destruction dans la région qu'il ne pensait en voir.
   (C) On voit un grand problème, mais on en a vu d'autres et on va passer à travers.
   (D) Il dit qu'on comprend la situation.

SÉLECTION NUMÉRO 15

Thème du cours : La famille et la communauté

Vous aurez une minute pour lire l'introduction et parcourir les questions.

Introduction

Dans cette sélection, il s'agit de la rediffusion d'une émission avec l'animateur Yvan Amar qui interviewe Marie-Rose Moro, psychiatre pour enfants et adolescents. Celle-ci vient de publier un nouvel ouvrage, *Nos enfants demain, pour une société multiculturelle*. L'émission d'Yvan Amar s'intitule *La danse des mots* et est diffusée sur RFI.

1. Quelle est l'idée principale de cette émission ?
   (A) De mettre en question le bilinguisme une fois pour toutes.
   (B) De présenter le travail du Dr Moro avec les adolescents bilingues.
   (C) De critiquer les résultats du Dr Moro.
   (D) De faire vendre le livre du Dr Moro.

2. Avec qui travaille Marie-Rose Moro ?
   (A) Avec Yvan Amar.
   (B) Avec Vincent.
   (C) Avec des adolescents.
   (D) Avec des psychanalystes.

3. Comment se fait-il que les adolescents avec qui travaille le Dr Moro parlent d'autres langues aussi bien que le français ?
   (A) Ce sont des jumeaux qui parlent un charabia.
   (B) Ils parlent d'autres langues à la maison.
   (C) Ils parlent les langues des pays qu'ils veulent visiter.
   (D) Ce sont des enfants qui vivent dans des foyers multiculturels à Paris.

4. Comment le Dr Moro interprète-t-elle le bilinguisme ?
   (A) Elle postule que c'est quelque chose de confondant.
   (B) Cela offre une chance quand on voyage à travers le monde.
   (C) Elle croit que c'est une immense chance pour ces enfants.
   (D) Elle dit qu'il faut que ces enfants s'expatrient.

5. Pourquoi est-ce une grande chance pour un enfant de parler une autre langue ?
   (A) Il connaît la richesse de sa première langue.
   (B) Il pourra facilement apprendre d'autres langues.
   (C) Il comprend qu'il y a une hiérarchie entre les langues.
   (D) Il peut trouver un excellent travail.

6. Quand le Dr Moro parle de la hiérarchie entre les langues, quelle est son opinion ?
   (A) Qu'il faut avoir une hiérarchie, surtout en Europe.
   (B) Qu'il est naturel qu'on classe les langues.
   (C) Que la hiérarchie doit rester naturelle.
   (D) Qu'il vaut mieux étudier le vocabulaire que le classement des langues.

SÉLECTION NUMÉRO 16

Thème du cours : L'esthétique

Vous aurez une minute pour lire l'introduction et parcourir les questions.

Introduction

Dans cette sélection, il s'agit de l'entretien de Jacques Chancel avec son invitée Antonine Maillet dans l'émission de Radioscopie. Antonine Maillet nous parle de son roman, *Cent ans dans les bois*, dans lequel elle décrit l'isolement des Acadiens et raconte des anecdotes de son enfance.

1. Quelle est le but de cette émission ?
   (A) De se moquer de l'accent acadien.
   (B) D'essayer de trouver les origines de l'accent acadien.
   (C) De déplorer la perte de l'acadianité.
   (D) De décrire l'expérience acadienne pour les auditeurs.

2. D'où vient l'accent d'Antonine Maillet ?
   (A) De la Louisiane.
   (B) Du Canada.
   (C) De la France du dix-septième siècle.
   (D) De la France contemporaine.

3. Où est l'Acadie ?
   (A) Au nord du Canada.
   (B) À l'est du Québec.
   (C) C'est une partie de la Nouvelle-Écosse.
   (D) L'Acadie n'existe plus, ce n'est qu'un peuple.

4. Qu'est-ce qu'Antonine Maillet veut dire quand elle dit que « nous n'avons pas partagé quelque chose que vous auriez pu nous donner » ?
   (A) Que son accent vient de la vieille langue de France.
   (B) Que l'accent des Français change beaucoup depuis des siècles.
   (C) Que l'accent acadien est encore plus beau qu'il ne l'était.
   (D) Que l'accent acadien est resté uniforme.

5. Quel est ce phare dont parle Jacques Chancel ?
   (A) L'isolement linguistique du Canada par rapport à la France.
   (B) L'isolement de l'Acadie par rapport à l'Europe.
   (C) L'endroit où il habite l'hiver.
   (D) L'endroit où il habite l'été.

6. Quel est le point de vue d'Antonine Maillet sur les Acadiens ?
   (A) Elle est contente que ce pays n'existe plus.
   (B) Elle cherche à préserver tout ce qu'elle peut à travers eux.
   (C) Elle est satisfaite que les Acadiens disparaissent.
   (D) Elle est fière d'être acadienne.

Thème du cours : L'esthétique

Vous aurez une minute pour lire l'introduction et parcourir les questions.

Introduction

Dans cette sélection, il s'agit d'une visite guidée à Domrémy-la-Pucelle, le village natal de Jeanne d'Arc.

1. Où est-ce que cette conversation a lieu ?
   (A) Dans un autobus de touristes, en route pour la maison de Jeanne d'Arc.
   (B) En voiture, en route pour Rouen.
   (C) Dans la boutique du musée à Domrémy.
   (D) À Orléans.

2. Que fait l'homme ?
   (A) Il répète les informations pour sa femme qui n'entend pas bien.
   (B) Il dit des bêtises pendant que le guide parle.
   (C) Il se moque du guide.
   (D) Il lit un guide de Domrémy.

3. Quelles étaient les voix qu'entendait Jeanne d'Arc ?
   (A) Les voix de saints catholiques.
   (B) Les voix de Domrémy.
   (C) Les voix de la Pucelle.
   (D) Les voix des libérateurs de la France.

4. Pourquoi l'homme fait-il ses commentaires ?
   (A) Parce qu'il n'aime pas le guide.
   (B) Parce qu'il n'y comprend rien.
   (C) Parce que le guide parle trop vite pour lui.
   (D) Parce qu'il s'ennuie.

5. Comment la femme de Georges réagit-elle ?
   (A) Elle présente ses excuses au guide.
   (B) Elle prie Ste-Jeanne pour lui demander pardon.
   (C) Elle dit à son mari de se taire.
   (D) Elle a un petit rire nerveux.

6. Quelle est l'ironie finale de cette scène ?
   (A) Que l'entrée dans la maison et dans le musée sont gratuites.
   (B) Que le guide gronde la femme pour ses interruptions.
   (C) Que le nom du site est maintenant Domrémy-la-Pucelle.
   (D) Que le fleuve Moselle coule près de Domrémy.

SÉLECTION NUMÉRO 18

Thème du cours : L'esthétique

Vous aurez une minute pour lire l'introduction et parcourir les questions.

Introduction

Dans cette sélection, il s'agit d'une émission de Radioscopie où Jacques Chancel interviewe Marguerite Yourcenar dans sa maison du Maine (États-Unis).

1. Quelle est le but de cette émission ?
   (A) De parler du déménagement prochain de Marguerite Yourcenar.
   (B) De montrer que Marguerite Yourcenar est déjà assez âgée.
   (C) De découvrir l'œuvre littéraire de Marguerite Yourcenar.
   (D) De présenter Marguerite Yourcenar au grand public.

2. Quelle image charme Jacques Chancel ?
   (A) Une femme presque aveugle qui habite un phare sur la côte du Maine.
   (B) Une maison blanche en bois près de l'océan où habite une femme âgée mais alerte.
   (C) Une femme avec des cheveux blonds et un œil peu vigilant.
   (D) Une femme qui habite près du Cap du Maine.

3. Quelle est la réaction de Jacques Chancel quant à l'âge de Marguerite Yourcenar ?
   (A) Il trouve qu'elle est assez âgée.
   (B) Il croit que Yourcenar est trop âgée pour se faire interviewer.
   (C) Avec l'image qu'il a d'elle, il est étonné qu'elle ne soit pas plus âgée.
   (D) Il dit que l'âge ne compte vraiment pas.

4. D'où vient le nom de l'île des « Monts Déserts » ?
   (A) C'est Marguerite Yourcenar qui l'a nommée.
   (B) C'est Champlain qui l'a appelée « Monts Déserts » parce qu'il ne voyait personne sur les collines près de la mer.
   (C) C'est Henri IV qui l'a nommée d'après sa résidence royale en Bretagne.
   (D) Pour les géographes elle ressemblait à l'antre des animaux.

5. Pourquoi Yourcenar compte-t-elle rester long-temps sur son île ?
   (A) Elle n'a pas d'autre résidence où déménager.
   (B) Elle est bien là : elle a tout ce dont elle a besoin.
   (C) Parce qu'elle y a installé ses livres et ses manuscrits.
   (D) Parce qu'elle n'a pas choisi, elle a laissé faire.

6. Avec qui Yourcenar habite-t-elle sur cette île ?
   (A) Avec « la dame à cheval ».
   (B) Avec des soldats.
   (C) Avec un copain du Maine.
   (D) Elle y demeure toute seule.

Thème du cours : L'esthétique

Vous aurez une minute pour lire l'introduction et parcourir les questions.

Introduction

Dans cette sélection, il s'agit d'un entretien accordé à Paula Jacques, où Marie N'Diaye détaille la source d'inspiration pour ses romans. Marie N'Diaye est une romancière française aux racines sénégalaises.

1. Quelle est le thème de cette émission ?
   (A) La biographie de Marie N'Diaye.
   (B) L'art d'écrire de Marie N'Diaye.
   (C) Les personnages littéraires de Marie N'Diaye.
   (D) Les intrigues des romans de Marie N'Diaye.

2. D'où viennent les idées pour Marie N'Diaye ?
   (A) D'un début de scène.
   (B) Des scènes de la vie parisienne.
   (C) Des conversations qu'elle a.
   (D) Des images.

3. Selon Marie N'Diaye, comment est-ce que l'âge du personnage le change-t-il ?
   (A) Il change de rôles, il devient parent ou personne âgée.
   (B) Il n'a pas toujours la même identité.
   (C) Il vieillit alors que les autres ne vieillissent pas.
   (D) Il voit le monde d'un œil changeant.

4. Quelle dichotomie voit l'animatrice dans la personnalité de Marie N'Diaye ?
   (A) Elle est à la fois une vieille romancière et une jeune femme.
   (B) Elle fait le pont entre deux cultures.
   (C) Elle est bilingue.
   (D) Elle est romancière et poète.

5. Qu'est-ce qu'on peut dire de l'œuvre de Marie N'Diaye ?
   (A) Que les personnages de ses romans vieillissent rapidement.
   (B) Qu'elle a créé des personnages qui l'accompagnent depuis longtemps.
   (C) Que les images dans ses romans sont plutôt sonores.
   (D) Qu'elle a des personnages qui traversent ses romans.

6. Que veut dire l'animatrice quand elle dit que Marie N'Diaye est une vieille romancière ?
   (A) Qu'elle écrit depuis longtemps.
   (B) Qu'elle est âgée.
   (C) Qu'elle vieillit avec ses personnages.
   (D) Qu'elle a beaucoup écrit dans sa carrière.

SÉLECTION NUMÉRO 20

> ## Thème du cours : La quête de soi
>
> Vous aurez une minute pour lire l'introduction et parcourir les questions.
>
> **Introduction**
>
> Dans cette sélection, il s'agit d'une interview par Jacques Chancel de l'écrivain maghrébin Tahar Ben Jelloun.

1. Quelle est le but de cette émission ?
   - (A) De présenter aux auditeurs français une nouvelle voie.
   - (B) De lire les poésies d'un poète maghrébin.
   - (C) De faire connaître aux auditeurs un écrivain tunisien.
   - (D) De faire apprécier un écrivain qui appartient à deux cultures.

2. Que revendique Ben Jelloun ?
   - (A) Sa voix de poète.
   - (B) Son identité nord-africaine.
   - (C) Ses chansons.
   - (D) Son pays natal, le Maroc.

3. Combien de Marocains y a-t-il en France à l'époque de cette interview ?
   - (A) Trois cents.
   - (B) Trente mille.
   - (C) Trois cent mille.
   - (D) Trois millions.

4. Que signifie l'idée que Ben Jelloun est plus un privilégié qu'un immigré ?
   - (A) Qu'il peut dire ce que les exilés ne peuvent pas dire.
   - (B) Qu'il a plus de droits que les immigrés.
   - (C) Qu'on le traite avec plus de respect que les autres.
   - (D) Qu'il voit la vie d'une manière différente qu'un immigré.

5. Que fait l'immigré quand il revient dans son pays natal ?
   - (A) Il cache la réalité.
   - (B) Il dit toujours de bonnes choses.
   - (C) Il a souvent honte d'enjamber les deux cultures.
   - (D) Il peint un tableau sombre de la France.

6. Quels sont les sentiments de Ben Jelloun envers les immigrés ?
   - (A) Il fait semblant de ne pas les connaître.
   - (B) Il comprend leur situation, mais l'écarte tout de suite.
   - (C) Il a de l'empathie pour eux.
   - (D) Il est critique parce qu'il est réaliste.

Thème du cours : Les défis mondiaux

Vous aurez une minute pour lire l'introduction et parcourir les questions.

Introduction

Dans cette sélection, il s'agit d'une conversation à la radio où on parle du monde de la consommation et comment acheter pour être un bon consommateur. La conversation est animée par Christiane Charrette de Radio-Canada.

1. Autour de quelle idée principale tourne la conversation ?
   (A) De la consommation des produits comestibles.
   (B) De la manie d'achat et de possession.
   (C) De la consommation des packagings.
   (D) Du recyclage des papiers et plastiques.

2. Quand l'interlocutrice dit : « on achète comme on vote », que veut-elle dire ?
   (A) Qu'on achète la plupart des marchandises dans le quartier où on habite.
   (B) Qu'on pratique les principes théoriques du recyclage même chez l'épicier du coin.
   (C) Qu'il est toujours question de finances personnelles.
   (D) Qu'on a le choix de ne pas acheter.

3. Qu'est-ce que l'interlocutrice tire de la conversation avec sa mère ?
   (A) Que dans notre société les objets tournent vite.
   (B) Que sa mère s'inquiète qu'elle ait acheté une télévision neuve.
   (C) Qu'elle voudrait profiter des snap goods.
   (D) Qu'elle veut profiter des rejets de la société.

4. Que fait le couple dont parle Christiane Charrette pour trouver le bonheur ?
   (A) Ils ont changé de travail.
   (B) Ils se sont mis à vivre avec moins d'objets.
   (C) Ils ont loué du matériel de camping.
   (D) Ils ont accumulé des objets.

5. Pourquoi parle-t-on de la consommation à la radio ?
   (A) Pour renseigner le public sur des programmes disponibles à Montréal.
   (B) Pour attirer l'attention sur des solutions alternatives.
   (C) Pour encourager l'achat d'objets d'occasion.
   (D) Pour faire louer certains biens.

6. Quant à l'interlocutrice de Christiane Charrette, quelle est son point de vue sur la consommation ?
   (A) Elle s'intéresse plutôt à tout ce qui est alternatif.
   (B) Elle se fait l'avocate du recyclage.
   (C) Elle aime profiter de la société.
   (D) Elle aime que les objets tournent vite.

SÉLECTION NUMÉRO 22

Thème du cours : La science et la technologie

Vous aurez une minute pour lire l'introduction et parcourir les questions.

Introduction

Dans cette sélection, Pierre-Édouard Deldique continue son interview avec Jacques Arnould, auteur du livre *La terre d'un clic,* où ils parlent des satellites.

1. On traite de défense des libertés, en parlant de... ?
   (A) Le service militaire obligatoire.
   (B) Les satellites qui tournent autour de la terre.
   (C) Les sciences.
   (D) Jacques Arnould.

2. Qui est Jacques Arnould ?
   (A) C'est un savant de la NASA.
   (B) Il est philosophe et historien des sciences.
   (C) C'est un astronome.
   (D) C'est un pilote militaire.

3. Qu'est-ce qui caractérise le livre de Jacques Arnould ?
   (A) Il est plein de citations.
   (B) Il est bourré de schémas.
   (C) Il y a beaucoup de tableaux et d'explications.
   (D) Il est difficile à comprendre.

4. Quelle citation est attribuée à Clément Ader ?
   (A) Qui sera le maître du ciel, sera le maître du monde.
   (B) La terre se découvre d'un clic.
   (C) Il s'agit du bon usage des satellites.
   (D) Je voudrais être maître du monde.

5. Que voulait faire Clément Ader ?
   (A) Il voulait être le maître du monde.
   (B) Il voulait apprendre aux militaires l'importance des satellites.
   (C) Il a essayé de construire un satellite militaire.
   (D) Il a essayé de vendre son avion aux militaires.

6. Selon Jacques Arnould, qui sont les deux géniteurs de l'espace : le glaive et la paillasse ?
   (A) Les créationnistes.
   (B) Les créateurs de satellites.
   (C) Les scientifiques et les militaires.
   (D) Les historiens des sciences et les scientifiques.

7. Quelle est l'importance de ces deux géniteurs de l'espace ?
   (A) Ils préservent le contenu militaire.
   (B) Sans les deux il n'y aura pas assez de soutient.
   (C) Les uns contrôlent les autres.
   (D) Les deux ne permettent pas aux autres de participer aux programmes spatiaux.

> ## Thème du cours : La science et la technologie
>
> Vous aurez une minute pour lire l'introduction et parcourir les questions.
>
> ### Introduction
>
> Dans cette sélection, il s'agit d'une interview pour un poste. Mais la candidate a des ennuis.

1. Entre qui est-ce que cette conversation a lieu ?
   (A) Entre un responsable de l'entreprise et une candidate pour un poste.
   (B) Entre le président d'une compagnie et une admiratrice de Facebook.
   (C) Entre une élève de lycée et un responsable de l'entreprise.
   (D) Entre un responsable de Facebook et une candidate pour un poste dans cette entreprise.

2. Quelles études est-ce que la jeune femme a fait ?
   (A) Elle a étudié au lycée Fénelon.
   (B) Elle n'a probablement pas fait d'études.
   (C) Elle est actuellement étudiante à l'université.
   (D) Il est impossible de le savoir.

3. Quelles langues est-ce que cette femme a étudiées ?
   (A) L'allemand et l'italien.
   (B) L'anglais et le chinois.
   (C) Elle n'a étudié aucune langue.
   (D) Elle a étudié seulement le français.

4. Selon la jeune femme, pourquoi est-ce que l'étude de la littérature ne vaut pas la peine ?
   (A) On en a déjà fait des films et des émissions.
   (B) Les livres sont trop lourds.
   (C) Ses opinions ne sont pas toujours les mêmes que celles des profs.
   (D) Elle ne s'y connaît pas trop bien.

5. Qu'est-ce que la femme fait avec ses connaissances en technologie ?
   (A) Elle lit sa page Facebook.
   (B) Elle a écrit son CV.
   (C) Elle peut y travailler.
   (D) Elle sait utiliser un ordinateur.

SÉLECTION NUMÉRO 24

Thème du cours : L'esthétique

Vous aurez une minute pour lire l'introduction et parcourir les questions.

Introduction

Dans cette sélection, il s'agit d'une émission de Radioscopie où Jacques Chancel interviewe René Depestre, écrivain d'origine haïtienne.

1. Pourquoi René Depestre n'est-il pas chez lui en Haïti ?
   (A) Il fait une tournée pour promouvoir son nouveau roman.
   (B) Il est exilé d'Haïti depuis 1946.
   (C) Il s'est rapatrié en France parce qu'il aime les cercles littéraires parisiens.
   (D) Il est en vacances.

2. Qu'est-ce qu'*Étincelles* ?
   (A) Son dernier recueil de poèmes.
   (B) Son premier recueil de poésies.
   (C) Son premier roman.
   (D) Son roman le plus récent.

3. Quelle est l'attitude de René Depestre envers la « négritude » ?
   (A) Il admire ceux qui ont adopté l'idée, mais ce n'est pas pour lui.
   (B) Il embrasse la doctrine de la négritude et s'efforce d'écrire dans cet esprit.
   (C) Il croit que c'est un stade par lequel on doit passer, et il y est passé.
   (D) Il croit que cette idée appartient au passé et qu'il est temps de dire « adieu » à ce concept.

4. Comment René Depestre considère-t-il son exil d'Haïti ?
   (A) Il le compare à une maladie.
   (B) Il croit que c'est injuste qu'il ne puisse pas y retourner.
   (C) Bien qu'il veuille y aller, il comprend que la situation ne le permet pas.
   (D) Il porte Haïti en lui et transforme cette maladie de l'exil en santé.

5. Quel est le but de cette partie de l'interview ?
   (A) De présenter René Depestre et de discuter de ce qui constitue son art.
   (B) De situer René Depestre dans le monde des écrivains contemporains.
   (C) De présenter une vue d'ensemble de l'œuvre de René Depestre.
   (D) De monter le côté individualiste de René Depestre.

6. Pour René Depestre, que veut dire l'expression cubaine « aplatanado » ?
   (A) Qu'il a pris souche, qu'il trouve partout des amis.
   (B) Qu'il est citoyen, par la pensée au moins.
   (C) Que c'est un nouvel arrivé qui ne s'intègre pas trop bien.
   (D) Qu'il échoue dans tout ce qu'il essaie.

SÉLECTION NUMÉRO 25

Thème du cours : La science et la technologie

Vous aurez une minute pour lire l'introduction et parcourir les questions.

Introduction

Dans cette sélection, il s'agit d'une baladodiffusion avec Serge Otthiers dans une émission de la Radio Télévision Belge Francophone intitulée *La Première*. Otthiers parle de technologie avec son invité Jean-Claude Verset de PC World.be.

1. Quelle est le sujet de cette émission ?
   (A) La protection des mots de passe.
   (B) Le piratage basé sur l'ingénierie sociale.
   (C) On n'est pas assez sélectif dans le choix d'amis sur les réseaux sociaux.
   (D) Les pirates aiment chercher des informations sur les hôpitaux.

2. Quel est le problème de la majorité des habitués des réseaux sociaux ?
   (A) Ils ne savent pas naviguer sur internet.
   (B) Ils ne sauvegardent pas leur mot de passe.
   (C) Ils acceptent les demandes d'amis inconnus.
   (D) Ils ont trop d'amis.

3. Quel est le maximum d'amis qu'on peut gérer, selon les sociologues ?
   (A) Moins de 150.
   (B) Neuf cents.
   (C) Deux mille.
   (D) Quatre-vingt-cinq.

4. Qu'est-ce que les pirates obtiennent en parlant avec des « amis » sur un chat ?
   (A) Après une demi-heure de chat, les internautes sont prêts à divulguer leur adresse et d'autres informations personnelles.
   (B) Les internautes révèlent leurs informations sans y penser.
   (C) L'information sur les « amis » est affichée pour que tout le monde la voie.
   (D) Ils sont charmants et gagnent rapidement la confiance des autres.

5. Pourquoi est-ce que les informations telles que l'adresse, la date de naissance et le nom des parents sont importantes pour les pirates ?
   (A) Parce que ce sont des informations à afficher.
   (B) Parce que ce sont des questions qu'on pose lorsqu'on récupère les mots de passe.
   (C) Parce que ce sont les questions habituelles des amis.
   (D) Parce que ce sont les questions habituelles des salles de chat.

6. Quel est le point de vue de Jean-Claude Verset ?
   (A) Il est effrayé que tant d'internautes révèlent autant d'informations.
   (B) Il trouve bien que l'on veuille partager.
   (C) Il croit que le nombre de pirates est en train de diminuer.
   (D) Il a beaucoup de chiffres, mais pas vraiment d'opinions.

> # Thème du cours : L'esthétique
>
> Vous aurez une minute pour lire l'introduction et parcourir les questions.
>
> **Introduction**
>
> Dans cette sélection, il s'agit de l'exposition « Here Now » qui se déroule à la Maladrerie Saint-Lazare de Beauvais. Françoise-Claire Prodhon, historienne de l'art, a animé une conférence sur les passerelles entre patrimoine et création contemporaine.

1. Pourquoi est-ce que Françoise-Claire Prodhon a organisé cette conférence ?
   (A) Parce qu'elle est historienne de l'art.
   (B) Parce qu'elle anime des conférences.
   (C) Parce qu'elle a déjà enseigné à Paris.
   (D) Parce qu'elle s'intéresse à l'art contemporain.

2. Qu'est-ce qu'on visite généralement à Versailles ?
   (A) Les galeries d'art et les jardins.
   (B) L'exposition des tapisseries.
   (C) Les chambres royales et la galerie des glaces.
   (D) L'exposition de Jeff Koons.

3. Que font pour les artistes les sites du patrimoine industriel ?
   (A) Ils les convient à investir des lieux qui ne leur sont pas dédiés.
   (B) Ils leur interdisent d'étaler leurs œuvres.
   (C) Ils prohibent les expositions d'art.
   (D) Ils les convoquent sous un toit tout à fait différent, ce qui offre un fond assez distinct à leur œuvre.

4. Entre qui est le dialogue dont parle Françoise-Claire Prodhon ?
   (A) L'artiste et son milieu.
   (B) Les artistes et les exposants.
   (C) La création contemporaine et le patrimoine.
   (D) Le patrimoine et l'artiste lui-même.

5. Quel est le message de cette historienne de l'art ?
   (A) Que la combinaison d'art contemporain et le fond du patrimoine a eu beaucoup de succès.
   (B) Qu'il vaudrait mieux exposer les œuvres d'art dans un musée, loin des distractions de l'histoire.
   (C) Que le choix du site d'exposition est intégralement lié au patrimoine disponible.
   (D) Que l'artiste doit essayer de créer une œuvre thématique qui s'allie aux patrimoines.

6. Est-ce que cette intégration du contemporain et du patrimoine constitue une nouvelle idée dans l'art ?
   (A) Non, le patrimoine et les éléments qui l'entourent sont déjà liés.
   (B) Oui, c'est une idée qui est venue de l'œuvre de Jeff Koons et ses contemporains.
   (C) Non, il y a déjà eu plusieurs expositions de ce genre au Louvre.
   (D) Non, on a déjà essayé cela à la Gare d'Orsay sans beaucoup de succès.

> ## Thème du cours : La quête de soi
>
> Vous aurez une minute pour lire l'introduction et parcourir les questions.
>
> ### Introduction
>
> Dans cette sélection, il s'agit de conseils pour les Français qui cherchent à s'expatrier au Brésil. Les informations sont générales aussi bien que pratiques. Le site web offre des renseignements sur plusieurs pays étrangers.

1. Quel est le sujet de cette émission ?
   (A) L'accueil au Brésil, pays d'Amérique du Sud d'un plus grand nombre d'expatriés.
   (B) Comment émigrer en Amérique du Sud ?
   (C) Où trouve-t-on les expatriés français ?
   (D) Les Brésiliens qui entrent en France de manière illégale et voudraient se déclarer expatriés.

2. Quelle est la taille du Brésil ?
   (A) Six fois la France.
   (B) Le plus vaste pays de l'hémisphère occidental.
   (C) Seize fois la France.
   (D) À peu près 100.000 kilomètres carrés.

3. Comment faire pour trouver un travail au Brésil ?
   (A) Il faut connaître le monde des finances.
   (B) Il faut avoir un CV solide et de la persévérance.
   (C) Il faut savoir parler portugais.
   (D) Il vaut mieux s'y connaître en l'analyse financière, gestion ou ingénierie.

4. Comment fonctionne le système de sécurité sociale ?
   (A) Il y a une cotisation des entreprises et des salariés.
   (B) Il y a trop de prestations.
   (C) Il ne couvre pas encore les retraités.
   (D) Il est plus important lors du chômage d'un travailleur.

5. Qu'est-ce qui explique les prix bas des denrées alimentaires ?
   (A) Le gouvernement ne permet pas la hausse du prix des aliments.
   (B) On cultive un assez grand nombre de fruits et légumes au Brésil.
   (C) On les importe aussi frais que possible.
   (D) Les aliments français sont de plus en plus importés.

6. Sur le plan de la religion, quelle est la situation du Brésil ?
   (A) C'est le plus grand pays catholique du monde.
   (B) Il y a plusieurs sectes protestantes.
   (C) On pratique l'animisme et le vaudou.
   (D) Un chaman peut vous mettre en contact avec les esprits.

SÉLECTION NUMÉRO 28

> ## Thème du cours : La vie contemporaine
>
> Vous aurez une minute pour lire l'introduction et parcourir les questions.
>
> **Introduction**
>
> Dans cette sélection, il s'agit d'une discussion avec le doyen de la Faculté d'ingéniérie de l'Université des Cantons de l'Ouest.

1. Quelle est la nouvelle formation disponible à l'Université des Cantons de l'Ouest ?
   (A) La littérature de la période romantique.
   (B) Le patrimoine et la politique nationale.
   (C) L'ingéniérie forestière.
   (D) Les sciences environnementales.

2. Quel est l'effet des nouvelles délocalisations de l'Université ?
   (A) La Faculté s'internationalise.
   (B) Au Caire et en Bulgarie.
   (C) La Faculté devient plus technique qu'elle ne l'était.
   (D) L'occasion de faire des études internationales diminuent.

3. Comment le doyen résume-t-il les changements intervenus récemment à l'Université ?
   (A) Il a fait beaucoup, lui, pour mener l'Université dans la bonne direction.
   (B) L'Université n'a pas le même charme qu'autrefois.
   (C) Les nouveaux programmes constituent une rupture avec les études déjà établies.
   (D) Il y a eu des difficultés, mais aussi des réussites.

4. Pourquoi est-il important de noter que la Conférence des directeurs des Facultés de l'ingéniérie a eu lieu à l'Université des Cantons de l'Ouest ?
   (A) Parce que ce doyen n'a jamais pu y aller.
   (B) Parce que cela donne un certain prestige à la faculté qu'il dirige.
   (C) Parce que l'Université de Corse est renommée pour sa Faculté des sciences humaines.
   (D) Parce que c'est la douzième fois que la Conférence a lieu dans le pays.

5. Quels sont les projets d'avenir de la Faculté d'ingéniérie ?
   (A) L'internalisation des Facultés.
   (B) De faire venir plusieurs autres conférences.
   (C) D'offrir de nouvelles licences, plus qualifiantes.
   (D) L'internationalisation des sciences.

6. Qu'est-ce qui est important pour le doyen pour l'instant ?
   (A) De faire savoir à l'extérieur que les programmes de l'Université sont bons.
   (B) D'augmenter le nombre d'élèves.
   (C) D'exporter autant d'élèves que possible grâce au programme d'internationalisation des Facultés.
   (D) De donner à l'université une meilleure visibilité sur le plan local.

Thème du cours : Les défis mondiaux

Vous aurez une minute pour lire l'introduction et parcourir les questions.

Introduction

Dans cette sélection, il s'agit de ce soleil qui fait bourgeonner la peau. Le podcast vient d'un répertoire de podcasts francophones sous la rubrique des sciences et médecines.

1. Quelle est l'idée centrale de cette émission ?
   - (A) Que le bronzage peut être esthétique mais la réalité est beaucoup moins glamour.
   - (B) Qu'il est toujours difficile d'entretenir cette manière d'esthétique.
   - (C) Qu'il y a trop de danger à bronzer.
   - (D) Qu'il vaut mieux être bronzé que pâle.

2. Que favorise le soleil sur le corps ?
   - (A) L'acné et le bronzage.
   - (B) L'esthétique.
   - (C) La santé de la peau.
   - (D) De petits bourgeons.

3. Qu'est-ce que la lucite ?
   - (A) Une allergie au soleil.
   - (B) La surface où on s'allonge pour bronzer.
   - (C) La couleur qu'on a après une exposition prolongée au soleil.
   - (D) La crème anti-acné la plus populaire de France.

4. Selon le podcast, qu'est-ce qui est essentiel ?
   - (A) De se protéger contre les UVA.
   - (B) De prendre autant de vitamines A et D que possible.
   - (C) De prendre soin de ne pas s'exposer au soleil entre midi et quatre heures de l'après-midi.
   - (D) De se protéger contre les rayons du soleil.

5. Que donne le bronzage ?
   - (A) Le cancer de la peau.
   - (B) L'impression qu'on a une peau en bonne santé.
   - (C) Une couleur favorable aux vacanciers sur la plage.
   - (D) Des allergies et des maladies de peau.

6. Pourquoi doit-on attendre la fin de l'été pour employer les médicaments anti-acné ?
   - (A) Parce que ces crèmes ne sont généralement disponibles qu'au mois de septembre.
   - (B) Parce que ces médicaments ne se combinent pas bien avec les vitamines A et D que vous prenez.
   - (C) Parce que ces crèmes ne régissent pas bien au soleil.
   - (D) Parce qu'on ne veut pas les mettre à la plage tant ils sont défigurants.

SÉLECTION NUMÉRO 30

Thème du cours : La famille et la communauté

Vous aurez une minute pour lire l'introduction et parcourir les questions.

Introduction

Dans cette sélection, il s'agit d'un extrait du livre de Simone de Beauvoir, *Mémoires d'une jeune fille rangée*.

1. De quel genre de texte s'agit-il ?
   (A) La biographie d'une personne assez peu connue.
   (B) Une autobiographie.
   (C) Un roman historique.
   (D) Une histoire de Paris.

2. D'où vient cette première image ?
   (A) D'une photo que Beauvoir a prise.
   (B) D'une peinture accrochée au mur.
   (C) D'une photo dans un album de famille.
   (D) D'un dessin que l'auteur trace dans son esprit.

3. Qui apparaît dans la seconde image ?
   (A) La sœur de la narratrice.
   (B) Un homme aux longues moustaches.
   (C) Une vieille femme avec des cheveux cendrés.
   (D) Une jeune fille jalouse.

4. De quoi la narratrice est-elle fière ?
   (A) D'être bien remarquable sur la photo.
   (B) De jouer le rôle du petit chaperon rouge.
   (C) D'avoir une petite sœur.
   (D) D'être l'aînée.

5. Qu'est-ce qui donnait à la narratrice une impression de rouge ?
   (A) Tout l'appartement.
   (B) Les meubles du bureau.
   (C) Les paupières closes pour se protéger du soleil.
   (D) Le sofa de la salle à manger.

6. Quel est le but de cet extrait ?
   (A) De faire un tour de l'album de famille.
   (B) D'encadrer l'histoire.
   (C) De peindre les premières impressions d'une enfant.
   (D) De décrire les premières pièces où habitait la narratrice.

> ## Thème du cours : La vie contemporaine
>
> Vous aurez une minute pour lire l'introduction et parcourir les questions.
>
> ### Introduction
>
> Dans cette sélection, il s'agit d'un trajet en métro. Le texte est tiré du roman de Faïza Guène, *Kiffe kiffe demain*.

1. Pourquoi la narratrice prend-elle le métro ?
   (A) Pour aller quelque part.
   (B) Pour passer le temps.
   (C) Pour voir le Roumain.
   (D) Pour aller au terminus.

2. Comment est ce Roumain ?
   (A) Il est vieux et poussiéreux.
   (B) Il est jeune, mais démodé.
   (C) Il est mal habillé.
   (D) Il est coincé entre deux stations.

3. Que faisait ce Roumain ?
   (A) Il dansait.
   (B) Il tapait du pied discrètement.
   (C) Il souriait à la narratrice.
   (D) Il jouait de l'accordéon.

4. Qui est Lucia ?
   (A) La femme du conducteur.
   (B) La femme imaginaire du manouche.
   (C) La femme du producteur de fromage.
   (D) La femme dans le métro.

5. À quoi sert le gobelet Quick ?
   (A) Il contient une boisson gazeuse.
   (B) Il contient quelques centimes que le monsieur a trouvés.
   (C) C'est pour faire la quête et demander de l'argent.
   (D) On l'a trouvé par terre comme ça.

6. Quel est le sale truc qu'a fait la narratrice ?
   (A) Elle a pris le gobelet.
   (B) Elle a mis un euro dans le gobelet.
   (C) Elle a vidé le gobelet.
   (D) Elle a fait semblant de ne pas voir le gobelet.

SÉLECTION NUMÉRO 32

Thème du cours : L'esthétique

Vous aurez une minute pour lire l'introduction et parcourir les questions.

Introduction

Dans cette sélection, il s'agit d'une conversation entre une cantatrice d'opéra et son accompagnateur.

1. Qu'est-ce qui a causé le problème ?
   (A) Le pianiste a fait une fausse note.
   (B) Le pianiste a joué le mauvais morceau.
   (C) Le pianiste ne respecte pas la diva.
   (D) Le pianiste ne comprend pas l'italien.

2. Pourquoi l'accompagnateur ne peut-il pas reprendre la musique sans l'aide de la diva ?
   (A) Parce que sa partition n'est pas marquée.
   (B) Parce qu'il n'a pas fait attention.
   (C) Parce que sa partition n'a pas les paroles.
   (D) Parce qu'il ne connaît pas trop bien l'opéra.

3. Pourquoi est-ce que la diva est si brusque avec l'accompagnateur ?
   (A) Il n'est pas très fort en musique.
   (B) Il fait tellement de fautes.
   (C) Elle serait déplaisante avec n'importe qui.
   (D) Il ne peut pas trouver sa place.

4. Comment l'accompagnateur essaie-t-il d'apaiser la colère de la diva ?
   (A) En lui disant qu'elle est un bijou musical.
   (B) En lui expliquant les choses.
   (C) En acceptant d'avoir fait une faute.
   (D) En reprenant la musique.

5. Quand est-ce que cette conversation a lieu ?
   (A) Juste avant le concert.
   (B) Pendant une répétition.
   (C) Pendant le concert.
   (D) Juste après le concert.

> ## Thème du cours : Les défis mondiaux
>
> Vous aurez une minute pour lire l'introduction et parcourir les questions.
>
> ### Introduction
>
> Dans cette sélection, il s'agit de l'importance de bien manger et de bien préparer ce qu'on va manger.

1. Entre qui cette conversation a-t-elle lieu ?
   (A) Entre deux jeunes écoliers.
   (B) Entre le serveur et le client.
   (C) Entre la mère et son fils.
   (D) Entre le directeur de la cantine et un des jeunes garçons.

2. Pourquoi le jeune garçon ne fait-il pas la queue ?
   (A) Il n'a pas assez d'argent pour acheter son déjeuner.
   (B) Il a apporté son déjeuner.
   (C) Il n'aime pas ce qu'on sert.
   (D) Parce que les adolescents font ce qu'ils veulent.

3. Comment est-ce que la mère appelle ce qu'apporte son fils ?
   (A) La boîte de déjeuner.
   (B) Le déjeuner en panier.
   (C) Le sac de déjeuner.
   (D) Le papier de déjeuner.

4. Qu'est-ce qu'il y a dans la salade qui en fait une salade niçoise ?
   (A) De la laitue.
   (B) De la viande.
   (C) Des additifs.
   (D) Du thon.

5. Comment l'ami du garçon exprime-t-il son opinion ?
   (A) Il n'aime pas les ingrédients de la salade.
   (B) Il décrit le hamburger comme graisseux.
   (C) Il explique sa gourmandise.
   (D) Il demande à son ami de lui apporter un déjeuner le lendemain.

SECTION 2
FREE RESPONSE

Part A: Interpersonal Writing, E-mail Reply

 The AP* French: Preparing for the Language and Culture Examination program includes a Digital Student and Teacher Center on SuccessNet Plus, Pearson's personalized learning management system. In the Center, students can complete activities in an interactive format, with embedded audio. They can also access the complete eText with audio hyperlinks.

The Interpersonal Writing section of the AP French Language and Culture Examination consists of one e-mail prompt. You will have 15 minutes to read the prompt and write a reply in e-mail format.

You are expected to respond in a succinct manner to the prompt, to respond to all questions in the e-mail and to ask for details of something in the original message. These expectations are repeated in the directions.

STRATEGIES

1. **Define the task.** Read the prompt carefully so that you know what the e-mail is asking you to do. Find the two questions that you can answer, and identify something in the message about which you can ask for details.

2. **Review expressions and style for e-mail.** You should follow the directions listed below.

3. **Organize your ideas** in order to respond with a clear, organized, and lucid e-mail, not just your responses to the questions.

4. **Check your work for accuracy.** Review...
   - subject and verb agreement
   - noun and adjective agreement
   - your use of tenses
   - use of *passé composé* v. *imparfait*
   - sequence of tenses in *si* clauses
   - indicative v. subjunctive
   - accent marks

Tips for Writing E-mail in French

1. **Pour commencer votre courriel :**
   - Bonjour, M. Duhamel,
   - Cher M. Richelieu,
   - Cher (Chère) Monsieur/Madame,

PART A

2. Pour vous référer à un courriel antérieur :
- Merci de votre envoi.
- Je vous remercie de votre courriel.
- J'ai bien reçu votre courriel et vous en remercie.
- Nous avons bien reçu votre courriel et vous en remercions.

3. Pour vous référer à quelque chose d'autre :
- Madame,
- Suite à notre conversation téléphonique de ce matin, je vous envoie…

4. Pour indiquer qu'il y a une pièce jointe :
- (…), je me permets de vous adresser ci-joint mes notes…
- Comme convenu, vous trouverez ci-joint la première correction de votre exposé.

5. Pour faire des demandes :
- J'aimerais m'abonner au journal *AP French*, c'est pourquoi je vous prie de m'envoyer des informations concernant…
- Je vous prie de (bien vouloir) m'envoyer une brochure…

6. Pour terminer :
- Dans cette attente, veuillez agréer, Monsieur, mes salutations distinguées.
- Dans l'attente de votre réponse,
- Sincères salutations (ou : Bonne journée).
- D'avance, je vous remercie.

7. Soyez concis, sans être excessivement bref : faites des phrases courtes et claires.

SÉLECTIONS NUMÉROS 1–10

Directions : You will write a reply to an e-mail message. You have 15 minutes to read the message and write your reply.

Your reply should include a greeting and a closing and should respond to all the questions and requests in the message. In your reply, you should also ask for more details about something mentioned in the message. Also, you should use a formal form of address.

Instructions : Vous allez répondre à un courriel. Vous aurez 15 minutes pour lire le message et pour composer votre réponse.

Votre réponse contiendra une formule de politesse pour commencer et une formule de politesse pour terminer ; elle répondra aussi à toutes les questions et à toutes les demandes du message. Dans votre réponse, vous devriez aussi demander des détails sur une chose qui a été mentionnée dans le message. Vous devriez également utiliser un registre de langue soutenu.

COURRIEL NO. 1

Thème du cours : La vie contemporaine

Introduction

C'est un message électronique de Patrick Martin-Dubourg, Directeur du Marketing aux Galeries du Printemps, grand magasin local. Il voudrait inviter la clientèle du magasin à participer au concours qu'organise le magasin et vous demande votre avis sur la façon de procéder.

Cher (Chère) Monsieur (Madame),

Depuis soixante ans notre magasin à Charlieu-sur-Moëlle est aussi le vôtre, fier de vous servir et de répondre aux attentes de notre clientèle. Nous sommes très sensibles à ce que vous attendez de nous, pour mieux vous servir en ces temps de changement et d'innovation.

C'est pourquoi aujourd'hui nous vous invitons à participer à notre grand concours de décoration de vitrines : "De fêtes en fêtes, de saisons en saisons aux Galeries du Printemps."

Il est ouvert à tous, petits et grands, et peut rapporter gros. Des voyages, séjours, articles et bons d'achat dans le magasin et chez nos partenaires seront décernés aux gagnants choisis par notre jury de professionnels. Il se terminera le 30 octobre à minuit.

Envoyez-nous vite vos idées et vos suggestions. Elles concerneront bien sûr les vitrines du mois de décembre et de la période des fêtes, mais dites-nous également quelles vitrines correspondraient le mieux, selon vous, au thème choisi pour des vitrines en fête toute l'année aux Galeries du Printemps. La parole est à vous !

Nous serons heureux de recevoir vos propositions par courriel et, si vous le souhaitez, à mon attention personnelle. Elles pourront porter sur un moment ou une fête en particulier, ou encore toucher à une ou plusieurs vitrines et concerner un ensemble d'étalages. À vos claviers et à vos croquis, pour le plus grand bonheur de tous !

Avec tous nos plus vifs remerciements.

Patrick Martin-Dubourg
Directeur du Marketing, Les Galeries du Printemps

Thème du cours : Les défis mondiaux

Introduction

Ce courriel a pour auteur le Docteur Ivan Pavlov, Directeur de services médicaux à l'Université Nationale qui vient d'accepter votre candidature. Il vous engage à profiter des avantages fournis par son département et vous demande quelques renseignements sur votre santé.

Cher (Chère) Monsieur (Mademoiselle),

Nous vous adressons toutes nos félicitations d'avoir été accepté à l'Université Nationale. Nous sommes ravis que vous entriez dans notre communauté universitaire.

Comme vous le savez, le bureau de Santé se trouve au rez-de-chaussée du Centre Louis Pasteur, Salle 008. Il y a toujours un(e) infirmièr(e) de service vingt-quatre heures sur vingt-quatre. Notre médecin de garde, le Dr Pavlov, reçoit les patients pendant ses heures de consultation le lundi, le mercredi et le jeudi entre 13h et 15h.

Si vos parents peuvent continuer à vous faire bénéficier de leur régime d'assurances maladie, leur assurance sera acceptée pendant vos études à l'université. Toutefois, si vous êtes sans assurances, vous devrez vous renseigner auprès du bureau des affaires étudiantes, salle 319.

Pour que nous mettions à jour votre dossier, veuillez nous envoyer par courriel la liste de toutes les maladies et de tous les accidents que vous avez eus antérieurement. Si vous prenez certains médicaments et que vous voulez transmettre cette information à nos infirmièr(e)s, veuillez nous le faire savoir par courriel.

Je suis heureux de vous accueillir parmi nous,
Dans l'attente de votre réponse,
Sincères salutations,

Ivan Pavlov,
Directeur des Services Médicaux
Université Nationale

Thème du cours : La quête de soi

Introduction

Ce courriel a pour auteur Mme Carla Panciera, Rédactrice de la revue *Poésies de France* qui vous invite à soumettre vos poèmes à un concours qu'organise le journal. Vous devrez fournir quelques renseignements pour vous inscrire.

Cher (Chère) Monsieur/Madame,

Dûs aux problèmes techniques rencontrés lors du téléchargement des derniers inscriptions nous avons décidé de repousser la date limite d'inscription au concours Le Prix du Rédacteur – Poésie Guillaume Apollinaire au mardi 27 février.

Nous nous excusons des inconvénients que cela aura pu vous causer. Nous profitons de cette opportunité pour vous informer que notre système informatique fait l'objet de changements qui corrigeront et élimineront les problèmes actuels. Cela nous permettra à l'avenir de respecter les dates limites d'inscription.

Si vous n'avez pas encore envoyé vos poèmes, contes ou essais, nous vous invitons à nous les soumettre avant le 27 février. Le lauréat de notre prix recevra 5.000 euros et son poème, conte ou essai sera publié dans le journal *Poésies de France*. Les gagnants des années précédentes ont eux aussi vu leurs écrits publiés dans *Poésies de la Francophonie*, ainsi que dans la série « *Meilleurs de France* » et ils ont également gagné le Prix Verlaine.

Et vous ne perdez rien ! Vos frais d'inscription de 20 € incluent votre abonnement à *Poésies de France*. L'édition téléchargeable de notre magazine vous offre la même qualité pour l'art, la poésie et la prose que le magazine imprimé, et vous pouvez aussi télécharger le journal tout entier en format audio.

Avant de soumettre votre poème, votre conte ou votre essai, nous vous demandons de nous faire parvenir une note qui résume de manière concise le sujet de votre texte. De plus, nous vous prions de bien vouloir aussi expliquer pourquoi vous souhaitez être publié. Enfin, veuillez nous donner le titre du magazine que vous préférez et nous dire pourquoi.

Nous vous remercions de bien vouloir faire parvenir votre inscription dans les meilleurs délais, et attendons avec impatience le plaisir de vous lire.

Dans cette attente, veuillez agréer, Monsieur/Madame, nos salutations distinguées.

Carla Panciera
Rédactrice
Poésies de France

Thème du cours : La science et la technologie

Introduction

Ce courriel a pour auteur Nancy Gadbois, Rédactrice-en-chef du journal *La Voix de Charlieu-sur-Moëlle* qui sollicite vos suggestions pour aider à mettre le quotidien en ligne.

Cher (Chère) Madame/Monsieur,

Votre journal local *La Voix de Charlieu-sur-Moëlle* abandonnera bientôt son édition quotidienne pour publier une édition hebdomadaire. Toutefois nous comptons vous offrir une édition en ligne, mise à jour chaque matin. Après avoir analysé plusieurs journaux en ligne, une question primordiale s'impose : qu'est-ce que nos lecteurs attendent d'un journal en ligne ?

Nous avons donc l'honneur de vous poser cette question : qu'est-ce que vous attendez de nous ? Quelles pages voulez-vous lire chaque jour ? Bien sûr, nous garderons les pages concernant les nouvelles régionales et nos éditoriaux sur les problèmes mondiaux.

Envoyez-nous un courriel ! Les cent premières réponses gagneront un abonnement gratuit d'un an à *La Voix de Charlieu-sur-Moëlle, édition en ligne*.

À vos claviers et donnez-nous votre avis ! Qu'est-ce vous attendez de notre édition en ligne ? Quelles pages seront les plus lues et les plus appréciées par nos lecteurs internautes ? Qu'aimeriez-vous voir sur vos écrans ?

À vos stylos, si vous voulez participer activement à la naissance de notre édition hebdomadaire. C'est avec votre collaboration que nos rédacteurs pourront écrire vos futurs numéros de *La Voix de Charlieu-sur-Moëlle*.

Avec nos plus vifs remerciements,

Nancy Gadbois
Rédactrice-en-chef

Thème du cours : La vie contemporaine

Introduction

Ce courriel a pour auteur Pierre Chagnot, Directeur de *Serveurs d'Express* qui vous invite à bénéficier de leur offre de livraison de plateaux-déjeuners au bureau.

Cher (Chère) Madame/Monsieur,

Vous avez faim ? Si vous êtes comme la plupart d'entre nous qui travaillons dans le quartier, vous avez très faim dès onze heures et vous commencez à penser à votre déjeuner. Même si vous ne pouvez pas sortir déjeuner dans votre restaurant favori, vous pouvez maintenant vous faire plaisir et commander votre plat préféré pour qu'il vous soit servi directement dans votre bureau.

Oui, *Serveurs d'Express* vous propose un service unique, facile et tentant. Envoyez-nous par courriel le nom de votre restaurant préféré et le plat que vous voudriez servi devant vous pour votre déjeuner, jeudi. Nous commanderons pour vous votre plat préféré et nous vous l'apporterons et le servirons directement dans votre bureau à l'heure du déjeuner. Vous paierez simplement le prix du plat, auquel vous ajouterez 15% de service et un supplément de 20% pour la livraison et le service au bureau.

Vous n'êtes pas encore convaincu(e) ? Si vous commandez pour jeudi, vendredi et toute la semaine prochaine, nous vous offrirons le huitième déjeuner gratuit.

Rien à perdre, et tout à gagner ! Envoyez-nous le nom de votre restaurant favori (dans le quartier, s'il vous plaît), de votre plat préféré et votre adresse locale. *Serveurs d'Express* s'occupera de tout et vous servira jeudi à l'heure du déjeuner.

Aux *Serveurs d'Express* nous sommes prêts à vous servir.

En espérant vous servir prochainement, nous restons à votre disposition.

Sincères salutations,

Pierre Chagnot
Directeur, *Serveurs d'Express*

Thème du cours : La vie contemporaine

Introduction

Ce courriel a pour auteur Maurice Duchamp, Directeur régional de *Secrétaires Sur Demande* qui propose à votre entreprise de faire appel à des emplois d'intérimaires locaux pour vos services.

Cher (Chère) Madame/Monsieur,

Nos bureaux de *Secrétaires Sur Demande* vont prochainement ouvrir dans votre quartier et nous avons besoin de personnel qualifié pour pouvoir offrir toute une gamme de services aux bureaux dans les gratte-ciels de notre ville. *Secrétaires Sur Demande* ne compte pas seulement proposer des secrétaires, mais aussi des transcripteurs (légal et médical, surtout !), des réceptionnistes, des gardiens de bâtiment, du personnel pour faire fonctionner les photocopieuses, des coursiers, de même que des comptables, des programmeurs et des concepteurs de sites.

Avez-vous besoin d'un travail temporaire pour gagner un salaire supplémentaire ? Contactez-nous à *Secrétaires Sur Demande* car chez nous, vous trouverez un emploi pour une journée, une semaine, ou peut-être même pour toujours !

Répondez par courriel en nous envoyant votre CV et la liste des activités que vous recherchez, ceci pour nous permettre de vous entrer dans notre banque de données comme candidat aux postes ouverts. Indiquez-nous aussi vos jours et vos heures de disponibilité.

Ce nouvel emploi pourrait être pour vous demain.
Dans l'attente de votre réponse,
Sincères salutations,

Maurice Duchamp
Directeur régional

Thème du cours: La science et technologie

Introduction

Ce courriel a pour auteur Henri Paumard de L'Oranger.com qui vous invite à télécharger des chansons, livres, et films au prix d'un seul abonnement.

Cher (Chère) Madame/Monsieur,

À *l'Oranger* nous sommes fiers de pouvoir annoncer enfin le lancement de notre nouveau système de support à vos gadgets, vos portables et vos ordinateurs. Dès aujourd'hui téléchargez la Valencienne à www.orangevalencienne.com.

Grâce à ce nouveau concept, nous pouvons créer ensemble un monde unique et personnalisé. Vous voulez écouter vos chansons favorites ? Téléchargez-les avec la Valencienne au prix de 1 € pour 5 chansons. Les nouvelles à l'oreille ? Téléchargez gratuitement les coordonnées de vos chaînes préférées ! Louez un film pendant 24 heures pour juste 1 €. Téléchargez un roman pour 7 € 50 le titre… et nous avons 250.000 titres sans parler des jeux d'ordinateur ! Notre service est compatible avec tous les systèmes et vous n'aurez aucun problème avec votre récepteur – quelqu'il soit !

Si vous préférez, vous pouvez bien évidemment vous abonner à nos services et pour à 25 € par mois, vous aurez accès à quatre films, trois livres, deux jeux d'ordinateur et des chansons de manière illimitée. (Accès à la radio et à la télévision en direct et gratuitement comme toujours.)

Profitez donc de cette offre exceptionnelle !

Envoyez-nous votre courriel d'inscription qui sera aussi votre coupon-bonus. Indiquez-nous les services que vous préférez (au moins deux) et nous vous enverrons les codes qui vous permettront d'y accéder. Si vous voulez participer à notre concours de lancement, dites-nous en quelques mots pourquoi vous pensez que notre système de téléchargement est meilleur que le système auquel vous êtes abonné en ce moment.

Téléchargez la Valencienne sans plus tarder.
Bonne journée,

Henri Paumard
Chef de Ressources

Thème du cours : La quête de soi

Introduction

Ce courriel a pour auteur Antoine Jourlait, chargé de cours d'anglais à la *Maison Anglophone* qui vous invite à donner des cours d'anglais.

Cher (Chère) Madame/Monsieur,

Comme vous savez, tout le monde veut parler anglais ! Pour apprendre, il y a des CD, des programmes d'ordinateur, des livres et des émissions à la télé ; mais trop peu de ces moyens enseignent l'anglais comme le ferait un professeur devant sa classe. À la *Maison Anglophone* nous sommes toujours à la recherche de professeurs d'anglais compétents.

Pourquoi ne vous portez-vous pas volontaire pour enseigner l'anglais à nos membres et aux habitants de notre quartier ? Veuillez nous faire savoir quand vous pourrez venir tester vos compétences orales en anglais.

Toutefois, ce n'est pas seulement la compétence linguistique qui fera de vous un des nos meilleurs professeurs, c'est aussi votre personnalité. C'est pourquoi nous vous demandons également de nous écrire en précisant les raisons pour lesquelles vous voudriez enseigner l'anglais et ce que vous voudriez introduire dans vos leçons orales en classe.

En espérant vous lire prochainement, je vous adresse mes sincères salutations,

Antoine Jourlait
Chargé de cours d'anglais

Thème du cours : La vie contemporaine

Introduction

Ce courriel a pour auteur Pierre-François Jacquart, chargé des inscriptions à l'Université des Cantons de l'Ouest qui souhaite obtenir de votre part des renseignements sur votre scolarité secondaire avant de prononcer votre admission.

Cher (Chère) Madame/Monsieur,

Félicitations ! Nous sommes heureux de vous faire savoir que nous avons accepté votre candidature et que vous êtes admis à l'Université des Cantons de l'Ouest. Notre réputation et la qualité des programmes ont sans aucun doute motivé votre choix dans la sélection de notre établissement. Nous n'en attendons pas moins de vous et espérons que la qualité de votre travail correspondra à la qualité de l'enseignement que vous recevrez ici à l'Université des Cantons de l'Ouest.

Afin de terminer votre inscription nous vous prions de bien vouloir répondre par courriel aux trois questions suivantes :

1. Quelle spécialisation avez-vous choisie ?

2. Dans quels cours (4) est-ce que vous comptez vous inscrire le premier semestre ?

3. Quels sont les trois traits de caractère que vous aimeriez voir chez votre camarade de chambre ?

Je vous adresse à nouveau mes félicitations et vous souhaite la bienvenue dans notre université.

Dans l'attente de votre réponse,
Sincères salutations,

Pierre-François Jacquart,
Chargé des inscriptions

Thème du cours : Les défis mondiaux

Introduction

Ce courriel a pour auteur Alice DesGermains, présidente de « Quartiers Verts » qui vous invite à adhérer à son association destinée à la protection de l'environnement.

Cher (Chère) Madame/Monsieur,

Avec la pollution mondiale, les problèmes des océans qui montent et les forêts qui sont en voie de disparition, l'énergie qui s'épuise et les animaux qui disparaissent, notre planète se trouve dans une situation désespérée. Qu'est-ce que je peux faire ? Je ne suis qu'un citoyen isolé.

Il n'y a pas de limite, pas de plafond ! Toute action pour sauver notre planète commence avec vous, et non pas seulement avec les grandes entreprises de pétrole ou de pêche.

Vous pouvez laver une bouteille en verre au lieu d'en jeter une en plastique dans la corbeille, ne pas employer d'aérosols, limiter vos ordures au minimum, pour faire la différence. Et c'est par là que nous pouvons commencer à sauver la planète.

Plusieurs de vos voisins se réunissent mardi soir à 20h à la cafétéria du Lycée Malherbe pour discuter de ces problèmes et pour découvrir ce que nous pouvons faire ensemble pour sauvegarder la seule planète que nous connaîtrons.

Voulez-vous vous joindre à nous ? Nous vous invitons à participer à notre réunion et à indiquer ce que vous pouvez faire pour contribuer à l'action dans le quartier (nettoyage, peinture, balayage), quelles sont les choses que vous pouvez collecter (aérosols, sacs en plastique, boîtes de conserves), ou simplement apporter un dessert à notre réunion.

Au plaisir de vous rencontrer,
Sincères salutations,

Alice DesGermains
Président, « Quartiers Verts »

Part B: Presentational Writing, Persuasive Essay

> The AP* French: Preparing for the Language and Culture Examination program includes a Digital Student and Teacher Center on successNet Plus, Pearson's personalized learning management system. In the Center, students can complete activities in interactive format, with embedded audio. They can also access the complete eText with audio hyperlinks.

The Presentational Writing portion of the AP French Language and Culture Examination tests your writing ability in an essay based on information from three sources: a printed text, an audio source, and a chart or other graphic. The information presents various sides of an argument.

You will have six minutes to read the essay topic and the printed material. Then you will hear the audio material twice. Your task will be to synthesize the information and to write a persuasive argument on the topic using information from all three sources. You will have 40 minutes to write the essay.

In your essay, take the opportunity to present the various viewpoints as presented in the three sources. Then, clearly indicate your own position on the topic and defend it thoroughly. Use information from each of the sources. As you refer to the sources, identify them appropriately. It is best to organize your essay into paragraphs: a five-paragraph essay works best.

A five-paragraph essay would include:

- an introduction with a thesis statement of your position on the topic;
- three paragraphs showing your position and the sides of the argument;
- a conclusion that summarizes for the reader what you have said and finally shows how your opinion is the one to be considered.

This portion of the test will evaluate your ability to **interpret** information from a variety of sources and to **synthesize** that information to **support** your opinion in an essay. Your essay must make references to all three sources, but not simply to summarize the information. You are required to demonstrate your ability to synthesize this information as you write your essay. Although this may seem an overwhelming task, we do this often in our daily lives. In English class you may tell about a book you are reading and cite what another student has said about that book. Or you listen to a news broadcast and read a newspaper article about the same event and tell about it citing both sources.

1. You may use information you already know about the topic.
2. You will break down and summarize information in the three sources to arrive at a conclusion as you identify main ideas and significant details, make inferences, find supporting evidence and draw conclusions.
3. You will synthesize the ideas you have summarized. You will integrate your comments on all three sources and create a "whole" for your essay.
4. Write a well-organized persuasive essay that demonstrates your control of French syntax, grammar and vocabulary. Be sure that your language is appropriate to the audience and that it is meaningful and relevant.

STRATEGIES

Follow the strategies for listening and reading in those sections of this book.

1. **Adapt your three-step reading strategy to writing.** Practice is the key.

   • **Pre-writing:** Read and listen to the printed and recorded sources. Select ideas and focus on important details in order to synthesize them and quote them in your essay.
      — Try to understand exactly what the instructions are asking you to do.
      — Use a graphic organizer to record key words you plan to use as you develop your ideas.
      — Choose your writing strategy. How can you make your argument persuasive? Will you use discussion? Comparison? Contrast? Some other approach?
      — Look for key words in the prompt and plan your answer.

   • **Writing:** As you begin to write, budget your time wisely so that you have time to organize, write, proofread and review.
      — Write your introduction with a thesis statement that responds to the prompt.
      — Concentrate on adapting the ideas that you have read and heard to the prompt. Compare and contrast ideas as necessary.
      — Integrate meaningful references from all the sources.
      — Quote only what is necessary to support your point of view. If you quote directly, use quotation marks.
      — Avoid using a dictionary as you practice. You will not be allowed access to a dictionary during the exam, so it is better that you train yourself to work without one. If you cannot think of a specific word, use circumlocution.
      — Organization is important! Start with an introduction, make your supporting arguments and arrive at a logical conclusion.
      — Avoid merely paraphrasing or repeating what has been said.
      — The summary at the end of your essay does not repeat, but is a conclusion.

   • **Post-writing:**
      — Review your work! Have you developed your ideas clearly and logically? Does your paper establish the thesis of your essay?
      — Have you written a cohesive summary of your ideas?
      — Review your work for:
         – The framework of one tense supported by other tenses.
         – Agreement of subject and verb
         – Agreement of adjectives and nouns
         – Correct use of subjunctive v. infinitive
         – Correct use of *imparfait* v. *passé composé*
         – Correct accent marks

2. **Find out how your work will be scored.** Visit the web site of the College Board to find their latest rubrics for scoring the Presentational Writing section of the exam. Knowing the criteria that will be used to evaluate your work will help you focus on the skills you need to succeed.

Directions: You will write a persuasive essay to submit to a French-language writing contest. The essay topic is based on three accompanying sources which present different viewpoints on the topic and include both print and audio material. First, you will have six minutes to read the essay topic and the printed material. Next, you will hear the audio material twice; you should take notes while you listen. Then you will have 40 minutes to prepare and write your essay.

In your persuasive essay, present the sources' different viewpoints on the topic and also clearly indicate your own viewpoint and thoroughly defend it. Use information from all of the sources to support your essay. As you refer to the sources, identify them appropriately. Also, organize your essay into clear paragraphs.

Instructions : Vous allez écrire un essai convaincant destiné à un concours d'écriture en langue française. Le sujet de l'essai est basé sur trois sources ci-jointes, qui présentent des points de vue différents sur le sujet et qui comprennent à la fois du matériel audio et imprimé. Vous aurez d'abord six minutes pour lire le sujet de l'essai et le matériel imprimé. Ensuite, vous écouterez l'audio deux fois ; vous devriez prendre des notes pendant que vous écoutez. Enfin, vous aurez 40 minutes pour préparer et écrire votre essai.

Dans votre essai, il est préférable de présenter des points de vue différents des sources sur le sujet et aussi d'indiquer clairement votre propre point de vue que vous défendrez à fond. Utilisez les renseignements fournis par toutes les sources pour rédiger votre essai. Identifiez les sources auxquelles vous faites référence et organisez votre essai en paragraphes séparés.

SÉLECTION NUMÉRO 1

> ## Thème du cours : Les défis mondiaux
>
> Vous aurez six minutes pour lire le sujet de l'essai, la source numéro 1 et la source numéro 2.
>
> ### Sujet de l'essai
>
> Plusieurs éléments peuvent indiquer la richesse. Quand on est riche, est-on obligé de partager même une partie de ses biens et de ses avoirs avec ceux qui n'ont rien ? Justifiez votre point de vue en prenant des exemples dans les trois sources.

> ### Source numéro 1
> ### Introduction
>
> Ce texte est tiré du blog de la Fondation Ernst et Moira Rocher.

Ligne   La Fondation Ernst et Moira Rocher a été créée avec les fonds que les deux philanthropes milliardaires voulaient consacrer au bien-être dans le monde. Elle vise :

(5)   • la santé et une mobilisation contre la maladie ;

• une amélioration des conditions de vie surtout en ce qui concerne la faim, le logement, et l'éducation ;

• l'intervention d'urgence.

Technologie et éducation

Lors de la visite de Moira au Burkina Faso en février, elle a vu que le téléphone cellulaire était utilisé par des enfants qui en font un élément d'apprentissage. Les portables sont meilleur marché et plus accessibles que les ordinateurs et même les livres au Burkina Faso. Tout un programme d'alphabétisation est lié à leur emploi. Il comprend une base de données avec des contes et des manuels scolaires pour l'apprentissage de la lecture avec les téléphones portables.

La santé globale

Nos programmes de santé fonctionnent grâce à des subventions allouées à nos partenaires sur place. Nous investissons d'abord dans les découvertes et technologies qui permettent de sauver des vies. Nous visons également à résoudre les problèmes de santé qui ont un impact sur la vie de tous les jours dans les pays en voie de développement. Les obstacles ne sont pas toujours ceux visibles et n'attirent pas nécessairement l'attention du public et des pouvoirs publics. Nous accompagnons de notre aide les centres et les techniques qui sont déjà disponibles. Dans les situations de pénurie nous finançons l'aide d'urgence. Nous menons campagne contre le choléra au Ruanda et plusieurs maladies épidémiques en République démocratique du Congo.

THOMAS J. : N'y a-t-il pas aussi la faim et la misère ? Ne vaudrait-il pas mieux les combattre en priorité pour éradiquer la source des autres maladies ?

Bien sûr. Et nos programmes de développement global visent à réduire la misère en créant une économie basée sur l'agriculture. Nous enseignons les bases de l'agriculture afin que les gens sachent produire pour eux-mêmes se donner à manger et améliorer le niveau de vie. Dans un même temps, nous aidons localement à la construction de logements à la campagne ou en ville.

SAMUEL P. : L'aide n'est pourtant rien sans l'éducation qui enseigne à travailler pour son bien-être.

Les programmes d'éducation de la Fondation Ernst et Moira Rocher touchent sur toutes les formes d'enseignement dans le monde francophone.

- *Nous avons construit plus de 400 écoles dans des villages d'Afrique francophone. Ces écoles rassemblent plus de 75 000 élèves, fournissent les livres, le papier et le matériel éducatif.*
- *Les Bourses Ernst et Moira Rocher ont permis à plus de 300 jeunes lauréats de s'inscrire dans les universités de leur pays. Les bourses subventionnent les frais d'inscription, de logement et de pension.*

Les bibliothèques créées par la Fondation Ernst et Moira Rocher sont réparties dans 200 villages. Les habitants peuvent accéder à Internet, se renseigner sur la santé, gérer leurs finances, accéder aux services publics, faire des recherches, et rester en contact avec une communauté élargie. Nos bibliothèques offrent aussi l'apprentissage de la lecture aux adultes.

En situation d'urgence

Les catastrophes et le mauvais temps, aussi bien que les situations d'urgence peuvent gravement affecter des communautés qui ont un besoin immédiat d'aide pour survivre et réparer. Ces situations déstabilisent souvent les premiers efforts faits par les habitants. La Fondation Ernst et Moira Rocher s'efforce de répondre à l'urgence en intervenant sur place avec :

- des provisions et de l'eau potable ;
- de quoi remettre en marche les installations sanitaires ;
- une aide médicale ;
- une aide au logement ;
- une aide à la prévention des maladies ;
- un soutien des programmes de travail.

Source numéro 2

Introduction

La liste des milliardaires dans le monde en 2010 a été téléchargée sur Wikipédia.

#	Nom	Fortune (en dollars américains)	Pays	Résidence	Entreprise ou secteur
1 ▲	Carlos Slim Helú	$53,5 milliards ▲	Mexique	Mexique	Telmex, América Movil
2 ▼	Bill Gates	$53,0 milliards ▲	États-Unis	États-Unis	Microsoft
3 ▼	Warren Buffett	$47,0 milliards ▲	États-Unis	États-Unis	Berkshire Hathaway
4 ▲	Mukesh Ambani	$29,0 milliards ▲	Inde	Inde	Reliance Industries
5 ▲	Lakshmi Mittal	$28,7 milliards ▲	Inde	Royaume-Uni	Arcelor Mittal
6 ▼	Lawrence Ellison	$28,0 milliards ▲	États-Unis	États-Unis	Oracle Corporation
7 ▲	Bernard Arnault	$27,5 milliards ▲	France	France	LVMH
8 ▲	Eike Batista	$27,0 milliards ▲	Brésil	Brésil	OGX
9 ▲	Amancio Ortega	$25,0 milliards ▲	Espagne	Espagne	Inditex (Zara..)
10 ▼	Karl Albrecht	$23,5 milliards ▲	Allemagne	Allemagne	ALDI
11 ▼	Ingvar Kamprad et sa famile	$23,0 milliards ▲	Suède	Suisse	IKEA
12 ▲	Christy Walton et sa famille	$22,5 milliards ▲	États-Unis	États-Unis	Wal-Mart
13 ▲	Stefan Persson	$22,4 milliards ▲	Suède	Suède	Hennes & Mauritz
14 ▲	Li Ka-shing	$21,0 milliards ▲	Hong Kong	Hong Kong	Cheung Kong Holdings, Hutchison Whampoa
15 ▼	Jim Walton	$20,7 milliards ▲	États-Unis	États-Unis	Wal-Mart
16 ▼	Alice Walton	$20,6 milliards ▲	États-Unis	États-Unis	Wal-Mart
17 ▲	Liliane Bettencourt	$20,0 milliards ▲	France	France	L'Oréal
18 ▼	S. Robson Walton	$19,8 milliards ▲	États-Unis	États-Unis	Wal-Mart
19 ▲	Prince Al-Walid ben Talal ben Abd al-Aziz Al Saoud	$19,4 milliards ▲	Arabie saoudite	Arabie saoudite	Kingdom Holding Company, Citigroup
20 ▲	David Thomson et sa famille	$19,0 milliards ▲	Canada	Canda	Thomson Reuters

Source numéro 3

Vous aurez 30 secondes pour lire l'introduction.

Introduction

L'émission *l'Afrique enchantée* diffusée sur France Inter propose une histoire qui donne une réponse négative à la question posée.

SÉLECTION NUMÉRO 2

Thème du cours : L'esthétique

Vous aurez six minutes pour lire le sujet de l'essai, la source numéro 1 et la source numéro 2.

Sujet de l'essai

Étant donné que la peinture d'Edvard Munch, *Le Cri,* est restée à Oslo et n'a pas accompagné les autres peintures de Munch à la Pinacothèque de Paris, valait-il la peine de monter une exposition des œuvres du peintre sans y montrer son chef-d'œuvre ? Justifiez votre point de vue en prenant des exemples dans les trois sources.

Source numéro 1
Introduction

Ce texte est tiré du blog *lamateuréclairé.com.*

Ligne

Je suis allé à la Pinacothèque pour « redécouvrir » Edvard Munch, comme semblaient m'y inviter toutes les publicités, le site, bref toutes les incitations à prendre le chemin d'un musée qui se
(5) fait fort de montrer la carrière d'un artiste sans exposer son œuvre principale.

Je savais que je serai forcément déçu : comment oser parler du peintre norvégien tout en nous privant de voir ou de revoir *Le Cri,* son
(10) tableau majeur, celui qui l'a rendu célèbre dans le monde entier ? Comment se laisser prendre au discours de circonstance des organisateurs, qui vous proposent de détourner les yeux du Munch que nous connaissons, souvent grâce à son
(15) tableau emblématique, pour mieux apprécier la totalité d'une production artistique ?

Et bien oui j'ai été déçu ! Je n'irai pas dire que l'exposition est mal faite, ou malvenue. Non, ce serait injuste de ma part. Mais j'irai jusqu'à ré-
(20) cuser cette idée saugrenue qu'un seul arbre peut cacher une forêt, que le chêne isolé sur la lande empêche le promeneur d'apprécier le charme de la vallée sur l'autre versant de la colline.

L'exposition est sous-titrée « l'Anti-Cri ». Là,
(25) je suis prêt à m'insurger ! Comment ? Le reste

de l'œuvre de Munch ne serait-il finalement que la réfutation du sentiment d'angoisse jeté par cette bouche torturée, comme une bouteille dans l'océan de nos inconscients ? Comment ? Le peintre nous aurait trompé en nous faisant (30) croire que son message était ailleurs, et que son art ne s'exprimait pas tout entier dans la représentation d'une souffrance sans voix ?

Si vous me pardonnez ce jeu de mots, devant de telles hypothèses je reste muet… Non, mes- (35) dames et messieurs, Munch est bien tout entier dans son *Cri* qu'il faut continuer à célébrer comme la pièce maitresse d'une vie et d'un talent qui nous interpellent depuis plus d'un siècle.

Source numéro 2

Introduction

Voici un tableau de Munch, *Un couple à la plage*.

Source numéro 3

Vous aurez 30 secondes pour lire l'introduction.

Introduction

Dans cette sélection tirée de Télérama.fr « Podcast Cultures », le directeur de la Pinacothèque à Paris parle de l'art d'Edvard Munch.

PART B

SÉLECTION NUMÉRO 3

Thème du cours : La quête de soi

Vous aurez six minutes pour lire le sujet de l'essai, la source numéro 1 et la source numéro 2.

Sujet de l'essai

Qu'est-ce qui constitue l'identité d'une personne ? D'où vient l'identité ? Est-ce qu'une carte d'identité nationale sert à confirmer cette identité ? De quelle manière ? Justifiez votre point de vue en prenant des exemples dans les trois sources.

Source numéro 1
Introduction

Cette sélection tirée de la page web du Consulat Général de la France à Buenos Aires, a trait à l'utilité de la carte nationale d'identité.

La carte nationale d'identité

Ligne   DÉFINITION

La carte nationale d'identité est un document officiel qui permet à tout citoyen de justifier de son identité et de sa nationalité française.

(5)   LA CARTE NATIONALE D'IDENTITÉ EST-ELLE OBLIGATOIRE ?

Non, la carte nationale d'identité n'est pas obligatoire.

À QUOI SERT LA CARTE NATIONALE

(10)   D'IDENTITÉ ?

Elle est d'une grande utilité dans tous les actes de la vie courante (paiement par chèque, examens et concours, ouverture d'un compte bancaire, etc.).

Elle est également reconnue comme docu-

(15)   ment de voyage pour se rendre dans la plupart des pays européens, notamment tous les pays de l'Union Européenne, et les pays limitrophes de la France (Andorre, Monaco, Suisse).

D'autres pays peuvent accepter la carte

(20)   d'identité comme document de voyage, il convient de se renseigner auprès de leur représentation

diplomatique ou consulaire en France avant d'entreprendre un voyage. Aucun visa ne peut être apposé sur une carte nationale d'identité.

Un mineur non accompagné par une per- (25) sonne exerçant l'autorité parentale ne peut quitter le territoire français sous le seul couvert de sa propre carte nationale d'identité. Il doit produire en plus de sa carte une attestation d'autorisation de sortie du territoire. (30)

Enfin la carte nationale d'identité, même périmée, continue à justifier de l'identité de son titulaire tant qu'on peut le reconnaître d'après la photographie qui y figure.

QUELLE EST LA DURÉE DE VALIDITÉ DE (35) LA CARTE NATIONALE D'IDENTITÉ ?

Sauf cas particulier, la carte nationale d'identité est valable dix ans.

QUEL EST LE COÛT DE LA CARTE NATIO- NALE D'IDENTITÉ ? (40)

La loi de finances 2009 ajoute au code général des impôts après l'article 955, un titre IV, Carte nationale d'identité et un article 960 qui précise : « en cas de non-présentation de la carte nationale

(45) d'identité en vu de son renouvellement, celui-ci est soumis à un droit de timbre dont le tarif est fixé à 25 Euros. »

La taxe fiscale correspondant à la délivrance d'une carte nationale d'identité est exclusive-
(50) ment perçue, en Argentine, en monnaie locale (peso argentino) sur la base du tarif fixé en Euros, converti au taux de chancellerie en vigueur. Cette taxe est payable en espèces ou par mandat postal si votre demande de carte nationale d'identité est transmise par l'agence (55) consulaire la plus proche de votre domicile.

TOUS LES FRANÇAIS PEUVENT-ILS OBTE-
NIR UNE CARTE NATIONALE D'IDENTITÉ ?
Tout Français, quel que soit son âge, peut solliciter la délivrance d'une carte nationale (60) d'identité dès lors qu'il justifie de son identité et de sa nationalité et qu'il a satisfait aux formalités exigées.

Source numéro 2

Introduction

Le spécimen de carte nationale d'identité est extrait du site du Ministère de l'Intérieur.

Source numéro 3

Vous aurez 30 secondes pour lire l'introduction.

Introduction

Dans cet extrait sonore, sur Canal Académie, on peut entendre une interview du sociologue Jean-Claude Kaufmann par Élodie Courtejoie, avec pour sujet l'identité culturelle.

Thème du cours : La vie contemporaine

Vous aurez six minutes pour lire le sujet de l'essai, la source numéro 1 et la source numéro 2.

Sujet de l'essai

Est-ce que le bac reste une marque d'excellence à laquelle on aspire à la fin des études secondaires ou est-ce que les nouvelles formules du bac ont amoindri l'importance de l'examen jusqu'à le rendre inutile ? Est-ce un héritage du passé qui mérite d'être mis au goût du jour ? Justifiez votre point de vue en prenant des exemples dans les trois sources.

Source numéro 1

Introduction

Dans le magazine *Le Nouvel Observateur*, Caroline Brizard est d'avis que le baccalauréat est « un monument en péril ».

Faut-il supprimer le bac ?

Ligne *Il a deux cents ans et n'a plus la cote. Le baccalau-*
réat, pour beaucoup, est devenu un monument en
péril. Inutile et coûteux. Pour d'autres, un rite de
passage indispensable.

(5) (…) Ce diplôme fossile créé par Napoléon en
1808 est-il encore vraiment utile ? Chaque
année, il resurgit avec ses figures imposées :
marche forcée pour boucler le programme,
révisions express, grand-messe des épreuves,
(10) attente fiévreuse des résultats… Et tous les ans,
en juin, les parents tremblent sous l'angoisse. Les
candidats aussi. Encore convaincus qu'ils jouent
là leur avenir. « Passe ton bac d'abord » : le titre du
film de Maurice Pialat, sorti en 1978, représente
(15) toujours le dogme parental absolu. Hors le bac,
pas de salut ! Or, depuis quelques années, la
réputation du bac bat de l'aile. L'examen phare
de l'Hexagone n'est plus, pour certains, qu'un
vulgaire bout de papier. (…) Premier grief : le
(20) bac est de moins en moins sélectif. Pendant plus
d'un siècle, les bacheliers n'étaient qu'une poignée de privilégiés, l'élite de l'élite de notre pays :

moins de 3 % de reçus en 1936. Soixante-dix ans
plus tard, en 2007, ils étaient 83,3 %. Chiffre
record. Faut-il voir là une grande victoire de (25)
l'Education nationale ? Les élèves de 2007
seraient-ils miraculeusement des cracks ? Ou
bien le niveau exigé aujourd'hui ne cesse-t-il
de baisser ? (…) Résultat : l'examen jadis tant
convoité ressemble désormais à un simple (30)
certificat de fin d'études secondaires. Un sésame
au rabais. Pour les bons élèves, il relève carrément de la procédure administrative. (…) Autre
reproche fait au bac. Il coûte trop cher. Il faut
payer 100 000 correcteurs, des bataillons de profs (35)
qui élaborent 4 000 sujets différents. Coût total de
l'organisation de l'examen, selon une commission de modernisation de l'État : entre 200 et
280 millions d'euros. Sans oublier l'impact sur
les emplois du temps. (…) En période d'examen, (40)
les lycées réquisitionnés ne font plus cours. Le
bac, grand perturbateur ? Pour les agendas, mais
aussi pour la pédagogie. « *Depuis la classe de*
sixième, tout tourne autour du bac, résume
l'historien de l'éducation Antoine Prost. *Au lieu* (45)
de prendre le temps de bien préparer l'orientation

---

des élèves, de développer leur imagination, leur réflexion, leur autonomie, on préfère bachoter pour préparer des épreuves écrites de plus en plus
(50) *éloignées des réalités d'aujourd'hui.* » A partir de la classe de seconde, l'« obsession bac » grandit. « *Tout ce qui n'est pas utile à la réussite dans les matières imposées à l'examen devient une perte de temps*, poursuit l'historien. *Cette course au bac*
(55) *induit une conception étriquée de l'enseignement, qui forme des élites bureaucratiques, extrêmement conformistes.* » (…) Dernier élément à charge

des procureurs anti-bac : sur le marché du travail, il n'a plus aucune importance. « *Le bac a perdu sa valeur marchande*, constate la socio- (60)
logue Marie Duru-Bellat. *Les bacheliers se retrouvent à postuler aux mêmes emplois que ceux qui ont décroché de leurs études en cours de route.* » (…)

CAROLINE BRIZARD

Source numéro 2

Introduction

Le schéma présente les résultats d'un sondage mené par *Le Figaro* en 2009 sur le thème : « Faut-il supprimer le bac ? »

Faut-il supprimer le bac ?

15/07/2009 | Mise à jour : 17:21 💬 **Réactions** (215) | **Votants** 🔒 **14087**

Le vote est clos. Vous êtes 14087 à y avoir participé.

| Oui | �▊░░░ | 47.30% |
| Non | ▊▊▊░░ | 57.60% |

Réactions (215) | 👍 J'aime | 📢 Partager | 📎 Classer |

Source numéro 3
Vous aurez 30 secondes pour lire l'introduction.

Introduction

L'extrait sonore de Canal Académie pose la question « Le Baccalauréat doit-il disparaître » ?

SÉLECTION NUMÉRO 5

Thème du cours : Les défis mondiaux

Vous aurez six minutes pour lire le sujet de l'essai, la source numéro 1 et la source numéro 2.

Sujet de l'essai

L'obésité chez les enfants devient un problème sérieux, mais les différentes parties prétendent connaître la source de la difficulté. À quoi peut-on attribuer la croissance de cette « épidémie-du-siècle » ?

Source numéro 1

Introduction

Dans cette sélection, il s'agit d'une réflexion sur les causes de l'obésité chez les enfants, appellée parfois « l'épidémie su siècle ». Comment faire pour améliorer la situation ?

Ligne L'obésité que certains appellent « l'épidémie du siècle » continue à coûter la France à hauteur de 3,3 milliards d'euros en 2002.

(5) Selon l'organisation mondiale de la santé, l'obésité touche environ un Français sur dix. La croissance de cette population conduit à une hausse considérable des dépenses de santé. et si aucune mesure n'est prise, l'OMS estime que l'Europe comptera bientôt 150 millions d'adultes

(10) dont 15 millions d'enfants et d'adolescents obèses.

L'obésité est un problème de santé publique et touche toutes les tranches d'âge et toutes les professions.

Pour les enfants obèses, le surcoût s'élève à 14,3

(15) milliards de dollars. « Les dépenses médicaux ont énormément augmenté récemment et pourraient continuer à augmenter avec la hausse de la proportion d'obèses parmi les enfants », écrivent les chercheurs à l'Institut Montaigne à Bordeaux. En

(20) plus de ces coûts qui lui sont directement liées, l'obésité engendre d'autres dépenses en termes de perte de productivité, d'absentéisme et de l'image de soi, souligne l'étude.

Le docteur André Sargent, chargé des services

(25) pédiatriques à l'hôpital Rabelais à Montpellier, attribue le croissement d'obésité parmi les enfants à une seule cause ; « C'est la consommation

de trop de calories. C'est tout. Si vous en réduisez la consommation, le patient maigrit.

Professeur Jean-Michel Krieger du département (30) d'études génétiques à l'institut Mendel à Strasbourg est d'un avis différent. « C'est la génétique. Nous sommes nés avec un code et c'est comme une carte routière pour la vie. Nous suivons une route. Et c'est en suivant cette route que nous passons (35) par certaines bornes et ces aspects du corps et de personnalité se développent. Si un enfant est obèse, c'est dans son code tout simplement. »

Par contre, le docteur Jean-Claude Sénéchal du centre d'études pédiatriques Geisel à Bâle at- (40) tribue l'obésité juvénile à quatre porteurs. « L'obésité parmi les enfants dans notre monde moderne doit être causée par des facteurs de notre civilisation contemporaine. Il y a quatre causes de l'obésité juvénile que je vous propose. (45) D'abord, nous voyons une sédentarisation excessive parmi les enfants. Cela joint à la diminution des jeux d'exercice ou de la pratique sportive marquera la première différence entre les enfants des générations antérieures. Cette sédentarisa- (50) tion résulte, bien sur, de l'influence de la télévision. Nul doute que toute heure devant la télé est une heure perdue sur le terrain de foot. Autre considération est une évolution des habitudes

(55) alimentaires. La vie est changée. Le déjeuner est à la cantine scolaire, même parfois le petit déjeuner. Et le dîner avec maman et papa qui jouent au métro-boulot-dodo, le dîner est souvent une pizza ou des hamburgers. Peu de valeur nutritive,
(60) sans doute. Enfin, la quatrième cause est une prédisposition génétique. Oui, ça existe, mais on ne peut pas tout attribuer à ce seul facteur. Il faut juger avec toutes les cartes devant vous.

La question est donc qu'est-ce qu'on peut faire ?
(65) Suzanne Killian du département pédiatrique de l'hôpital Crèvecœur propose qu'il y ait des mesures simples pour prévenir le développement d'une obésité. « Tout d'abord, exclame-t-elle, bouger ! Plusieurs études en France et
(70) ailleurs ont démontré que l'exercice physique offre des effets profitables sur le développement de l'enfant, contrôle sa corpulence et sa conduite alimentaire. » Elle recommande des activités en famille : des randonnés à pied ou à vélo, même

à VTT ; des promenades, les matchs de foot en (75) quartier, et en saison la natation ou le ski.

« Il faut bien s'alimenter et aussi bien alimenter nos enfants, reprend le Dr Sénéchal. Le grignotage devant la TV et l'abondance des alimentations riches en calories, aussi bien que des plats pré- (80) cuisinés renforcent la prise de poids au quotidien. » Il recommande que la famille prenne les repas à des heures fixes ; cela encouragera une alimentation variée qui ne demanderait pas forcément plus de temps, mais elle peut aussi bien encourager la (85) camaraderie familiale qui est importante, elle aussi.

« Évitez le grignotage, continue-t-il. Accordez au pain une place importante à votre table. Modérez votre consommation de fritures : les frites, ça nuit ! » Ces recommandations du Dr Sénéchal (90) sont reprises en écho par Mme Killian qui ajoute « Les habitudes que l'enfant prendra seront les bases de son comportement alimentaire. »

Source numéro 2

Introduction

Ce diagramme est consacré à la répartition des activités dans la journée d'un enfant de huit ans et nous invite à considérer le rapport qu'elles entretiennent entre elles.

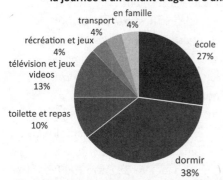

la journée d'un enfant d'âge de 8 ans

- transport 4%
- en famille 4%
- récréation et jeux 4%
- télévision et jeux videos 13%
- toilette et repas 10%
- école 27%
- dormir 38%

Source numéro 3

Vous aurez 30 secondes pour lire l'introduction.

Introduction

Dans cette sélection, il s'agit de l'interview d'une directrice de cantine scolaire qui explique à un journaliste que si des enfants ont tendance à l'obésité, ce n'est pas la faute des menus que l'on propose à Charlieu-sur-Bar.

SÉLECTION NUMÉRO 6

Thème du cours : La science et la technologie

Vous aurez six minutes pour lire le sujet de l'essai, la source numéro 1 et la source numéro 2.

Sujet de l'essai

Quand on pose la question « Quelles énergies pour demain ? » on pense souvent au nucléaire. En France il joue un rôle de premier plan. Mais est-il pour autant acceptable dans nos vies, même sous la forme du nucléaire civil ? Justifiez votre point de vue en prenant des exemples dans les trois sources.

Source numéro 1

Introduction

Extrait du site web Générations Futures.net, le texte présente « Quelques points de vue critiques du nucléaire civil » et le point de vue de l'astrophysicien Hubert Reeves.

Ligne

Hubert Reeves est un célèbre astrophysicien. Auteur de nombreux ouvrages, il a notamment expliqué ce qu'il pense de l'énergie nucléaire dans Mal de Terre. *Je vous livre ici les principaux* (5) *arguments de sa réticence vis-à-vis de l'énergie nucléaire.*

« Effectivement, le nucléaire semble à première vue le moyen idéal pour résoudre à la fois le problème de l'énergie et celui du (10) réchauffement. J'ai d'ailleurs été naguère un ardent défenseur de ce mode d'énergie. Pourtant je vais expliciter mes réticences et essayer de montrer qu'à mon avis c'est une mauvaise solution, dont il faudrait se passer le plus vite (15) possible. »

« Je me suis peu à peu rendu compte que l'humanité se lançait dans une technologie que personne ne maîtrisait : ni le problème des déchets ni les conséquences d'un accident majeur. (20) L'hypothèque que le nucléaire fait peser sur nos enfants et petits enfants me paraît le plus préoccupant. Entre la construction des centrales, leur démantèlement et la désactivation des déchets nucléaires, il peut se passer de nombreuses décennies, (25) voire plusieurs siècles. Or aucun pays aujourd'hui

ne peut être assuré d'une telle stabilité économique à l'échelle de siècles ou même de décennies. Les empires finissent toujours par s'effondrer. »

« Le nucléaire, c'est "après nous le déluge !" Et l'idée que d'autres industries en font autant n'est (30) guère une excuse acceptable. »

En ce qui concerne les accidents, « je me suis souvent dit que le nucléaire n'est pas une technique pour des hommes, mais pour des anges. C'est-à-dire pour des êtres parfaits qui ne font (en prin- (35) cipe) jamais d'erreurs. Les hommes sont comme ils sont, distraits et quelquefois brouillons. »

« Cependant sur le plan de la sécurité interne, la situation des réacteurs s'est en effet considérablement améliorée. Le taux d'accidents, même (40) mineurs, a diminué d'un facteur 20 entre 1990 et 2000. De surcroît, de nouveaux types de réacteurs à très faibles risques (pas de risque de fusion) sont en préparation, en particulier au Japon. »

Un autre aspect sur lequel Hubert Reeves in- (45) siste est la finitude des réserves d'uranium (une cinquantaine d'années), et particulièrement dans le cas d'un développement des réacteurs à neutrons lents, comme ceux que nous avons en France aujourd'hui. Il admet cependant (50) une fuite en avant possible avec le développement de réacteurs à neutrons rapides (comme Superphénix) car ces réacteurs surgénérateurs pourraient en partie solutionner le problème (55) des déchets (en éliminant une partie, mais au prix de manipulations longues et quelques rejets de radioactivité dans l'air ou l'eau) et surtout ces réacteurs utiliseraient l'uranium lourd (U238), ce qui multiplierait par un facteur 100 (60) les réserves de combustibles nucléaires.

Pour conclure son chapitre sur « Quelles énergies pour demain ? », Hubert Reeves nous parle de ce qu'il faut faire dans l'immédiat. « En attendant la transition vers les énergies renou- (65) velables, le nucléaire à neutrons lents est sans doute un moindre mal face à l'augmentation de l'effet de serre. Mais comme disent les Suédois,

"il faut s'en débarrasser le plus vite possible." Notre premier impératif est de stopper la crois- sance de la température et donc d'éviter les scé- (70) narios catastrophes décrits dans le Prologue. »

Et pour terminer sur une note assez pessimiste, Hubert Reeves écrit : « La relance des surgénéra- teurs, amenant à la construction de milliers de nouveaux réacteurs, ainsi que de lieux de dépôt des (75) déchets ("pas dans ma cour"), risque de rencon- trer une opposition très musclée qui fera reculer les ministres les plus décidés ("pas durant mon mandat électoral"). Le recours aux décisions par décret pourrait être politiquement encore plus (80) catastrophique. Résultat vraisemblable de cette opposition du public : on fera traîner l'affaire jusqu'à l'épuisement des énergies fossiles. »

Source numéro 2

Introduction

Les risques du nucléaire : ce qu'en pensent les experts et le public.

Les experts et le grand public ont une perception très différente des risques du nucléaire, au moins sur deux points : le danger des centrales et le danger des déchets radioactifs, surtout depuis l'accident dans la centrale de Tchernobyl en Ukraine en 1986.

Les centrales sont-elles dangereuses ?

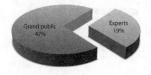

Les déchets sont-ils dangereux ?

Sommes-nous menacés par les retombées de Tchernobyl ?

Source numéro 3

Vous aurez 30 secondes pour lire l'introduction.

Introduction

L'extrait sonore tiré de Canal Académie pose la question « Nucléaire : pourquoi pas ? »

Thème du cours : La science et la technologie

Vous aurez six minutes pour lire le sujet de l'essai, la source numéro 1 et la source numéro 2.

Sujet de l'essai

Le débat continue sur la technologie du portable et ses effets sur la santé de l'utilisateur. Croyez-vous que son utilisation soit sans danger ou menace-t-elle ses utilisateurs et ceux qui vivent dans l'environnement des réseaux d'ondes ? Justifiez votre point de vue en prenant des exemples dans les trois sources.

Source numéro 1
Introduction

Le texte de Jérôme Halet, extrait du magazine *Les sciences sans fard* s'interroge sur les dangers pour la santé du téléphone portable.

Le téléphone portable est-il néfaste à la santé ?

Ligne Parmi mes amis, mes collègues et dans ma famille, il y a toujours quelqu'un pour me reprocher mon utilisation du téléphone portable qu'ils jugent excessive. Tous me disent que cela pourrait pro-
(5) voquer certaines maladies qu'il ne tient qu'à moi d'éviter. Après un fort mal de tête qui m'avait retenu au lit pendant deux jours, j'avoue que j'ai commencé à m'intéresser à leurs critiques.

Nous sommes tous bombardés par les résul-
(10) tats de recherches qui nous préviennent que les portables seraient à l'origine du cancer du cerveau, mais depuis que j'ai entrepris des recherches poussées sur le sujet, j'ai découvert qu'il y aurait aussi toute une gamme de maladies que
(15) leur utilisation excessive pourrait provoquer. Il y aurait d'abord des difficultés de l'audition, (je croyais que c'était le volume de mon iPod), les bourdonnements dans les oreilles (sans qu'on dise du mal de moi), les difficultés de concen-
(20) tration (à 26 ans, c'est sûrement un ennui que je pourrais remettre à plus tard), les clignements compulsifs des yeux et les pertes de mémoire… Que disais-je ? Une belle panoplie. Pourtant,

j'ai bien besoin de mon cerveau, au moins de la partie qui fonctionne pour gagner ma vie, pour (25) être un bon journaliste et je ne peux pas me permettre de courir tous ces risques.

J'ai découvert ensuite que les conséquences thermiques sont importantes et tout aussi délétères. L'emploi d'un mobile pendant une (30) vingtaine de minutes pourrait provoquer l'augmentation de la température des tissus en contact avec le téléphone de plus d'un degré celsius. Et là, c'est mon cortex qui va souffrir. Pensez, la partie la plus sensible est celle qui (35) est contiguë à l'oreille… là où va se produire l'échauffement.

Je ne vous parle pas du deuxième danger : L'émission d'ondes ultracourtes à très hautes fréquences qui voyagent entre une antenne de (40) couverture et le portable niché près de mon oreille. Moi qui croyais que ces hautes fréquences étaient réservées à faire passer des messages publicitaires subliminaires à la façon de ceux qu'ils passent sur Antenne 1… Les kits mains (45) libres telles que Bluetooth (qui permettent de téléphoner tout en conduisant) font l'objet de recommandations contradictoires. Une étude anglaise les condamne sans appel, parce qu'ils

(50) sont supposés augmenter de 30 % les radiations absorbées par le cerveau (plus que le maïs dans le micro-ondes). À l'inverse, une étude suédoise note une réduction de 25 % des ondes électro-magnétiques transmises vers le cerveau. De quoi (55) me satisfaire et de ne pas trop écouter la mise en garde de mes amis.

De nombreuses incertitudes demeurent pourtant, quant aux conséquences biologiques des radiations électromagnétiques émises par les téléphones cellulaires. En fin de compte, ce qu'il (60) faut déterminer, c'est la certitude de l'incertitude. J'attends des scientifiques qu'ils comprennent ce qu'ils font. Et qu'ils s'entendent pour nous don-ner enfin des résultats cohérents. Quant à moi, pour le moment, je continue mon métier de (65) journaliste, le téléphone vissé à l'oreille. « Allô !? Qui est à l'appareil ? »

Source numéro 2

Introduction

La carte qui provient de **SFR** représente la couverture des réseaux SFR de téléphones portables en France.

Source numéro 3

Vous aurez 30 secondes pour lire l'introduction.

Introduction

La sélection sonore sur Canal Académie, est une interview d'André Aurengo de Télécom réalisée par Élodie Courtejoie qui dit que le téléphone portable n'est pas nuisible à la santé.

Thème du cours : La science et la technologie

Vous aurez six minutes pour lire le sujet de l'essai, la source numéro 1 et la source numéro 2.

Sujet de l'essai

Considérant le rythme soutenu des inventions, on peut se poser la question de savoir si la technologie émergeante change également l'homme vite et mal. Traitez de cette question en évoquant les risques d'atteinte à la personne morale autant qu'à sa santé. Justifiez votre point de vue en prenant des exemples dans les trois sources.

Source numéro 1

Introduction

Dans cette sélection, extraite du site analítica.com, José Saramago, romancier portugais et lauréat du Prix Nobel de littérature, parle de l'évolution des nouvelles technologies. Qui, selon lui, changent trop vite et trop mal.

À quoi sert la communication ?

Ligne

À l'heure où explosent les technologies de la communication, on peut se demander si celles-ci ne sont pas en train d'engendrer, sous nos yeux, des monstres d'un nouveau type. (…)

(5) À la fin du XIXe siècle, quand le chemin de fer s'imposa comme un bienfait en matière de communication, certains esprits chagrins n'hésitèrent pas à affirmer que cet engin était terrifiant et que, dans les tunnels, les gens al-

(10) laient périr asphyxiés. Ils soutenaient qu'à une vitesse supérieure à 50 kilomètres à l'heure, le sang giclerait par le nez et par les oreilles et que les voyageurs mourraient dans d'horribles convulsions. (…)

(15) Comme le train, Internet est une technologie qui n'est ni bonne ni mauvaise en soi. Seul l'usage qui en sera fait nous conduira à la juger. (…)

Si une personne recevait chez elle, chaque jour, 500 journaux du monde entier, et si cela

(20) venait à se savoir, on dirait probablement qu'elle est folle. Et ce serait vrai. Car qui, sinon

un fou, peut se proposer de lire chaque jour 500 journaux ? Il faudrait en lire un toutes les trois minutes, soit plus de 20 par heure, et cela vingt-quatre heures sur vingt-quatre… Certains (25) oublient cette évidence quand ils frétillent de satisfaction en nous annonçant que désormais, grâce à la révolution numérique, nous pouvons recevoir 500 chaînes de télévision. En quoi 500 chaînes de télévision vont-elles mieux nous (30) informer que les 500 journaux que nous ne pouvons matériellement pas lire ?

L'heureux abonné aux 500 chaînes sera inévitablement saisi par une sorte d'impatience fébrile que nulle image ne pourra assouvir. Il (35) va s'égarer à perte de temps dans le labyrinthe vertigineux d'un zapping permanent. Il consommera des images, mais ne s'informera pas. (…)

L'INFORMATION ne nous rend plus savants et plus sages que si elle nous rapproche (40) des hommes. Or, avec la possibilité d'accéder, de loin, à tous les documents dont nous avons besoin, le risque augmente d'inhumanisation. Et d'ignorance. Désormais la clé de la culture

---

(45) ne réside pas dans l'expérience et le savoir, mais dans l'aptitude à chercher l'information à travers les multiples canaux et gisements qu'offre Internet. (…) Comment ne pas regretter la fin de la communication réelle, directe, de personne (50) à personne ? Bientôt on aura la nostalgie de l'ancienne bibliothèque ; sortir de chez soi, faire le trajet, entrer, saluer, s'asseoir, demander un livre, le saisir dans ses mains, sentir le travail de l'imprimeur, du relieur, percevoir la trace des (55) lecteurs précédents, leurs mains, les doigts qui ont tourné ces pages, palper les signes d'une humanité qui y a promené son regard de génération en génération. (…)

Peu à peu, nous nous sentons happés par la (60) réalité virtuelle. Celle-ci, malgré ce qu'on prétend, est vieille comme le monde, vieille comme nos rêves. Et nos rêves nous ont conduits dans des univers virtuels extraordinaires, fascinants, des continents nouveaux, inconnus, où nous avons vécu des expériences exceptionnelles, des (65) aventures, des amours, des dangers. (…) Impressionnés, intimidés par le discours moderniste et techniciste, la plupart des citoyens capitulent. Ils acceptent de s'adapter au nouveau monde qu'on nous annonce comme inévitable. Ils ne font (70) plus rien pour s'y opposer. Sont passifs, inertes, voire complices. Ils donnent l'impression d'avoir renoncé. Renoncé à leurs droits, et à leurs devoirs. En particulier, au devoir de protester, de s'insurger, de se révolter. (…) (75)

JOSÉ SARAMAGO

Source numéro 2

Introduction

Voici une publicité pour un téléphone portable.

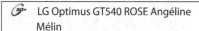

> LG Optimus GT540 ROSE Angéline Mélin
>
> Ma personnalité, mon mobile, mes applis
> - Ecran tactile 3 pouces
> - OS Androld
> - Lecteur MP3
> - Radio FM
> - Apparell Photo 3MP
> - Prise jack 3.5 mm
> - Mobile 3G+ / WIFI / Bluetooth / AGPS
> - Carte memoire 2Go
> - Télécharger des milliérs d'applications
> Caracteristiques techniques
> Video disponible

Source numéro 3

Vous aurez 30 secondes pour lire l'introduction.

Introduction

Cette sélection, extraite de Canal Académie, intitulée « La Liberté de la presse, le paradoxe », nous rappelle que nous sommes « les seuls à vouloir acheminer des nouvelles à travers les océans, à travers les continents ».

> # Thème du cours : La science et la technologie
>
> Vous aurez six minutes pour lire le sujet de l'essai, la source numéro 1 et la source numéro 2.
>
> ### Sujet de l'essai
>
> Étant donné que de plus en plus de personnes lisent des journaux électroniques et se détournent des formats papier, est-ce que l'iPad peut sauver la presse en multipliant les abonnements aux journaux ? Justifiez votre point de vue en prenant des exemples dans les trois sources.

> ### Source numéro 1
> ### Introduction
>
> Dans cette sélection intitulée « Pourquoi l'iPad fait rêver les éditeurs de presse » extraite du journal *le Monde,* sont évoquées quelques idées sur les abonnements aux journaux sur iPad et sur les moyens d'insérer des publicités.

Pourquoi l'iPad fait rêver les éditeurs de presse

Ligne L'iPad, la tablette informatique d'Apple, suscite l'enthousiasme de nombre de patrons de presse. Beaucoup ont parié sur ce nouvel engin, à mi-chemin entre l'iPhone et un mini-ordinateur, tra-

(5) vaillant d'arrache-pied sur ses applications, afin qu'elles soient disponibles dès son lancement aux États-Unis début avril. C'est le cas du *New York Times,* du *Wall Street Journal,* de *USA Today,* ou Associated Press (AP). Mais aussi du *Monde,* de

(10) *Paris Match* ou de la chaîne France 24, alors que l'iPad ne sera lancé en France qu'à la fin mai…

    Les tablettes « pourraient représenter le salut des journaux », a déclaré Rupert Murdoch, patron du groupe News Corp (*Wall Street Journal,*

(15) *Times*…). « C'est notre dernière occasion pour sortir du modèle de la gratuité ! », s'est exclamé Ernesto Mauri, président de Mondadori France (*Télé Poche, Grazia,* etc.). Ils estiment avoir enfin trouvé le support pour faire payer leur contenu

(20) numérisé. Aujourd'hui, ce dernier est largement disponible gratuitement en ligne, ce qui expli-

que, en partie, la crise qu'ils traversent. Leurs espoirs sont-ils fondés ?

L'iPad met en valeur les contenus

L'objet a les vertus de l'iPhone : élégant, simple (25) d'usage. Son écran est large (presqu'une page A4), le rendu des couleurs éclatant. Tactile, il reproduit l'expérience du papier : les pages se feuillettent. Des éditeurs sont allés jusqu'à reproduire l'effrangé des bords du journal… (30) « Par rapport aux sites Web, l'iPad marque un retour au réel », note Sébastien Berten, président du concepteur d'applications Backelite. Pour des professionnels du papier, l'iPad rassure. Delphine Grison, directrice du marketing chez (35) Lagardère Active, note que « le mode de navigation du Web désagrège le contenu alors qu'avec l'iPad on retrouve une cohérence. »

    La tablette se connectant à Internet, « on va conjuguer la fraîcheur de l'actualité du Web (40) avec la profondeur de l'analyse du papier », s'enthousiasme Jérémie Engel, patron de Visuamobile, un concurrent de Backelite. Grâce notamment à des « pop-over », des fenêtres qui s'ouvriront en face d'un article, le réactualisant (45) avec une dépêche d'agence. Cette « expérience », les éditeurs comptent la faire payer. « Il faut se situer d'emblée dans une logique payante, et ce média le justifie », insiste Mme Grison.

Son système de paiement est adapté

(50) L'iPad propose, via la plate-forme iTunes, un système de paiement quasi indolore : une fois ses coordonnées bancaires enregistrées, il suffit, à chaque achat, de rentrer un nom (55) d'utilisateur et un mot de passe. Les éditeurs peuvent l'utiliser pour vendre des journaux au numéro. L'édition du jour est présentée sous la forme d'une application : 0,79 centime dans le cas du *Monde*. Ils peuvent aussi proposer des (60) abonnements. Dans ce cas, le lecteur se rend sur le site du journal (accessible via le navigateur de l'iPad). Les prix vont de 15 à 20 euros (ou dollars) pour un abonnement d'un mois à un quotidien (17,99 dollars pour le *Wall Street* (65) *Journal*, soit 13,5 euros).

Des habitudes de lecture et de paiement ont été prises

« Il y a eu un effet iPhone : les gens ont pris l'habitude d'y lire des textes assez longs », juge (70) Laurent Picard, cofondateur de Bookeen, fabricant français de liseuses électroniques. « Sur l'iPhone, les utilisateurs acceptent de télécharger des applications payantes. Leur chiffre d'affaires global est estimé à 3 ou 4 milliards de dollars (75) pour 2009 », note Mohssen Toumi, du cabinet Booz & Co. Le quotidien *Les Échos* envisage de proposer un iPad gratuit aux lecteurs s'abonnant sur une longue durée. C'est vrai que dans le cas d'un succès massif des tablettes, les (80) éditeurs feraient l'économie du papier, des frais d'impression et de distribution, qui représentent plus de 50 % du prix d'un quotidien.

Il faut d'abord que l'iPad se vende

Le lancement américain a été un succès (450 000 (85) exemplaires écoulés en une semaine). Mais les prévisions de vente, aussi optimistes soient-elles (7 millions d'unités en 2010, selon le cabinet iSuppli), restent modestes à l'échelle du marché des ordinateurs (plus de 300 millions d'unités

par an). En France, selon GfK, les ventes plafon- (90) neront à 100 000 exemplaires en 2010. L'iPad reste un produit élitiste (500 euros minimum). Et pour lequel les usages restent à inventer : les précédentes tentatives de tablettes ont été des échecs. Par ailleurs, même si le succès de l'iPad (95) se confirmait, les éditeurs devront davantage compter sur les abonnements pour gagner de l'argent que sur les applications, car 30 % de leur prix doivent être reversés à Apple.

La concurrence de l'information gratuite risque (100) de perdurer

Comme sur le Web et l'iPhone, les contenus de presse payants vont être confrontés à la concurrence de fils d'information gratuite, comme les applications iPad de Reuters et France 24. Les (105) utilisateurs pourront aussi aller directement sur le Web via le navigateur et accéder, de façon bien plus conviviale qu'avec un iPhone, aux sites d'information gratuits, y compris à l'agrégateur Google News. Joshua Benton, fondateur du Nie- (110) man Journalism Lab de Harvard (Cambridge), n'est pas très optimiste : « Lors du lancement du Kindle [la liseuse d'Amazon, en novembre 2007], les patrons de presse disaient déjà qu'ils avaient trouvé leur sauveur. Tablette ou pas, (115) ils doivent se faire à l'idée qu'il n'y a qu'un très faible pourcentage de lecteurs qui payeront. »

La bonne surprise pourrait venir de la publicité

Sur l'iPad, « les publicités seront connectées, interactives, géolocalisées », souligne le pa- (120) tron de Visuamobile. Elles pourraient peut-être se négocier plus cher que sur les sites, où leur prix est divisé par dix par rapport au papier. « A condition, précise Philippe Jannet, PDG du Monde Interactif, que les espaces soient vendus (125) à leur juste valeur, et pas inclus dans une offre papier plus large. » « De toutes les façons, l'iPad ne représentera qu'une des sources de revenus de la presse qui devra les multiplier pour espérer survivre », conclut Fabrice Sergent, directeur (130) général de Cellfish, société spécialisée dans les applications mobiles.

Source numéro 2

Introduction

Voici la photo d'un iPad.

Source numéro 3

Vous aurez 30 secondes pour lire l'introduction.

Introduction

Dans l'extrait sonore « l'iPad va-t-il sauver la presse ? » (Télérama.fr, « Podcast Cultures ») Richard Sénéjoux discute de cette question avec ses interlocuteurs.

Part C: Interpersonal Speaking, Conversation

 The AP* French: Preparing for the Language and Culture Examination program includes a Digital Student and Teacher Center on SuccessNet Plus, Pearson's personalized learning management system. In the Center, students can complete activities in an interactive format, with embedded audio. They can also access the complete eText with audio hyperlinks.

The Interpersonal Speaking portion of the AP French Language and Culture Examination consists of a single simulated conversation. The simulated conversation integrates two skills simultaneously: listening and speaking.

Before you begin the conversation you will have an opportunity to read a general prompt about the conversation and then to read an outline of the conversation. In each conversation, the recorded speaker will initiate the conversation, and you will respond based on the cues printed in the outline. You will be expected to respond in five separate instances. You will have twenty seconds to respond to each.

Although you will see a prompt and an outline, you will need to recall instantly a wide range of vocabulary to properly execute the conversation. Try to take your clues for grammaticality (verb forms, tenses) from the speaker.

Most conversations will be of a role-play nature, since not all AP students share the same experiences. You should do your best to be creative and to answer each question completely. Phrases such as "Je ne sais pas" or "Cela m'est égal" do not assist the scorer in evaluating your knowledge of French. Try to get into the role and use appropriate vocabulary. By getting into the simulated setting and putting yourself in the situation, you can play as though the situation were real, pretending you are carrying on a conversation. You do not need to say things that are factual or real to your life: simply say something that is appropriate to the situation and that responds to the stimulus. The important part is to say something that demonstrates your ability to speak French.

The conversation topics are general, but stem from the topics listed in the curriculum framework for AP French Language and Culture.

STRATEGIES

1. **Read the prompt and the outline carefully.** Be certain that you know what is going on in the conversation and what you are expected to do. This can help you start planning how to address the person and thinking of things you might say.

2. **Review words used in conversational French.** A list of possible verbs you might encounter in the outline is given below. If you think of others, add them to your list.

3. **Listen carefully to the recorded prompt** and follow along with the printed outline. The outline will tell you what you are to do; the prompt on the recording will give you the details.

OUTLINE: Le vendeur pose deux questions.
RECORDING: Vous voulez une valise de quelle taille ?
Cherchez-vous une couleur particulière ?

4. **Be creative and use your imagination.** The task seeks to evaluate your ability to speak French. It is called "simulated," which means it is not factual. The questions are not addressed to you personally but to the interlocutor in the conversation. Answer as that person would. Just respond appropriately to the situation.

5. **Be certain to say something when prompted.** Even if you are not sure you understood the question, there's a good chance that you will say something appropriate especially if you have a clear idea of the situation and the setting.

6. **Stay within the theme of the conversation** and stay close to the questions. If you go too far afield, the remainder of the questions will seem inappropriate to you. This may also be construed as your not understanding the question or statement that you are responding to.

7. **Check your responses as you speak.** If you make a mistake, correct yourself and move on.

8. **Try not to change time frames.** It helps to keep within the context of the tense framework established by the recorded speaker. Some questions may require you to shift tenses. Just be certain that the tense you choose is appropriate to the question.

9. **Review conversational expressions while practicing.** Become familiar with a variety of phrases that might be useful in everyday conversations.

10. **Review the scoring mechanism** that will be used to evaluate your work. These are available online at the AP Courses site of the College Board.

11. **Speak clearly and loudly.** This will help your voice to record well. Soft-spoken candidates and those who are difficult to hear leave more to the interpretation of the scorer and may not always be correctly understood.

Verbs used in Simulated Conversation

Acceptez	Expliquez	Offrez des détails
Commentez	Exprimez	Posez une hypothèse
Communiquez	Exprimez votre réaction	Posez une question
Confirmez	Faites un commentaire	Proposez
Conseillez	Faites une demande	Racontez
Décrivez	Faites une invitation	Recommandez
Demandez	Faites une observation	Refusez
Dites	Finalisez	Remerciez
Donnez	Insistez sur	Répétez
Donnez des détails sur	Invitez	Répondez
Essayez	Mentionnez	Saluez
Essayez de convaincre	Offrez	Suggérez

Directions: You will participate in a conversation. First, you will have one minute to read a preview of the conversation, including an outline of each turn in the conversation. Afterward, the conversation will begin, following the outline. Each time it is your turn to speak, you will have 20 seconds to record your response. You should participate in the conversation as fully and appropriately as possible.

Instructions : Vous allez participer à une conversation. Mais avant cela, vous aurez une minute pour vous familiariser avec le contenu de la conversation en lisant le plan qui fait apparaître les moments où vous intervenez. Puis la conversation débutera et suivra le plan. Chaque fois que ce sera à vous de parler, vous aurez 20 secondes pour enregistrer votre réponse. Prenez part à la conversation du mieux possible avec les meilleurs arguments possibles.

SÉLECTION NUMÉRO 1

> # Thème du cours : La vie contemporaine
>
> ### Introduction
>
> Vous êtes un étudiant étranger dans un programme d'échange. Vous faites vos études à Paris et vous avez décidé de rendre visite à un autre étudiant qui comme vous est dans un programme d'échange à Aix-en-Provence. Vous comptez prendre le TGV et pour cela vous téléphonez à une agence de voyages. Pendant la conversation, vous devrez non seulement donner plusieurs détails sur votre voyage mais aussi poser et répondre à certaines questions.

Agente :	• L'agent de voyage qui est une femme répond à l'appel et commence la conversation en posant deux questions.
Vous :	• Saluez l'agente et répondez à ses questions.
Agente :	• Elle vous répond. Elle vous pose deux questions.
Vous :	• Répondez aux deux questions avec les détails nécessaires.
Agente :	• Elle répond et pose encore trois questions.
Vous :	• Donnez les détails demandés et répondez aux questions.
Agente :	• Elle pose une question et puis elle fait une observation.
Vous :	• Commentez l'observation de l'agente et donnez votre préférence.
Agente :	• Elle vous donne les détails du voyage, vous remercie et vous salue.
Vous :	• Répétez les détails de votre voyage en précisant la destination, le genre de billets et où prendre le billet puis, saluez l'agente.

SÉLECTION NUMÉRO 2

> ## Thème du cours : La vie contemporaine
>
> **Introduction**
>
> Vous êtes nouveau dans le quartier et vous venez d'une région ou d'un pays étranger où les coutumes et les traditions sont différentes. Un jour vous rencontrez une de vos voisines qui vous pose quelques questions au sujet d'une célébration que vous avez eue chez vous. Elle vous invite chez elle pour participer à une célébration avec les siens et aussi pour que vous fassiez connaître et partagiez vos coutumes avec le voisinage.

Voisine :	• Elle vous salue et elle pose deux questions.
Vous :	• Saluez la voisine et répondez aux questions.
Voisine :	• Elle réagit et vous pose une question.
Vous :	• Répondez aux observations, puis offrez une réponse à la question.
Voisine :	• Elle réagit et elle pose quelques questions.
Vous :	• Expliquez la fête et répondez aux questions.
Voisine :	• Elle réagit et elle vous invite à participer à une fête.
Vous :	• Exprimez votre réaction. Acceptez. Demandez des détails.
Voisine :	• Elle réagit et vous donne des détails. Puis, elle vous demande quelque chose.
Vous :	• Répétez les détails de l'heure. Puis, répondez à la demande avec une réponse détaillée.

Thème du cours : La science et la technologie

Introduction

Vous allez dans un centre d'achats à la recherche d'un portable dont vous avez besoin pour envoyer des textos. La vendeuse à La Gadgeterie essaie de vous vendre toutes sortes de cellulaires avant de vous proposer le modèle dont vous avez besoin et qui convient à votre budget personnel.

Vendeuse :	• Elle salue le client et lui pose une question.
Vous :	• Saluez également la vendeuse. Dites que vous cherchez à acheter un portable.
Vendeuse :	• Elle répond et fait une observation. Puis, elle vous pose une question.
Vous :	• Répondez à la question avec quelque détail. Puis demandez à voir ce qu'elle a.
Vendeuse :	• Elle décrit ce qu'elle a en stock. Puis elle vous pose une question.
Vous :	• Répondez à la question en disant que vous voulez envoyer des textos.
Vendeuse :	• Elle répond à votre question et essaie de vous convaincre.
Vous :	• Refusez l'offre et insistez sur le minimum.
Vendeuse :	• Elle vous répond et vous présente un modèle. Puis elle vous pose une question.
Vous :	• Répondez à l'offre. Remerciez la vendeuse et saluez-la.

SÉLECTION NUMÉRO 4

Thème du cours : La vie contemporaine

Introduction

Vous téléphonez à un ami pour l'inviter à un match de hockey. Avant d'y aller vous discutez des détails de l'excursion.

Ami :	• Il commence la conversation et il vous pose une question.
Vous :	• Répondez et faites l'invitation.
Ami :	• Il accepte l'invitation. Il vous pose deux questions.
Vous :	• Répondez aux questions et montrez votre enthousiasme.
Ami :	• Il s'excuse. Il vous pose trois questions de suite.
Vous :	• Répondez avec des détails et expliquez.
Ami :	• Il vous pose plusieurs questions.
Vous :	• Répondez aux questions et confirmez l'invitation.
Ami :	• Il vous pose une question. Il vous invite.
Vous :	• Répondez à la question. Exprimez votre réaction à l'invitation.

Handwritten annotations (right margin): Qui est tu? / Quand et où? / l'equipe? bon? / porte? couleurs? what am I wearing? / Dîner?

Handwritten annotations (bottom): 1. who is it? answer and invite to hockey / 2. who so playing when and where? / 3. who do you support? Are they good? who are the teams? / 4. what do we wear? what are you wearing? colors of the team? / 5. go out to dinner?

> ## Thème du cours : La vie contemporaine
>
> ### Introduction
>
> Vos parents veulent louer un appartement qui leur appartient. Un locataire potentiel téléphone quand vos parents ne sont pas là et c'est vous qui répondez au téléphone.

Locataire :	• Il commence la conversation. Il confirme l'appel. Il pose deux questions.
Vous :	• Saluez le locataire. Expliquez qui vous êtes. Répondez aux questions.
Locataire :	• Il réagit. Il vous pose trois questions.
Vous :	• Répondez aux questions.
Locataire :	• Il vous pose cinq questions.
Vous :	• Répondez aux questions avec des détails.
Locataire :	• Il vous pose une question et vous donne une explication.
Vous :	• Exprimez votre réaction.
Locataire :	• Il vous pose trois questions.
Vous :	• Répondez aux questions et saluez le locataire.

SÉLECTION NUMÉRO 6

Thème du cours : La vie contemporaine

Introduction

Vous êtes Américain(e) et vous projetez de célébrer Halloween avec un groupe d'amis français. Vous téléphonez à une amie française pour l'inviter à cette fête.

Chantal :	• Elle commence la conversation et s'identifie.
Vous :	• Saluez. Identifiez-vous. Invitez Chantal à la fête.
Chantal :	• Elle demande une explication. Elle vous pose une question.
Vous :	• Expliquez.
Chantal :	• Elle exprime sa réaction. Elle vous pose une question.
Vous :	• Répondez avec des détails.
Chantal :	• Elle réagit et vous pose deux questions.
Vous :	• Faites un commentaire. Répondez aux questions. Demandez un détail.
Chantal :	• Elle réagit. Elle répond à la question. Elle vous pose une question.
Vous :	• Répondez à la question et expliquez pourquoi.

> ## Thème du cours : La vie contemporaine
>
> ### Introduction
>
> Vous téléphonez à un ami pour lui proposer un petit boulot pour l'été dans le restaurant de votre oncle où vous travaillez. C'est un restaurant italien. Votre ami devra débarrasser les tables, faire la vaisselle et arranger la salle pour que tout soit toujours en ordre. Le salaire est le SMIC (salaire minimum), mais la nourriture est gratuite et on mange bien !

Jean-Marc :	• Il commence la conversation et pose une question.
Vous :	• Saluez Jean-Marc. Identifiez-vous. Proposez-lui un travail.
Jean-Marc :	• Il réagit puis il vous pose deux questions.
Vous :	• Exprimez votre réaction. Répondez aux questions.
Jean-Marc :	• Il vous pose une question et vous donne une explication.
Vous :	• Répondez aux questions. Essayez de convaincre Jean-Marc.
Jean-Marc :	• Il réagit. Il vous pose une question.
Vous :	• Répondez à la question.
Jean-Marc :	• Il donne sa réponse. Il vous pose une question.
Vous :	• Montrez votre enthousiasme. Répondez à la question.

SÉLECTION NUMÉRO 8

Thème du cours : La quête de soi

Introduction

À l'école, un élève pose des questions au sujet de la laïcité versus la religion dans la France moderne.

Élève :	• Il explique le problème. Il vous pose une question.
Vous :	• Répondez à la question avec des détails. Faites une hypothèse.
Élève :	• Il répète la réponse. Il vous pose une question.
Vous :	• Répondez à la question, faites une hypothèse et expliquez.
Élève :	• Il vous pose une question.
Vous :	• Répondez à la question et expliquez.
Élève :	• Il continue la discussion et vous pose des questions.
Vous :	• Répondez à la question et exprimez une opinion.
Élève :	• Il fait un commentaire. Il vous pose une question.
Vous :	• Répondez et exprimez votre opinion.

PART C

SÉLECTION NUMÉRO 9

Thème du cours : La vie contemporaine

Introduction

Vous recevez un appel d'une banque qui vous propose un compte d'épargne pour vous permettre de placer vos économies et gérer votre argent pendant que vous êtes à l'université.

Banquière :	• La banquière commence la conversation et vous pose une question. ①
Vous :	• Saluez la banquière et répondez à la question.
Banquière :	• Elle réagit et vous pose trois questions. ②
Vous :	• Répondez aux questions.
Banquière :	• Elle continue la discussion. Elle vous pose deux questions. ③
Vous :	• Répondez aux questions.
Banquière :	• Elle réagit. Elle vous pose une question. ④
Vous :	• Exprimez votre réaction. Répondez à la question.
Banquière :	• Elle continue la discussion. Elle vous pose deux questions. ⑤
Vous :	• Répondez à la question. Exprimez votre déception. Saluez la banquière.

[Handwritten notes:]

un compte d'épargne – savings account
le montant – total
une carte-cadeau – gift card
verser – put money in
succursale – branch office

1
2.
3
4
5.

SÉLECTION NUMÉRO 10

Thème du cours : Les défis mondiaux

Introduction

Le club Service de votre école vous a demandé de collecter des vêtements et des articles de toilette pour les pauvres et les personnes sans abri. Vous êtes devant le supermarché local.

Lui :	• Il commence la conversation et vous pose une question.
Vous :	• Saluez votre interlocuteur. Répondez à la question et expliquez.
Lui :	• Il vous pose une question et réagit.
Vous :	• Répondez à la question avec des détails. Exprimez vos remerciements.
Lui :	• Il réagit et vous pose une question.
Vous :	• Répondez à la question avec une liste. Expliquez pourquoi.
Lui :	• Il réagit et vous pose une question.
Vous :	• Répondez à la question. Offrez des détails.
Lui :	• Il vous pose deux questions.
Vous :	• Répondez à la question. Offrez des détails. Remerciez l'interlocuteur et saluez-le.

PART C

Part D: Presentational Speaking, Cultural Comparison

 The AP* French: Preparing for the Language and Culture Examination program includes a Digital Student and Teacher Center on SuccessNet Plus, Pearson's personalized learning management system. In the Center, students can complete activities in an interactive format, with embedded audio. They can also access the complete eText with audio hyperlinks.

The Presentational Speaking question of the exam consists of an oral presentation in an academic setting. For this question, you will have three minutes to read the question, to gather your thoughts and to prepare your presentation. After that, you will have two minutes to record your response to the question.

The presentational speaking question will test your ability to speak at length on a specific topic and will give you the opportunity to show what you have learned about French and francophone cultures. Generally, the questions are broad enough for you to interpret in a variety of ways to reflect an abundance of possible examples.

1. As you approach the question, organize your talk into these three parts that the scorers will be listening for:
   a. A personal connection to the topic
   b. Your own community, using explanation and description
   c. The francophone culture, using comparisons

2. Although you may write notes, it is advisable to list only the order of subtopics for your talk. Do not waste time writing out long phrases and sentences that you will recall anyway.

3. You should plan your talk to include several main ideas and supporting details to illustrate and back up these basic points.

STRATEGIES

1. **Practice speaking about cultural topics and the various themes of the AP French Language and Culture curriculum guidelines.** You are making a formal presentation for two minutes. Your practice will help you to gauge the time you will have. This will help you to determine how many points and details you will need to include in your talk.

2. **Read the prompt very carefully.** Make certain that you understand the question and its requirements. You need to know what to do. Whether or not the prompt tells you to do so, you should begin with a personal connection to the topic. Then explain how the topic might apply in your own community; include descriptions in your explanation. Finally, expand your response to address the francophone culture, using comparison to connect it to your own community.

3. **Make notes.** Use outlines and graphic organizers to help you plan your response. Do not waste your time writing out phrases and sentences that you might use. If they are in your head, you know them. You might jot down some key words as you outline.

4. **Try to maintain a consistent framework of tenses and to use tenses that are appropriate for the initial context.**

5. **Include references, allusions, and opinions.** Mention books and stories that you have read; tell about famous persons and events that you have studied.

6. **Review transition words in the appendix of this book and use them in your presentation.**

7. **Listen to yourself speak.** If you make an error, correct yourself: this will show that you know the correct speech pattern.

8. **Watch the clock and plan ahead.** Try to complete your thoughts and arrive at your conclusion by the end of the two-minute period.

9. **Speak clearly and enunciate.** Speaking quickly is NOT a sign of fluency.

10. **Know how scorers will evaluate your presentation.** View the scoring guidelines for the Presentational Speaking question designed by the College Board.

Directions: You will make an oral presentation to your class on a specific topic. You will have three minutes to read the topic and prepare your presentation. Then you will have two minutes to record your presentation.

In your presentation, compare your own community to an area of the French-speaking world with which you are familiar. You should demonstrate your understanding of cultural features of the French-speaking world. You should also organize your presentation clearly.

Instructions : Vous allez présenter un exposé oral à votre classe sur un sujet donné. Vous aurez trois minutes pour lire le sujet et préparer votre présentation. Ensuite vous aurez deux minutes pour enregistrer votre exposé.

Dans votre exposé, comparez votre communauté à une région du monde francophone que vous connaissez. Vous devez démontrer vos connaissances de la culture du monde francophone. Vous devez aussi composer votre présentation d'une manière claire et organisée.

SÉLECTIONS NUMÉROS 1–15

1. Les arts visuels et la musique sont souvent influencés par la culture dans laquelle ils naissent. Pensez à un objet d'art ou à une musique qui représente une certaine culture francophone. Décrivez cet objet ou cette musique. Puis, expliquez comment l'œuvre ou l'objet reflète la culture.

2. Les célébrations et les traditions qui entourent les fêtes sont influencées par les cultures dans lesquelles on les célèbre. Pensez à un jour férié et aux traditions qui le marquent. Racontez. Puis, expliquez comment cette célébration reflète la culture francophone dans laquelle elle a évolué.

3. Chaque culture observe ses propres rites de passage pour les adolescents. Parfois certaines sous-cultures se greffent aussi à ces rites. Pensez à un acte, une cérémonie ou une activité qui sert de rite de passage à un adolescent dans une culture francophone. Décrivez cette activité et la réaction de l'adolescent. Puis, montrez comment cet acte sert à changer la vie du participant.

4. Chaque jour, une nouvelle réussite scientifique influence de manière positive un groupe ou un individu. Pensez à un savant français(e) ou francophone qui, grâce à ses succès dans le domaine scientifique, a changé et amélioré la vie des gens. Décrivez cette découverte et comment celle-ci a pu affecter les individus qui en ont bénéficié. Ensuite, racontez comment cette découverte a influencé de manière positive une culture francophone.

5. Les cultures françaises et francophones, tout comme beaucoup d'autres cultures, produisent une gamme étendue et variée de types de logements. Pensez à cet éventail d'habitations et comment chacune d'entre elles reflète l'environnement et la classe sociale de la personne qui y habite. Décrivez cette variété de résidences et expliquez comment celle-ci est aussi l'expression de la diversité de la culture dite « francophone ».

6. Dans toute l'histoire de l'humanité, on a pu constater que chaque fois qu'il y avait des différences parmi les groupes, il y avait discrimination. Pensez à un acte de discrimination dont vous avez pu lire le conte-rendu dans un livre ou dans la presse, ou à un acte de discrimination dont vous avez été témoin. Racontez cet épisode. Puis imaginez comment cet acte aurait pu exister et évoluer dans une culture francophone.

7. Les sports et les passe-temps rythment les changements de saisons aussi bien que les étapes de la vie ; c'est un aspect universel de chaque culture, qu'elle soit francophone ou autre. Seul le sport est différent. Pensez à un événement sportif ou même à un simple match. Racontez cet épisode. Puis montrez comment le sport marque les saisons de l'année et les étapes de la vie.

8. Dans toutes les cultures les actes de patriotisme et de courage identifient les héros dont on se souvient. Identifiez un héros ou une héroïne d'une culture francophone. Racontez son acte de bravoure. Puis montrez comment son acte répond (répondait) à un sens de patriotisme.

9. L'identité d'une personne est révélée grâce à la langue qu'elle parle. Pensez à une personne bilingue et esquissez son caractère sous les deux côtés linguistiques et culturels. Ou bien, pensez à une personne qui s'identifie étroitement avec sa langue et sa culture francophones. Décrivez comment cette personne s'identifie avec la langue française. Puis montrez comment la langue et la culture peuvent marquer la personnalité d'un individu.

10. Tous les deux jours, un nouveau gadget apparaît dans les magasins et annonce une nouvelle ère de la technologie moderne. Pensez à un appareil technologique récent qui a beaucoup changé notre manière de vivre. Décrivez cet appareil, puis montrez comment cet avancement de la technologie a influencé et a changé la vie.

11. Depuis le XVIIIe siècle, les gouvernements des États-Unis et de la France maintiennent une stricte séparation entre l'état et l'église. La France est un pays laïc qui encourage la laïcité face aux religions. Pensez à un épisode où l'état s'est heurté à des pratiques ou à des préceptes religieux. Donnez un exemple d'usages ou de préceptes religieux qui sont en contradiction avec la loi de l'état et racontez comment l'état laïc et les organisations religieuses sont tombés en désaccord.

12. Nos cultures sont formées par notre histoire qui évolue au même rythme que les peuples et les événements. Pensez à un événement historique qui a radicalement influencé une culture francophone. Racontez cet événement. Puis montrez comment cet épisode historique a transformé cette culture et, peut-être aussi, le monde entier.

13. Les actes humanitaires nous rappellent la bonne volonté des gens car c'est souvent un inconnu qui essaie de changer le monde d'une façon modeste, à côté des stars qui l'éclipsent. Pensez à quelqu'un qui apporte son soutien à autrui. Décrivez sa mission. Puis, montrez comment les efforts de cette personne éclairent le monde petit à petit.

14. Il faut souvent un désastre pour pousser les gens à agir pour aider une région ou un peuple. Les pays ou les régions francophones ont leur part de calamités aussi ! Pensez à une catastrophe où il a fallu faire appel à des gens pour qu'ils viennent en aide à la population d'un pays, d'une île, d'une région ou d'une ville. Décrivez le désastre. Puis, montrez comment cette crise a mobilisé les foules et leur a fait prendre conscience qu'il fallait aider et secourir les refugiés.

15. On dit que la moitié des habitants de la terre se couche chaque soir en ayant faim. Le phénomène s'accroit malgré les soupes populaires, les banques alimentaires et les mesures d'aide à la faim dans le monde. Comment vous voyez la situation ? Quelles en sont les causes ? Quelles seraient les solutions à apporter ?

APPENDICES

Expressions utiles

Exprimer l'opinion

À mon avis…	*In my opinion…*
Quel est son avis ?	*What's his/her opinion?*

Sans opinion ?

Je n'ai vraiment pas d'opinion.	*I have no feelings about it.*
Je n'en sais rien.	*I have no idea.*
C'est possible.	*It's possible.*

Pour indiquer une opinion

Il paraît que…	*It seems that…*
Je crois que / Je trouve que…	*I think…*
Je suis (absolument) convaincu(e) que	*I'm (entirely) convinced that…*
Par contre…	*On the other hand…*

Quand vous êtes d'accord

Je suis de votre avis.	*I feel the same as you.*
Je suis (tout à fait / complètement) d'accord.	*I agree.*
C'est (exactement) ce que je pense.	*That's what I think.*
Il/Elle a raison.	*He/She is right.*

Si vous n'êtes pas d'accord

Je ne suis pas d'accord.	*I disagree.*
L'auteur a tort.	*The author is wrong.*
Il/Elle exagère.	*He/She is exaggerating.*
J'en ai assez de…	*I've had enough of…*

Mots et expressions pour poser des questions

adapter : *adapt*

agrandir : *extend*

améliorer : *improve*

analyser : *analyze*

apprécier : *assess*

apprêter : *create*

calquer : *model*

catégoriser : *categorize*

choisir : *choose*

classifier : *classify*

comparer : *compare*

conclure : *conclude, come to a conclusion*

construire : *build*

contraster : *contrast*

critiquer : *criticize*

décortiquer : *analyze, dissect*

déduire : *deduce*

défendre : *defend*

estimer : *estimate, assess*

expliquer : *explain*

exposer les grandes lignes : *outline*

extrapoler : *extrapolate*

formuler : *express (opinion)*

identifier : *identify*

illustrer : *illustrate*

inférer : *infer*

juger : *judge*

justifier : *justify*

montrer : *show*

prédire : *predict*

pronostiquer : *forecast*

questionner : *survey*

recommander : *recommend*

réduire : *simplify*

reformuler : *rephrase*

résumer : *summarize*

désosser : *analyze (sentence)*
déterminer : *determine*
développer : *develop*
deviner : *guess, infer*
différencier : *distinguish*
diviser : *divide*
dresser une liste : *make a list*

schématiser : *draw a diagram*
soutenir : *support*
supposer : *suppose, hypothesize*
supprimer : *delete*
théoriser : *theorize*
traduire : *translate*

Exprimer le *pour*

à titre d'example	*to quote an example*
aimer mieux	*to prefer*
cela dépend de	*that depends on*
C'est tellement plus facile de…	*It's so much easier to…*
C'est une question de…	*It's a question of…*
Ce qui est sûr, c'est que…	*What's cerain is that…*
Ce qui frappe, c'est…	*What strikes one is…*
D'abord et avant tout…	*First and foremost…*
De mon coté…	*As for me…*
En ce cas-là…	*In that case…*
En ce qui concerne…	*As far as… is concerned…*
en conséquence	*as a result*
en premier lieu	*in the first place*
et pour cause	*and with good reason*
Il faut compter aussi avec…	*One must also take… into account…*
Il ne faut pas oublier que…	*One must not forget that…*
Il s'agit de…	*It's a question of…*
Il y va de…	*It concerns…*
Le fait est que	*The fact is that…*
la passion	*passion*
pencher (pour/vers)	*to lean towards*
préférer	*to prefer*
pour ainsi dire	*so to speak*
Pour ma part…	*As far as I'm concerned*
pour marquer une conclusion	*to sum it up*
Quant à moi…	*As for me…*
sans parler de…	*not mention…*
Tout d'abord…	*First of all…*
Tout dépend de…	*It all depends on…*

Exprimer le *contre*

au contraire	*quite the opposite*
Autant dire que…	*That's as good as saying…*
l'aversion pour	*aversion to*
avoir tort	*to be wrong*
Bien entendu, mais…	*Certainly, but…*
Cela a l'air d'être…	*That appears to be*
Cela dit…	*That said…*
Cela n'a aucun rapport avec…	*That has nothing to do with…*

Cela n'a rien à voir avec…	*That has nothing to do with…*
Cela ne veut pas dire que…	*That doesn't mean that…*
C'est totalement faux.	*That's absolutely wrong.*
C'est plutôt le contraire.	*It is in fact the reverse.*
d'une part	*on one hand*
d'autre part	*on the other hand*
en fin de liste	*at the bottom of the list*
en réalité	*in reality*
en revanche	*on the other hand*
Il ne reste qu'à…	*The only thing left to do is to…*
Il semble difficile de croire que…	*It seems difficult to believe that…*
l'indifférence envers	*indifference towards*
Je me demande si…	*I wonder if…*
Je ne suis pas tout à fait d'accord.	*I'm not entirely in agreement.*
Je ne trouve pas que…	*I don't think that….*
la pire des solutions	*the worst possible solution*
loin de là	*far from it*
le mécontentement de	*dissatisfaction with*
On ferait mieux de…	*We would do better to…*
pas question de	*there's no question of*
rejeter	*to reject*
tout de même	*all the same*

Pour contraster

mais	*but*
cependant	*however*
par contre	*on the other hand*
bien que, quoique [+subjunctive]	*although*
pendant que	*while (time)*
comme	*while (non time)*
tandis que	*while (contrast)*
d'un côté… d'un autre côté	*on one side, on the other*
pourtant	*nevertheless*
toutefois	*nevertheless*
néanmoins	*nonetheless*

Pour présenter des différences ou des oppositions

quand même	*all the same*
en revanche	*in return, on the other hand*
au contraire	*on the contrary*
par rapport à	*in relation to*
pas du tout	*not at all*
pour ainsi dire	*so to speak*

Pour conclure

certainement	*assuredly*
c'est ainsi que	*consequently (lit. it is thus that)*
dans le fond	*basically, in effect*

donc	*therefore, hence*
dû à quelque chose	*due to something*
en bref	*in short*
en conséquence	*accordingly*
en d'autres termes	*in other words*
en effet	*indeed*
en fin de compte	*ultimately*
en résumé	*in summary*
en tout	*overall*
évidemment	*obviously*
globalement	*all in all*
malgré tout	*in spite of everything*
nul doute que	*no doubt that*
pour conclure	*to conclude*
pour toutes ces raisons	*for all these/those reasons*
sans aucun doute	*definitely*
vraiment	*truly*

Pour indiquer la motivation et l'encouragement

n'abandonner jamais (ses rêves)	*never give up (e.g. one's dreams)*
atteindre un but	*achieve a goal*
compliment	*compliment*
(Tous) mes compliments!	*Congratulations!*
décrocher la lune	*do the impossible (literally take down the moon)*
la (bonne/mauvaise) disposition	*(good/bad) attitude*
Félicitations!	*Congratulations!*
fixer un objectif	*set a goal*
l'inspiration (pour)	*inspiration (for)*
je crois en tes possibilités	*I believe in you*
pousser quelqu'un à faire quelque chose	*push someone to do something*
le pouvoir	*power*
la raison d'être	*purpose in life*
s'appliquer à quelque chose	*apply oneself to something, put one's mind to something*
sortir de sa zone de confort	*step outside one's comfort zone*
Tu as bien joué.	*You did a good job.*
Tu as fait un bel effort.	*You made a good try.*
Tu as fait de ton mieux.	*You did your best.*
Tu as le don (e.g. de la comédie).	*You have a natural ability (e.g. for comedy).*
Tu es un artiste-né.	*You're a born artist (replace artist with any occupation).*

Des mots de transition

à ce moment-là	*at that time*
à l'exception de	*except for*
à mon avis	*in my opinion*
(tout) d'abord	*first*
d'ailleurs	*besides*
de plus	*moreover*
dans ce cas-là	*in that case*

désormais	*from now on*
en fait	*in fact*
en revanche	*in return*
enfin	*finally*
grosso modo	*roughly, without going into details*
par conséquent	*therefore, consequently*
pour cela	*for that reason*
pourtant, cependant, toutefois	*however*
quand même	*even though, anyway*
quant à (quelque chose)	*as for (something)*
sans doute	*without a doubt*
selon quelqu'un	*according to someone*
tout compte·fait	*when all is said and done*

Des mots de conseil

à mon avis	*in my opinion*
avoir l'intention de faire quelque chose	*intend to do something*
le but	*goal*
le petit conseil	*word of advice*
le conseiller (la conseillère) (auprès de quelqu'un)	*advisor (to someone)*
Je conseille de…	*I advise that [+infinitive]…*
Je consulte quelqu'un (sur quelque chose).	*I consult someone (about something).*
Je donne des bons conseils.	*I give good advice.*
Je vous épaule.	*I support you.*
Je fais attention à quelque chose	*I'm paying attention to something*
J'insiste pour que…	*I insist that [subjunctive clause]…*
Je laisse entendre (que)…	*I'm hinting (that)…*
Je ne m'en mêle pas.	*I'm not meddling in it.*
Je recommande de…	*I recommend that [infinitive]…*
Je vous suggère de faire quelque chose.	*I suggest that you do something.*
Je suis (suivre) les conseils de quelqu'un.	*I'm following someone's advice.*
Je tiens compte de quelque chose.	*I am heeding something.*
la ligne de conduite	*plan of action*
Qu'est-ce qu'il faut faire?	*What should I do? (literally, What is it necessary to do?)*
tomber dans l'oreille d'un sourd	*fall on deaf ears*

Expressions utiles pour la conversation simulée

Pour accepter une invitation

Avec plaisir !	*My pleasure!*
Bien entendu !	*Naturally!*
Bien sûr !	*Of course!*
Bien sûr que oui !	*Yes, of course!*

Pour rejeter une invitation

Je ne vais pas pouvoir y assister, parce que...	*I'm not going to be able to attend, because...*
Je suis désolé(e), mais...	*I'm sorry, but...*

J'ai d'autres projets (pour samedi soir).	*I've already made plans (for Saturday night).*
J'ai des projets (pour samedi soir).	*I have plans (for Saturday night).*
Pas question ! / Hors (de) question !	*No way!*

Pour exprimer l'apathie

Cela m'est égal.	*It makes no difference to me.*
C'est du pareil au même.	*It's all the same.*
Comme tu veux !	*Suit yourself ! / Whatever you want !*
Peu importe.	*It doesn't matter.*

Pour exprimer l'accord

Bien sûr que oui.	*Of course.*
C'est ça !	*That's it!*
C'est vrai.	*It's true.*
D'accord.	*OK.*
En effet, ça se peut !	*Yes indeed!*
Il n'y a aucun doute.	*There is no doubt.*
Je crois que oui.	*I believe so.*
Je suis d'accord (avec toi).	*I agree (with you).*
Tu as raison.	*You're right.*

Pour exprimer le désaccord

Bien sûr que non !	*Of course not!*
Ce n'est pas possible.	*It is impossible.*
Hors de question.	*No way.*
Je crois que non.	*I think not. / I don't think so.*
Je ne suis pas d'accord.	*I do not agree.*
Surtout pas !	*Absolutely not!*
Tu as tort.	*You're wrong.*

Pour exprimer la surprise

Comme c'est bizarre !	*How strange!*
C'est vrai ?	*Is it true?*
Il est difficile de croire que…	*It's hard to believe that…*
Je n'y crois pas !	*I don't believe it!*
J'en doute.	*I doubt it.*
Pas possible !	*Not possible!*
Sans blague ?	*No joke?*
Tu me fais marcher ?	*Are you kidding me?*
Tu plaisantes !	*You're joking!*
Vraiment ?	*Seriously?*

Pour exprimer une alternative

As-tu pensé à... ?	*Have you thought of...?*
Il vaut mieux que...	*It is better that...*
Pourquoi tu ne considères pas... ?	*Why don't you consider...?*
Que penserais-tu si... ?	*What would you think if...?*
Tu ne crois pas que... ?	*You don't think that...?*

Pour exprimer les préférences

En y réfléchissant, je...	*After thinking about it, I...*
Il me semble que...	*It seems to me that...*
Moi, je préfère...	*As for me, I prefer...*
Pour ma part...	*For me... / Personally...*
Quant à moi...	*As for me...*

Pour exprimer l'incertitude ou l'irrésolution

Je suis un peu perdu(e).	*I am a little confused.*
Je n'ai pas compris ce que tu as voulu dire, mais...	*I didn't understand what you meant, but...*

Pour exprimer l'indignation ou l'incrédulité

Ça alors !	*Good grief!*
Ce n'est pas possible !	*That can't be!*
C'est le comble !	*This is the last straw!*
Je n'en peux plus !	*I can't take it anymore!*
Quelle horreur !	*That's horrible!*

Pour exprimer le souci

C'est dommage !	*That's too bad!*
Je suis désolé(e).	*I am sorry.*
Je suis navré(e).	*I am so sorry.*
Quel dommage !	*What a pity!*

Pour demander une autre opinion ou des suggestions

Que penserais-tu si... ?	*What would you think if...?*
Et toi, qu'est-ce que tu penses ?	*And what do you think?*

Pour expliquer plus profondément

Comme...	*As...*
Pour cette raison...	*For that reason...*
Par conséquent...	*Therefore...*
Puisque...	*Because...*

Pour exprimer le consentement

Ça me va !	*That works for me!*
Cela me plaît bien.	*That's fine with me.*
Il n'y a aucune autre solution.	*There's no other solution.*

Pour exprimer l'incrédulité

C'est difficile à croire.	*It's hard to believe.*
J'en doute.	*I doubt it.*
Vraiment ?	*Seriously?*

Pour exprimer le regret

Je regrette.	*I'm sorry.*
Quel dommage !	*What a pity!*

Pour exprimer le mécontentement ou la frustration

Cela me gêne.	*That bothers me.*
Ce n'est pas juste !	*That's not fair!*
Je ne peux plus le supporter.	*I can't stand it anymore.*

Pour exprimer une opinion

Autant que je sache...	*As far as I know...*
Il me semble que...	*It seems to me that...*
Je crois que...	*I believe that...*

Pour exprimer les chances

Il est peu probable que...	*It's unlikely that...*
Il est probable que...	*It's probable that...*
Il y a de bonnes chances que...	*There's a good chance that...*
Il y a peu de chances que...	*There's a small chance that...*

Pour clarifier ce que vous avez dit

Autrement dit...	*In other words...*
C'est-à-dire...	*That is to say...*
En gros...	*Simply put...*
Il me paraît que...	*It appears to me that...*

Pour demander un avis ou des suggestions

Est-ce que cela te dérange ?	*Does that bother you? / Do you mind that?*
Et toi, qu'est-ce tu (en) penses ?	*And what do you think (of it)?*
Que ferais-tu ?	*What would you do?*
Que penserais-tu si... ?	*What would you think if...?*
Quel est ton avis ?	*What is your opinion?*

Pour suggérer une alternative

Il vaut mieux que...	*It is better that...*
Je propose que...	*I propose that...*
Je suggère que...	*I suggest that...*
Ne crois-tu pas que... ?	*Don't you think that...?*

Pour demander la permission

Est-ce que cela vous dérangerait de... ?	*Do you mind if...?*
Peut-on... ?	*Could one...?*
Puis-je... ?	*May I...?*

Sources

Grateful acknowledgement is made to the following for copyrighted material:

Texts

20 MINUTES FRANCE S.A.S
Page 102: *"Paper Planes veut décoller l'anglais"* by Anne Kerloc'h, from 20minutes.fr on 06/22/10. Used by permission of 20 Minutes France SAS.

ACI MULTIMEDIA
Page 50: *"Bijoux"* from www.aci.multimedia.net. Used by permission of ACI - Multimedia.

ANALITICA.COM
Page 192: *"À quoi sert la communication"* by Jose Saramago from Analitica.com. Used by permission of Caja de Ahorros del Mediterráneo/Analitica.com.

BIBLIOTHÈQUE NATIONALE
Page 70: *"Un peu d'histoire : la structure familiale au Moyen Âge"* from http://expositions.bnf.fr/contes/cles/bettelh.htm. Used by permission of Bibliothèque Nationale de France, Département de la reproduction.

CENTER FOR FOLKLIFE AND CULTURAL HERITAGE
Page 12: *"Le griot"* [excerpt] (pp. 194-195) from SAFEGUARDING TRADITIONAL CULTURES: A GLOBAL ASSESSMENT. Reprinted by permission of the Center for Folklife and Cultural Heritage, Smithsonian Institution.

CONSULAT GÉNÉRAL DE FRANCE À BUENOS AIRES
Page 182: *"La carte nationale d'identité"* from http://consulfrance buenos aires.org. Copyright © Ministère des Affaires étrangères et européennes. Used by permission.

EDITION LA DOCUMENTATION FRANÇAISE
Page 76: *"Immigrés, assimilation, intégration, insertion: quelques définitions"* by Laetitia Van Eeckhout, from http://www.ladocumentationfrancaise.fr. Used by permission of Département développement commercial, Premier ministre - République Française.

EDITIONS FAYARD
Page 158: *"KIFFE KIFFE DEMAIN"* [excerpt] (pgs. 29-31) by Faïza GUÈNE © Librairie Arthème Fayard. Used by permission.

EDITIONS ROBERT LAFFONT
Page 36: *"Les contes de fées et la conjuncture existentielle"* from PSYCHANALYSE DES CONTES DE FÉES by Bruno Bettelheim, Editions Robert Laffont, 1998. Used by permission.

FLEX ACTIVE S.A.S./ MASCULIN.COM
Page 48: *"La domotique au jour le jour"* from www.masculin.com. Used by permission of Flex Active S.A.S.

FESTIVALS ACADIENS ET CREOLES
Page 22: *"Festival de Musique Acadienne"* by Barry Jean Ancelet, from www.festivalsacadiens.com. Used by permission.

FONDATION INTERNET NOUVELLE GENERATION
Page 60: *"Comment l'internet transforme-t-il la façon dont on pense?"* by Hubert Guillaud, from Internet Actu.net. Used by permission.

FRANÇOIS HOUSSET
Page 38: *"L'amitié et l'amour"* by François Housset, from www.philovive.fr., Used by permission of www.philovive.fr.

IMMIGRER.COM
Page 114: *"Obtenir la citoyenneté canadienne"* from immigrer.com. Used by permission.

IRBMS
Page 92: *"Mieux connaître la pratique… de la pétanque"* from http://www.irbms.com. Used by permission of the l'Institut Régional du Bien-être de la Médecine et du Sport Santé.

INSTITUT DU MONDE ARABE
Page 8: *"Le Paris arabe historique"* from www.imarabe.org. Used by permission of www.imarabe.org.

INSTITUT NATIONAL DE LA STATISTIQUE ET DES ÉTUDES ÉCONOMIQUES (INSEE)
Page 34: *"Taux de fréquence des accidents de travail"* from www.insee.fr. Used by permission of the Institut national de la statistique et des études économiques (INSEE).

KAAI THEATER
Page 64: *"Anne Teresa De Keersmaeker"* (excerpt) from www.kaaitheater.be, by Marianne Van Kerkhoven, dramaturge of the Kaaitheater (Brussels). Used by permission.

L'ENCYCLOPÉDIE DE LA FRANCOPHONIE
Page 52: *"Les français imaginaires (et le réel franglais)"* by Marc Chevrier, from http://agora.qc.ca/francophonie.nsf. Used by permission of L'Encyclopédie de la Francophonie.

L'EXPRESS
Page 66: *"Qui était Saint Exupéry?"* by Jean Montenot. Copyright © Jean Montenot / L'Express / 2008. **Page 16:** *"L'histoire d'amour de la France et du pain"* by Marc Riglet, published on 06/24/2006. **Page 74:** *"La gastronomie française classée au patrimoine de l'Unesco?"*, published on 12/11/2010. **Page 86:** *"Bien manger pour bien travailler"* by Emeric Carré, published on 09/01/2008. All articles by L'express.fr. Used by permission.

LEFIGARO.FR
Page 46: *"Les Américains cultivent leur patriotisme"* by Laure Mandeville, published in Le Figaro on 06/07/2010. Copyright © Laure Mandeville / Le Figaro / 06/07/2010. **Page 183:** *"Faut il supprimer le bac?"* (graph) published in LeFigaro.fr on 15/07/2009. Copyright © LeFigaro.fr / 2009. Used by permission.

LE BIEN PUBLIC
Page 4: *"Un camp d'internement de Tsiganes sauvé de l'oubli"* from www.bienpublic.com/fr. Used by permission of the Journal Le Bien Public.

LA PRESSE

Page 42: *"Une fête nationale aux airs d'automne"* by Ariane Lacoursière and Louise Leduc from La Presse. Used by permission.

LAFERMEDESCOLIBRIS.NET

Page 188: *"Quelques points de vue critiques du nucléaire civil"* from www.generationsfutures.net. Used by permission.

LE MONDE NEWSPAPER

Page 98: *"Qu'est ce que votre telephone mobile permet de savoir de vous?"* from www.lemonde.fr on 03/16/2005. **Page 104:** *"Propriete intellectuelle: YouTube l'emporte face à Viacom"* from Lemonde.fr on 06/24/10. **Page 62:** *"Micro crédit: Miracle ou désastre"* by Esther Duflo from Lemonde.fr on 01/11/2010. **Page 194:** *"Pourquoi l'iPad fait rêver les éditeurs de la presse"* from Lemonde.fr on 03/16/2005. Used by permission of Le Monde.

LE NOUVEL OBSERVATEUR

Page 10: *"Bye bye secrétaire, bonjour la technologie"* by Jacqueline de Linares, from Le Nouvel Observateur. **Page 184:** *"Faut il supprimer le bac"* by Caroline Brizard, from Le Nouvel Observateur. Reprinted by permission.

LE POINT

Page 28: *Les "bracelets magiques", une trouvaille marketing ensorcelante'* by Pauline de Saint Remy, from Le Point. Reprinted by permission.

LIBÉRATION

Page 44: *"Le mois de Ramadan à Agadir"* by M'Bark Chbani, from www.libe.ma. Used by permission of Libération.

MAIRIE DE PARIS

Page 6: *"Aides aux logements de la ville de Paris"*. **Page 94:** *"Le recyclage des déchets collectés dans les bacs jaunes ou blancs"*. **Page 82:** *"Velib: La ville est plus belle à vélo"*. All articles from www.paris.com. Used by permission of Mairie de Paris.

MINISTRY OF AGRICULTURE, FOOD AND RURAL AFFAIRS

Page 56: *Le marketing social au service des associations* from www.omafra.gov.on.ca. Copyright © Queen's Printer for Ontario, 1992. Reproduced with permission.

MINISTÈRE DE L'INTÉRIEUR

Page 183: *Carte d'identité.* Used by permission of Ministère de l'Intérieur DICOM.

MINISTÈRE DE L'ÉDUCATION NATIONALE

Page 88: *"Le baccalauréat français"* from www.education.gouv.fr. Copyright © www.education.gouv.fr – MENJVA – droits réservés. Used by permission.

MUSÉE DE LA CIVILISATION

Page 20: *"Partir sur la route des Francophones"* Musée de la civilisation. "Exposition PARTIR sur la route des francophones". Used by permission.

GUY ROCHER

Page 110: *"Le virage technologique: cheval de Troie des sociétés de l'avenir?"* by Guy Rocher, from Nouvelles technologies et société. Used by permission of the author.

RUE89

Page 24: *"Peu souriants, pas aimables: les taxis parisiens n'ont pas la côte"*, by Céline Vigouroux, from Rue89 July 08, 2010. Reprinted by permission.

SARL 750 GRAMMES

Page 32: *"Accras de morue"* from www.750g.com. Used by permission.

SNCF

Page 108: *Votre fiche horaire*, from Voyages-sncf.com. Used by permission of SNCF.

THE OLIVIER SOAPERY

Page 40: *"La Savonnerie Olivier"* from www.bouctouche.ca. Used by permission of Savonnerie Olivier Soapery.

UNESCO PUBLICATIONS

Page 54: *"Patrimoine mondial: Quelques belles réussites"* from UNESCO World Hertage's website, (http://whc.unesco.org/fr/107) © UNESCO 1995 2010. Reprinted by permission.

ÉDITIONS GALLIMARD

Page 116: *"Le ravi de la crèche"* (excerpt) from C'ÉTAIT BIEN by Jean d'Ormesson. **Page 18:** (excerpts) from ÉCRIRE by Marguerite Duras. **Page 72:** (excerpts) from LE CHERCHEUR D'OR by J.M.G. Le Clézio. **Page 78:** (excerpt) from L'ÉTRANGER by Albert Camus. **Page 30:** (excerpt) from LE DEUXIÈME SEXE by Simone de Beauvoir. **Page 155:** *"Mémoires d'une jeune fille rangée"* by Simone de Beauvoir. Copyright © Éditions Gallimard. Used by permission.

ÉDITIONS DU SEUIL

Page 80: *"Pluie et Vent sur Télumée Miracle"* by Simone Schwarz Bart, © Éditions du Seuil, 1972, Points, 1995. Reprinted by permission.

Note: Every effort has been made to locate the copyright owner of material reproduced in this component. Omissions brought to our attention will be corrected in subsequent editions.

Audio

Photographs

Every effort has been made to secure permission and provide appropriate credit for photographic material. The publisher deeply regrets any omission and pledges to correct errors called to its attention in subsequent editions.

Unless otherwise acknowledged, all photographs are the property of Pearson Education, Inc.

26 David Navratil/Shutterstock, lightpoet/Shutterstock, Sean Nel/Shutterstock; **90** Net Events Media (Cinenews); **100** ekler/Shutterstock, Lisovskaya Natalia/Shutterstock, Svetlana Ivanova/Shutterstock, Vertes Edmond Mihai/Shutterstock; **106** La Presse; **120** anna_elsewhere/Shutterstock, charles taylor/Shutterstock, Wth/Shutterstock; **181** Bildarchiv Preussischer Kulturbesitz/Art Resource, NY; **183** Ministère de l'Intérieur-DICOM; **191** Société Française de Radiotéléphone; **193** Société Française de Radiotéléphone; **196** BAZIZ CHIBANE/SIPA/Newscom/NewsCom.